“十三五”国家重点出版物出版规划项目

比较法文丛

何勤华 主编

47

# 英国家事审判制度研究

## ——以2011年以来的改革为中心

齐凯悦 著

法律出版社
LAW PRESS·CHINA

# 总　序

1978 年改革开放以来,我国在外国法的研究方面取得了重大成就。这方面的系列丛书可谓琳琅满目,其中,影响较大的有:商务印书馆的“汉译世界学术名著丛书”(法学部分,1981 年)及“法学译丛”(2004 年)、中国大百科全书出版社的“外国法律文库”(1991 年)、中国政法大学出版社的“当代法学名著译丛”(1990 年)及“美国法律文库”(2001 年)、北京大学出版社的“比较法学丛书”(1998 年)、中国法制出版社的“西方法哲学文库”(2001 年)、清华大学出版社的“比较法学丛书”(2001 年)、上海人民出版社的“世界法学名著译丛”(2001 年)、北京大学出版社的“外国法与比较法文库”(2008 年),等等。

然而,在上述众多的系列丛书中,真正冠以“比较法”字样的丛书还不是很多。20 世纪 80 年代到 90 年代,我国先后出版了诸如茨威格特和克茨的《比较法总论》(贵州人民出版社 1992 年版)、勒内·达维德的《当代主要法律体系》(上海译文出版社 1984 年版)、梅利曼的《大陆法系》(知识出版社 1984 年版)、大木雅夫的《比较法》(法律出版社 1999 年版)等比较法方面的经典。但是,出版这些著作大多是一种零星的出版行为,并非系统策划的比较法系列丛书。

众所周知,21 世纪的中国已步入法制建设的攻坚阶段。今后,对于外国法的介绍、研究、借鉴将是我国法学研究的一项任务。要顺利完成这一任务,离不开发达的比较法研究。而当下我国比较法著作缺乏出版途径的现状已制约了比较法研究的繁荣和发展。因此,加强比较法方面的研究和出版,成为我国学界和出版界一项重要工作。

鉴于此,法律出版社高瞻远瞩,勇挑重担,与华东政法大学共同策划、出版“比较法文丛”,以期为我国比较法的研究和出版开辟一个新的途径。本文丛以扶植中青年学者,尤其是法学博士、博士后,为这些法学新秀提供一个出版的平台为目的。为此,特选择一批国内最新且富有特色的比较法著作出版,同时,亦可容纳部分纯粹的外国法方面的译著、专著。

本文丛的主要原则和特色是:在“百花齐放、百家争鸣”的方针指引下,坚持质量第一、宁缺毋滥、不定期出版的原则。具体将体现为以下三点特色:第一,本文丛的著作,应属国内学术界没有涉及的课题,具有填补法学研究空白的特色;第二,本文丛的著作,应是国内学术界都很感兴趣,但还没有系统研究或未及时挖掘的课题;第三,本文丛的著作,应具有比较高的文献史料价值,能为学术界进一步研究提供基础性的资料。我相信,“比较法文丛”的出版,一定会为我国比较法研究的进步与发展做出新的贡献。

本文丛的出版,得到了法律出版社沈小英分社长的全力支持和帮助,也得到了华东政法大学外国法与比较法研究院的建设经费资助。在此,特表示诚挚的谢意。

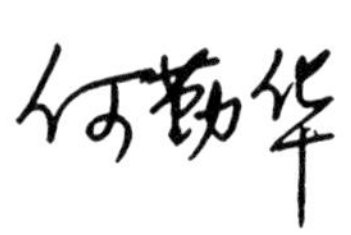

于华政人可居

2010 年 9 月 19 日

# 序

齐凯悦是我指导的博士研究生，在毕业两年后，她修改后的博士毕业论文即将由法律出版社出版。作为导师，我由衷地感到高兴。

家是最小国，国是千万家。家事的处理关系个人的身心发展和社会的和谐稳定。家事纠纷的不断增加、家庭关系的日益复杂，都对家庭成员尤其是未成年人的成长产生了极大影响。《民法典》通过后，“离婚冷静期”规定引发诸多讨论，社会公众非常关注家事纠纷的解决。司法是维护社会正义的最后一道防线，家事司法亦不例外。作为家事纠纷解决的重要途径，家事司法的效率和公正至关重要。

2016 年，最高人民法院相继发布了《关于开展家事审判方式和工作机制改革试点工作的意见》《关于在部分法院开展家事审判方式和工作机制改革试点工作的通知》，统一部署在全国 108 个中、基层法院开展家事审判改革的试点工作。尽管试点改革取得一定进展，如心理测评服务的引入、家事调查及案后回访等制度的试行在部分试点法院颇有成效，多元化纠纷解决机制不断发展，大部分试点法院成立了专门的家事审判机构等，但尚存改革不充分、发展不平衡等问题，部分改革措施有待完善。2018 年，最高人民法院发布了《关于进一步深化家事审判方式和工作机制改革的意见（试行）》，推动我国家事审判改革的进一步深化。而如何在深化改革过程中，推动我国家事司法制度的完善,更好地发挥家事审判的功能,显然值得探讨。

实际上,21 世纪以来,各国纷纷通过改革的方式解决家事司法中存在的诉讼迟延等问题,促进家事司法正义的实现,如英国、加拿大、新西兰、澳大利亚等。其中,英国自 2011 年以来的改革最具代表性。英国通过引入 26 周法定审限、保障未成年人的程序参与、建立独立家事法院等方式完成了英国家事司法发展史上“最具革命性”的改革。英国此次改革具有明显的时代特色,体现了家事司法制度的发展方向,具有重大的研究价值。齐凯悦从外国法律史的角度入手,对英国自 2011 年以来的家事审判改革进行了较为深入的分析,将具体改革措施分为组织机构、案件管理和程序机制三方面一一进行探讨,对英国此次改革的效果和问题作出评析,并就英国家事审判改革的性质、发展趋向作出研究。她阅读和研究了大量英国文献、报告、判例等资料,形成了对英国家事审判改革较为深入的分析,探讨了儿童最大利益原则、家事司法功能、“互联网 + ”家事司法等问题。

自攻读博士学位以来,齐凯悦一直关注比较法学和英国家庭法研究,密切关注国内外关于家事审判改革的进展,经过出国访学、心理学博士后研究学习,对家事审判改革的比较研究有较清晰的、独特的认识。因此,虽然本书可能会存在一些不足或有待改进之处,但它却是齐凯悦对自己博士生阶段学习研究成果的一个检阅和总结,也是我国外国法制史学(包括诉讼法学、婚姻家庭法学)界对晚近英国家事审判改革进行探索的代表性作品。它的出版,将会在我国新时代法学研究百花园中又绽放出一朵鲜丽的小花,虽不起眼,但值得珍视。

当然,本书只是齐凯悦学术研究的起点,我希望她能够在今后的研究中不断进步、完善,为外国法制史和比较法学做出更多的贡献。

是为序。

何勤华

于华东政法大学法律文明史研究院

2020 年 6 月 1 日

# 前 言

家庭是社会的缩影,是构成社会的基本单位,其结构、功能、形式等随生产方式变革、社会进步而不断变化,家庭关系的处理关乎个体的身心发展和社会的稳定。21世纪以来,家事纠纷不断增加,家庭关系愈发复杂,离婚等家庭破裂现象更为突出,家庭成员尤其是未成年人的发展受到影响。作为维护社会正义的最后一道防线,家事司法在解决家事纠纷及维护社会稳定发展方面具有重要作用。然而,在现代化社会中,家事司法系统在运行过程中不免存在诉讼迟延等问题,且受“互联网+”时代信息网络技术革新或文化发展的影响,家事司法功能的发挥受阻。家事司法系统如何通过改革回应家庭治理提出的新要求,并保障家事司法系统自身的优化与完善,是21世纪以来各国在家事司法运行过程中所面临的共同问题。

英国家事审判制度的形成始于1857年离婚与婚姻诉讼法院的设立,后经不断改革发展,至20世纪末期确立了由高等法院家事法庭、郡法院和治安法院中的家事程序法庭共同管辖家事一审案件的家事审判机构,形成了较系统的家事审判制度。然而,21世纪以来,英国家事司法系统存在的诉讼迟延等问题严重影响家事审判工作的开展,阻碍了家事司法系统功能的发挥。英国自2011年起实行了家事司法审查,相继通过制定及修改法律规则、判例及发布实践指引等方式推行改革,一定程度上实现了家事司法“更好未来”的追求,但进一步深入、全面的改革仍需持续推进。英国此次改革反映了21世纪家事司法文化的发展方向,体现了家事司法制度变迁的普遍规律,司法理念、技术中立因素及改革路径选择等改革的多方面内容均具有借鉴价值。然而,目前,英国国内关于此次改革的研究偏重于实务操作,理论分析相对单薄,我国更是鲜少研究。通过深入研究英国此次改革的路径选择、效果及经验启示,探索21世纪家事司法文化的发展与家事司法制度变迁的规律,一定程度上为推动我国家事审判改革提供了比较法上的参考启示,这也成为本书研究的目的。

本书由导论、第一章到第五章及结语组成。

第一章对英国家事审判改革的背景作出了全面分析。英国此次改革以解决家事司法中存在的诉讼迟延、费用高昂、体制复杂等问题为直接目标,改革的根本原因在于家事审判的目标指引,即保障接近正义的实现和儿童最大利益原则的维护,本质上是家事司法系统受自身发展与环境影响不断通过完善各项机制来保障系统功能实现的过程。英国此次改革受家庭及家庭法理念转变、民事司法改革以及世界范围内家事司法专业化、现代化发展的影响,并得到家事司法系统内部及社会各领域的配合与支持、代表人物的推动作用和成本效益分析的可行性等助力推动。

第二章至第四章对改革具体举措作出深入分析。第二章将组织结构改革界定为以法院为中心的系统结构优化,组织结构改革是英国此次改革的典型标志。英国在改革过程中设立了独立家事法院,达到了家事审判机构专业化建设的新高度,实现了家事司法系统长期以来的发展目标。在设立独立家事法院的同时,英国积极推进家事司法领导力和连续性建设,一方面,通过组织机构的设立、转移及加强培训等方式增强家事司法领导力;另一方面,发布实践指引以增强家事司法连续性。同时,英国通过制定、修改法律规定及相关判例等方式明确法院在家事公法案件中的职能,改善法院与地方机构之间的关系。英国在组织机构方面的改革本质上体现了英国家事司法系统以家事法院为中心的结构优化。

第三章探讨英国家事司法系统在案件管理方面的改革,强有力的案件管理是提升家事司法效率的重要途径。英国通过诉讼程序数字化和在线家事法院建设来推动“互联网+”时代的家事司法数字化建设,在提升家事司法效率的同时存在一定争议。同时,为解决专家过度参与制约司法效率的问题,英国自2013年起限制专家参与、缩短专家报告长度并提升专家参与的集中性,在一定程度上实现了预期效果。另外,英国在公法案件中引入了26周法定审限,通过立法和判例积极推进,使司法实践中案件审理时间明显缩短。积极案件管理是英国此次改革的核心内容,究其本质,是英美法系对抗制诉讼模式下管理型司法不断加强的体现,也是英国家事司法系统进一步发展完善的重要内容。

第四章探讨了英国此次改革中的程序机制完善,这是实现司法公正的重要保障。一方面,英国在改革中强调倾听儿童声音,通过保障法官会见儿童与儿童出庭作证来加强家事司法中儿童的程序参与,但健全的儿童程序参与制度仍有待构建;另一方面,英国扩大调解等非诉纠纷解决机制的适用,在私法案件中强制适用调解信息评估会议机制,以保障家事纠纷通过最适宜的方式解决。总体来看,英国在程序机制方面的改革体现了对理性司法的追求,本质上是通过程序公正保障接近正义的实现,彰显了家事司法的特殊性。

第五章对英国此次改革作出了整体评价。尽管政府报告指出此次改革实现了家事司法的"更好未来"或称为最具革命性质的家事审判改革,但有学者对改革成效提出质疑。整体来看,英国此次家事审判改革一定程度上实现了预期的直接目标,引发域外借鉴与参考,但改革中尚存诸多问题,有待改革的持续推进。此次改革是英国家事司法系统在继承家事司法传统、吸收现代化与专业化建设等新要素基础上实行的优化升级,反映了 21 世纪以来英国家事司法文化的转变。

结语从论证英国此次改革的借鉴意义出发,探讨我国目前正在推进的家事审判改革的发展方向。司法理念、技术中立要素及路径选择等方面具有普适性,英国的改革经验在一定程度上可以借鉴,并且,我国审判改革同样重视对域外经验的参考。在我国深化家事审判改革过程中,推动审判机构专业化建设、加强"互联网 +"时代的智慧法院建设、构建合理的专家参与制度、完善审限制度、保障未成年人的程序参与、健全调解等多元纠纷解决机制以及完善家事司法公开中的匿名化处理机制,可以成为我国深化家事审判改革的发展方向。

# 索引一　组织机构名称索引

| | |
|---|---|
| Association of Directors of Children's Services(ADCS) | 儿童服务主管组织 |
| Cafcass Young People's Board | 青少年委员会 |
| Central Family Court | 中央家事法院 |
| Chelmsford County Court | 切尔姆斯福德郡法院 |
| Child Maintenance and Enforcement Commission | 儿童抚养和执行委员会 |
| Children and Family Court Advisory and Support Service(Cafcass) | 儿童和家事法庭咨询支持服务署 |
| Cafcass Cymru | 威尔士儿童和家事法庭咨询支持服务署 |
| Children First | 儿童优先组织 |
| Children's Society | 儿童协会 |
| Civil Justice Council(CJC) | 民事司法委员会 |
| Court for Divorce and Matrimonial Causes | 离婚和婚姻诉讼法院 |

| | |
|---|---|
| Court of Probate | 遗嘱检验法院 |
| Crown Court | 皇家法院 |
| Crown Prosecution Service(CPS) | 皇家监控署 |
| Department of Education | 教育部 |
| East London Family Court | 东伦敦法院 |
| European Commission | 欧盟委员会 |
| Family Court Business Committees and User Groups | 家事法院业务委员会及用户组 |
| Family Division | 高等法院家事法庭 |
| Family Drug and Alcohol Court | 家庭毒品和酒精法院 |
| Family Group Conference | 家庭小组会议 |
| Family Justice Board | 家事司法委员会 |
| Family Justice Council | 家事司法理事会 |
| Family Justice Review Panel | 家事司法审查小组 |
| Family Justice Young People's Board(FJYPB) | 家事司法青少年委员会 |
| Family Law Bar Association | 家事法律师协会 |
| Family Mediation Council | 家事调解理事会 |
| Family Procedure Rule Committee | 家事诉讼规则委员会 |
| Family Procedures Court | 家事程序法庭 |
| Her Majesty's Courts And Tribunals(HMCTS) | 法院和裁判所事务管理服务局 |
| High Court of Admiralty | 海事法院 |
| Inner London Family Proceedings Court | 内伦敦家事程序法庭 |
| IT Prioritisation Board | 信息技术优先化委员会 |

| | |
|---|---|
| Judicial Appointments Commission | 司法任命委员会 |
| Judicial College | 司法学院 |
| Justice Select Committee | 司法委员会 |
| Legal Services Commission | 法律服务委员会 |
| Legal Services Consumer Panel | 法律服务消费者委员会 |
| Local Performance Improvement Groups | 地方执行改善小组 |
| Manchester Civil Justice Centre | 曼彻斯特民事审判中心 |
| Ministry of Justice | 司法部 |
| Office of the Children's Commissioner(OCC) | 儿童事务专员办公室 |
| Online Dispute Resolution Advisory Group | 在线纠纷解决咨询小组 |
| Organisation for Economic Co-operation and Development(OECD) | 经济合作发展组织 |
| Performance Information Sub Group(PISG) | 业绩信息替代小组 |
| Probate, Divorce and Admiralty Division of the High Court of Justice | 高等法院遗嘱检验、离婚和海事法庭 |
| Sheffield County Court | 谢菲尔德郡法院 |
| Stratford Magistrates' Court | 斯特拉特福德治安法院 |
| Tavistock Center for Couple Relationships | 塔维史托克伴侣关系研究中心 |
| The British Psychological Society | 英国心理学家协会 |
| The Law Reform Commission of Hong Kong | 香港法律改革委员会 |
| The Young Bar | 青年律师公会 |
| Welsh Assembly Government | 威尔士国会政府 |
| West London Family Court | 西伦敦家事法院 |
| Youth Justice Board | 青少年司法委员会 |

# 索引二　人名索引

| 英文名 | 中译名 |
| --- | --- |
| Alan Ward | 艾伦·沃德 |
| Anne Barlow | 安妮·巴洛 |
| Eleanor King | 埃莉诺·金 |
| Alison Russell | 艾莉森·罗素 |
| Anna Pauffley | 安娜·鲍芙蕾 |
| Anthony Hayden | 海登法官 |
| Chris Grayling | 克里斯·葛雷林 |
| David Norgrove | 戴维·诺格罗夫 |
| Edward Timpson | 爱德华·蒂姆普森 |
| Ernest Ryder | 欧内斯特·瑞德 |
| Gillian Geddes | 吉莲·盖德斯 |
| Jacqui Thomas | 雅基·汤姆斯 |
| James Holman | 霍尔曼 |
| James Munby | 詹姆斯·孟比 |
| Jane Sendall | 珍妮·森德尔 |
| Jill Black | 吉尔·布莱克 |
| John Eekelaar | 约翰·伊克拉 |
| Judith Collins | 朱迪思·科林斯 |

| | |
|---|---|
| Julia Brophy | 茱莉娅・布罗菲 |
| Julie Doughty | 朱莉・道提 |
| Kim Holt | 基姆・霍尔特 |
| Lord Clarke | 简嘉麒 |
| Lord Hailsham | 海尔什姆勋爵 |
| Lord Justice Briggs | 布里格斯 |
| Lord Justice McFarlane | 迈克法雷恩 |
| Lord Justice Moore-Bick | 摩尔－比克 |
| Lord Kerr | 科尔爵士 |
| Lord Neuberger | 廖柏嘉 |
| Lord Thomas of Cwmgiedd | 托马斯勋爵 |
| Mark Hedley | 马克・海德里 |
| Mathew Thorpe | 马修・索普 |
| Mavis Maclean | 马维斯・马克莱 |
| Nicholas Mostyn | 尼古拉斯・莫斯汀 |
| Nicholas Wall | 尼古拉斯・沃尔 |
| Nicholas Wilson | 威尔逊爵士 |
| Patrick Parkinson | 帕特里克・帕金森 |
| Peter Jackson | 彼得・杰克逊 |
| Richard Susskind | 理查德・萨斯坎德教授 |
| Richard Budworth | 理查德・布德沃思 |
| Sahana Pal | 萨哈娜・帕尔 |
| Sarah Blackmore | 萨拉・布莱克默尔 |
| Shefali B. Shah | 沙法莉・沙 |
| Simon Hughes | 西蒙・休斯 |

| | |
|---|---|
| Stephen Cobb | 斯蒂芬・科布 |
| Stephen Richards | 斯蒂芬・理查兹 |
| Stephen Wildblood | 史蒂芬・威尔德布拉德 |
| Tom McNally | 麦克纳利勋爵 |

# 索引三　判例索引

| | |
|---|---|
| Re B(Children)[2008] UKHL 35 | 2008 年 B(儿童)案 |
| Re P(Placement Orders. Parental Consent)[2008] EWCA Civ 535, [2008] 2 FLR 625 | 2008 年 P(安置令,父母同意)案 |
| C(Children)[2009] EWCA Civ 994 | 2009 年 C(儿童)案 |
| Re W(Adoption:Set Aside and Leave to Oppose)[2010] EWCA Civ 1535 | 2010 年 W(收养:驳回,允许上诉)案 |
| R v. Barker [2010] EWCA Crim 4 | 2010 年 R 诉贝克案 |
| W(Children)[2010] UKSC 12 | 2010 年 W(儿童)案 |
| V v. V [2011] EWHC 1190(Fam) | 2011 年 V 氏夫妇案 |
| IA(A Child)[2013] EWHC 2499 (Fam) | 2013 年 IA(儿童)案 |

| | |
|---|---|
| Re B(A Child)[2013] UKSC 33 | 2013年B(儿童)案 |
| Re B-S(Children)[2013] EWCA Civ 1146 | 2013年B-S(儿童)案 |
| Re CtL and CmL(Welfare Hearing:Expert Report)[2013] EWHC 2134(Fam) | 2013年CtL与CmL(福利审判:专家证据)案 |
| Re F(A Child)[2013] EWCA Civ 656 | 2013年F(儿童)案 |
| Re H-L(A Child)[2013] EWCA Civ 655 | 2013年H-L(儿童)案 |
| Re P-S(Children)[2013] EWCA Civ 223 | 2013年P-S(儿童)案 |
| Re TG(A Child)[2013] EWCA Civ 5 | 2013年TG(儿童)案 |
| A and B(Court of Protection:Delay and Costs)[2014] EWCOP 48 | 2014年A和B(保护法庭:延迟和费用)案 |
| A and B v. Rotherham Metropolitan Borough Council [2014] EWFC 47(Fam) | 2014年A和B诉罗瑟勒姆市议会案 |
| H v. W [2014] EWHC 2846(Fam) | 2014年H诉V案 |
| J v. J [2014] EWHC 3654(Fam) | 2014年J氏夫妇案 |
| Mann v. Mann [2014] EWHC 537(Fam) | 2014年Mann夫妇案 |
| M-F(Children)[2014] EWCA Civ 99 | 2014年M与F(儿童)案 |
| Re D(A Child)[2014] EWFC 39 | 2014年D(儿童)案 |
| Re J and S(Children)[2014] EWFC 4 | 2014年J与S(儿童)案 |
| Re KP(A Child)[2014] EWCA 554 | 2014年KP(儿童)案 |
| Re LC(Children)[2014] UKSC 1 | 2014年LP(儿童)案 |
| Re NL(A child)[2014] EWHC 270(Fam) | 2014年NL(儿童)案 |
| Re R(A Child)[2014] EWCA Civ 1625 | 2014年R(儿童)案 |
| Re S(A Child)[2014] EWCC B44(Fam) | 2014年S(儿童)案1 |
| S(A Child)[2014] EWCA Civ 1557 | 2014年S(儿童)案2 |
| Re N(Child's Objections)[2015] EWCA Civ 1022 | 2014年N(儿童异议)案 |
| Re T(Children)[2015] EWCA Civ 606 | 2014年T(儿童)案 |
| U(Children)[2015] EWCA Civ 334 | 2014年U(儿童)案 |

Contents

# 目录

# 导　论

## 一、研究缘起与意义

本书以2011年以来的英国家事审判改革为研究内容，重点在于探讨英国家事审判改革的背景因素、改革措施及效果评析，从而形成关于英国在21世纪初期的家事审判改革的深入认识和探讨。同时，本书注重对英国家事审判改革所呈现的特点、改革背后的家事司法理念、法律系统理论进行探究。

### (一) 命题缘起

之所以研究英国自2011年以来的家事审判改革，一方面在于家事审判改革研究的重要性；另一方面在于英国此次家事审判改革具有参考价值。

1. 家事审判改革具有必要性

"幸福的家庭无不相似，不幸的家庭各有不幸。"①家庭的概念有广义与狭义之分，狭义的家庭是基于婚姻、血缘或收养而产生的亲属间的共同生活组织。② 家庭是构成社会的基本单位，其职能、结构、形式等随着生产方式变革及社会进步而不同，家事纠纷也随之不断显现，并随着社会意识形态及家庭观念等的变化而更为凸显。婚姻家庭状态的不稳定、家事纠纷的困扰，不仅影响个体的身

---

① ［俄］列夫·托尔斯泰：《安娜·卡列尼娜》，高惠群、傅石球译，上海译文出版社2013年版，第3页。

② 参见夏征农、陈至立主编：《辞海》(第6版)，上海辞书出版社2009年版，第1049页。

心发展,也制约社会的稳定和文明的进步。正如康德所言,家庭构成社会的缩影,是有自发维持能力的最小社会。强大的家庭结构对延续人类的世代发展具有重要意义。家庭通过渗透的方式传播社会价值观,为社会整体发展带来巨大利益。家庭培养年轻人成长及其价值观念的塑造,推动社会的稳定和谐。然而,家庭并非机械的地点,家庭中同样存在各种复杂的人际关系,家庭是一个政治性的存在,家庭中的不公和挫败至关重要。① 21世纪以来,家庭面临巨大的挑战。离婚等家庭破裂的现象频繁发生,对家庭成员尤其是未成年子女造成的伤害和潜在伤害巨大。

具有定分止争功能的法律,反映其所处时代的社会、经济、文化及政治环境,②以实现国家调整社会关系及有效管理为目的。③ 针对家庭关系领域的纠纷,家庭法作为处理婚姻、收养、监护、离婚、分居、父权、子女抚养等家庭关系的法律部门,④发挥确认并改变身份、提供经济支持和人身保护、完善调整和分割财产机制的功能。⑤ 家庭法中既包含实体性规定,亦包含程序性法律规定。其中,程序性法律规定构成了家事领域司法制度的主要组成内容。

司法是维护正义的最后一道防线,家事审判亦不例外。作为民事诉讼法的重要组成部分,家事审判制度以维护家庭和平及健全家族间的共同生活为目的,由国家设立特别的机关(如家事法院、家事法庭或家事裁判所),遵循一定的审判方式或原则,处理及预防亲子、夫妻及家属间纠纷的制度。家事案件不同于一般的民事纠纷,既具有财产关系的合理性,又存在身份关系的非合理性因素。财产关系可以通过合理的一般解决途径进行处理,身份关系中却隐藏着非合理因素。因此,家事审判制度的确立,在遵循民事审判一般原理的同时具有显著特色。例如,遵循富含家庭伦理道德精神的婚姻家庭法进行审判、调解与和解等非诉纠纷解决机制大量适用等。相应地,家事司法系统是由家事审判相关制度、机构等构成的法律系统,负责或协助家事审判工作。

随着社会的迅速发展,受社会制度、经济转型、人口转型或观念变革的影响,

---

① 参见吴飞:《浮生取义:对华北某县自杀现象的文化解读》,中国人民大学出版社2009年版,第42页。

② See Steven Vago, *Law and Society*, New Jersey, Prentice-Hall Inc., 1991, p. 2.

③ 参见[英]罗杰·科特威尔:《法律社会学导论》,潘大松等译,华夏出版社1989年版,第53页。

④ 参见薛波主编,潘汉典总审定:《元照英美法词典》,北京大学出版社2013年版,第533页。

⑤ 参见[美]凯特·斯丹德利:《家庭法》,屈广清译,中国政法大学出版社2004年版,第7页。

家庭的结构、成员关系、组成方式、经济功能等均发生了巨大变化,新的家庭问题不断涌现。日益增多的家庭矛盾和复杂的家事问题以案件的形式涌入法院,给家事司法系统带来了新的问题。如何解决家事案件中涌现的新问题以更好地发挥家事审判的功能,涉及家事司法系统的更新问题,而这实则需要通过家事审判制度的改革来实现。因此,推进家事审判工作方式或机制的改革,是对家庭治理提出的新要求的回应,也是家事司法系统不断更新发展的重要途径。无论是从家事纠纷解决的功能来看,还是从家事司法系统的运作来看,家事审判改革具有必要性。

2. 英国家事审判改革具有代表性

英国的家事司法系统,随社会变革不断发展。1857 年,英国离婚案件的管辖权从宗教法院分离出来,由离婚和婚姻诉讼法院管辖,这标志着英国家事审判制度的开端,此后,逐渐发展出了独立的家事司法系统。之后,英国家事审判体制不断改革,审判制度与程序不断完善。至 20 世纪末期,英国确立了由高等法院家事法庭、郡法院和治安法院中的家事程序法庭共同管辖家事一审案件的家事审判机构,注重专门家事法庭的设立与和解、调解等工作机制的开展,建立起专门的儿童权利保护机构,形成了较系统的家事审判制度。

然而,21 世纪以来,英国家事司法系统在运行中凸显出大量问题,如案件审理的周期过长、审判费用较高、家事审判机构的设置较为复杂、不同机构之间信任度较低、信息科学技术的应用有待提升,等等。[①] 家事司法系统中存在的大量问题,严重影响了家事案件的审理工作,阻碍了家事司法系统功能的发挥。为解决家事审判实践中存在的问题,推动家事司法系统功能的发挥,英国自 2011 年起实行了家事司法审查制度,相继制定或修改相关立法或规则、制定判例或发布实践指引,从而进行了大规模的家事审判改革以促进家事司法系统功能的发挥。

在关于家事审判改革的研究中,自 2011 年家事司法审查以来,英国的家事审判改革具有代表性。一方面,英国的改革具有鲜明的时代特色,互联网技术的广泛应用、在线家事法院建设的探讨、家事裁判文书上网公布等,彰显了 21 世纪以来科技发展对司法系统的影响;另一方面,英国在此次改革中建立了独立的家事法院,加强了家事法官的专业性和领导力培训,完善了非诉纠纷解决机制,反映了家事审判系统的普遍发展趋势。同时,英国家事审判改革还具有显著特色,无论是儿童最大利益原则的践行、公法案件中法院审判功能的回归抑或是法定审限的引入,均对家事审判改革及家事司法系统发展的研究具有启发性。

---

① Family Justice Review Final Report (2011), pp. 5 – 6.

### (二)研究意义

2011年以来的英国家事审判改革具有较重要的研究意义。这一方面体现在研究英国家事审判改革的学术价值;另一方面在于对英国改革的研究一定程度上可以为我国相关改革提供借鉴与参考。

1. 学术意义:英国家事审判改革具有研究价值

2011年以来的英国家事审判改革,在改革具体内容、特点、运作或效果等层面均具有较突出的研究价值。该研究价值具体体现在以下方面。

第一,2011年以来的英国家事审判改革具有鲜明特点与时代特色。一方面,英国自1857年形成并逐渐发展的家事审判制度,在变革过程中一直呈现保守、传统的特点。然而,此次改革在坚持传统的同时,无论是在审判组织还是机制构建方面,具有很大的创新特色。另一方面,英国此次家事审判改革呈现时代特色,反映了新世纪家事司法系统不断变革与发展的时代特点。

第二,此次英国的家事审判改革,是21世纪以来英国家事司法系统更新的典型体现。自2011年家事司法审查以来,英国通过组织制度改革、管理制度更新和程序制度完善三方面改革,推动了英国家事司法系统的更新,对家事审判存在的问题作出了回应和解决。因此,对英国家事审判改革的研究,是对英国家事司法系统更新的探究。

第三,此次英国的家事审判改革,也在一定程度上反映了21世纪以来英国民事司法系统的发展方向。进入21世纪以来,随着信息网络技术的发展,英国仍不断探索家事审判改革,在线法院建设即为例证。尽管家事司法系统独立于民事司法系统,但在线法院建设等内容在民事司法及家事司法改革中具有一致性,对英国家事审判改革的研究能够在一定程度上反映21世纪以来英国家事及民事司法改革的进路。

第四,此次英国的家事审判改革,是2011年以来的英国家庭法改革的重要内容。该改革是英国家庭法改革的重要组成部分,反映了英国家庭法改革的内容和方向。因此,对英国家事审判改革的研究同时,能够对英国家庭法的改革和家事法律文化在21世纪的演变有所研究。

2. 现实意义:英国家事审判改革具有借鉴意义

英国2011年以来的家事审判改革,是21世纪以来英国家事司法系统更新的体现,呈现了不同于以往家事审判变革的特点,反映了英国民事司法改革与家庭法改革的趋向,具有较大的研究价值。与此同时,对英国家事审判改革的研究,也具有现实意义。

一方面，英国的家事审判改革是进入21世纪以来英国家事司法系统更新的体现。制度创新的背后是家事司法系统的更新，该更新呈现不同于传统家事审判变革的特点，在实践中起重要作用的同时也存在尚待完善之处。因此，对英国家事审判改革的研究，并非局限于对改革措施或效果的研究，更应就改革的背景因素及进一步改革的方向等作出探究，从而形成关于家事审判改革和家事司法系统发展规律的深入认识。

另一方面，对英国家事审判改革的研究，在一定程度上能为我国的家事审判改革提供参考。目前，鉴于我国家事案件审判的工作机制和配套机制尚不健全，家事案件的审判机构、家事诉讼的社会参与机制、家事法官的培训机制等方面存在缺口或空白，我国正在积极推行家事审判改革。自2016年4月以来，我国在数百个法院开展家事审判改革的试点工作，目前已进入深化改革阶段。我国家事审判改革的探索，其一，应当结合我国家事纠纷的具体情况与家事审判实践进行改革；其二，可以借鉴先进的改革经验或理念。尽管我国与英国属于不同的法律体系，具体法律规范和制度的社会背景和政策影响等也存在很大差异，但通过对英国家事审判改革的研究，能够对21世纪以来家事司法系统更新形成较深入的认识，其中具有普适性的改革理念、技术中立因素或者法律系统的更新思路能够在一定程度上为我国的家事审判改革提供借鉴。

## 二、概念说明与主题设定

本书的研究内容是2011年家事司法审查以来的英国家事审判改革，涉及对英国家事司法系统、家事审判组织、机制及英国家庭法相关内容的探究。因此，一方面需对相关概念术语作出界定，另一方面需对本书的研究主题作出设定。

### （一）相关概念及术语界定

研究英国家事审判改革，需要对英国的范围作出限定，对涉及英国家事审判改革的相关概念术语作出界定，对英国相关法院机构作出说明。

首先，本书中的英国家事审判改革主要是指英格兰和威尔士的家事审判改革。英国存在英格兰、威尔士、苏格兰、北爱尔兰四个行政中心，其中英格兰和威尔士实行同一套法律制度，拥有共同的司法最高长官，苏格兰的法律制度与前两者显著不同，北爱尔兰有独立的法律体系和首席大法官。本书研究的家事审判改革，主要是英格兰和威尔士自2011年家事司法审查以来的改革，因此，本书所指英国仅指英格兰和威尔士。

其次，需要对“家庭”“家庭法”作出界定。“家庭”（Family）该词含义较广，或指同住一家的人,或指具有某一共同祖先的所有后代,或指由血缘联系的人群,[①]因此,需要以使用该词的相关文件的目的、案件的具体事实为依据。在本书探究中,家庭主要指基于血缘、婚姻或收养关系而形成的人的集合。[②] 在英国,"家庭"通常指核心家庭或直系血亲家庭,但也给予同性恋同居者以有限的承认。"家庭法"(Family Law),又称家事法或"家庭关系法"(Domestic Relations Law),指关于婚姻、离婚、分居、子女抚养、监护、收养、父权等家庭关系的法律部门。[③] 英国的家庭法并非关注所有影响家庭的法律,而是将重点放在对身份的创设和取消及其带来的法律效果以及对家庭成员的保护上。[④]

再次,对2011年以来英国家事审判改革中涉及的"家事法院""家事法庭""郡法院""治安法院"等机构作出界定。"家事法院"(Family Court),指审理家庭纠纷相关案件的法院,在英国主要指自2014年4月22日起设立的审理家事纠纷的独立家事法院(Single Family Court)。[⑤] "家事法庭"(Family Division)指高等法院的家事分庭,是高等法院中管辖诸如离婚、监护等家事纠纷的法庭,[⑥]于1970年从遗嘱检验、离婚和海事法庭(Probate, Divorce, and Admiralty Division)中分出。"郡法院"(County Court)是根据1846年《郡法院法》设立的地方法院系统,初期受理简单的民事案件,后管辖权逐渐扩大,可管辖标的额不超过2000英镑的合同和侵权案件,对遗嘱检验等也有一定管辖权,并可管辖无抗辩的离婚案件。[⑦]治安法院(Magistrates' Court)也是英国的低级法院,其家事程序法庭(Family Procedures Court)在2014年独立家事法院设立之前负责子女监护、收养及给付赡养费等案件的审理。[⑧]

最后,对本书研究的关键问题"家事司法系统"(Family Justice System)作出界定。所谓系统(System),又称体系,在英美法中指按照一定的合理规则,将各部

---

① See Bryan A. Garner ed., *Black's Law Dictionary*, Minnesota, Thomson West, 2004, p. 1802.

② 参见薛波主编,潘汉典总审定:《元照英美法词典》,北京大学出版社2013年版,第532页。

③ See Bryan A. Garner ed., *Black's Law Dictionary*, Minnesota, Thomson West, 2004, p. 1804.

④ 参见[美]凯特·斯丹德利:《家庭法》,屈广清译,中国政法大学出版社2004年版,第9页。

⑤ See Gillian Geddes, Richard Budworth, *The Single Family Court: A Practitioner's Handbook*, London, Wildy, Simmonds and Hill Publishing, 2016, p. 2.

⑥ See Bryan A. Garner ed., *Black's Law Dictionary*, Minnesota, Thomson West, 2004, p. 1804.

⑦ 参见薛波主编,潘汉典总审定:《元照英美法词典》,北京大学出版社2013年版,第333页。

⑧ See Rebecca Probert, *Family Law in England and Wales*, Netherlands, Wolters Kluwer, 2011, pp. 30–31.

分组合成的有序整体。[①] 英国法将涉及家事审判的相关制度规定、审判组织、相关联的机构等构成的家事审判的所有内容称为家事司法系统,2011 年以来的家事审判改革同样针对的是英国家事司法系统。家事司法系统不仅包括家事审判组织及其审判方式、程序、机制、规则等,还包括与其他行政机构的关系等内容。因此,本书所指的家事司法系统,是指以家事审判组织及其审判规则为中心的整体性结构及其运作。

**(二)核心问题:英国 2011 年以来的家事审判改革**

本书研究的核心问题即英国 2011 年以来的家事审判改革,对于该问题的表述,可以从时间维度、事物维度及社会维度来进行界定。

其一,本书研究的英国家事审判改革的时间界定在 2011 年家事司法审查以来。自 2011 年以来,英国对家事审判进行审查,并通过制定及修改法律规定等推行家事司法系统的改革。本书对英国家事审判制度的研究着眼于 2011 年以来的改革,时间范围限定在 2011 年以来。

其二,本书研究英国家事审判改革的核心内容,即家事司法系统更新的背景、制度、效果及评析。对家事审判改革核心内容的探究,即研究家事司法系统更新的主要机制或制度,主要体现在组织机构制度变革、案件管理制度更新以及程序制度完善三个方面。因此,本书研究的核心内容是 2011 年以来英国家事司法系统更新。

其三,本书关于英国家事审判改革的研究着眼于改革的社会意义。对家事审判改革的研究,一方面,研究推动英国家事审判改革的环境因素,即埃希利所言的"法发展的重心不在立法不在法学,也不在司法判决,而在社会本身";[②]另一方面,探究家事审判改革的运作及其对社会的效果。

## 三、文献综述

英国此次家事审判改革被称为英国历史上最具革命性的家事审判改革,反映了家事司法文化的巨大转变。然而,直接针对英国此次家事审判改革的研究主要体现在英国国内的著作及论文探究,从研究此次改革的文献来看,整体而言,深入探究有待进一步推进。

---

① 参见薛波主编,潘汉典总审定:《元照英美法词典》,北京大学出版社 2013 年版,第 1324 页。

② [奥]欧根·埃利希:《法社会学原理》,舒国滢译,中国大百科全书出版社 2009 年版,前言。

**(一)域外现有研究**

就针对此次改革的域外研究而言,一方面,此次改革的整体性研究有限,以著作为主且偏重于实践,理论深度稍显不足;另一方面,针对具体改革措施的研究相对较多,但存在具体领域研究程度不同、部分内容有待深化等问题。

1. 家事审判改革整体性研究:文献数量较少,论证稍显不足

对英国此次家事审判改革进行的整体性研究,主要体现在自 2011 年家事司法审查以来英国国内出版的有关此次改革的著作。从数量来看,对英国此次改革进行专门性、整体性研究的著作数量偏少,至 2017 年年底出版的相关著作仅在 7 本左右。从内容来看,这些著作对英国家事审判改革的具体方面作出了较全面、充足的研究,但介绍性内容居多,论证及观点陈述内容略显不足。

2013 年,约翰·伊克拉(John Eekelaar)与马维斯·马克莱(Mavis Maclean)合著的《家事司法:不确定时期家事法官的工作》(*Family Justice: The Work of Family Judges in Uncertain Times*)出版。该书旨在从较低级别法院家事法官的角度出发研究英国的家事司法。该书前四章通过历史、比较等方法对家事司法系统整体、以结果为重点和以行为为重点两种家事司法方法的比较、律师与调解员的协作、法院结果及功能的转变作出研究,借鉴美国、澳大利亚等国家的经验对家事司法路径如何成功配置作出比较研究。该书第五章至第八章主要从经验主义角度出发,对法官裁判机制、法院工作内容、家事公法及私法程序的具体细节内容作出探究。作者在第九章得出结论,认为受技术更新影响和经济因素约束,家事司法中法院和律师的作用会降低。然而,尽管家事纠纷逐渐向私人化解决模式发展,但家事司法仍然需要有力的司法结构。该著作并未直接针对英国此次改革的具体成效进行分析,但是在改革背景下对家事司法作出了理论研究与比较分析,对家事司法的未来作出预期。

沙法莉·沙(Shefali B. Shah)所著的《(英格兰)家事司法的关键转变》[*Key Changes to Family Justice(England)*]于 2016 年出版。该书从家事司法审查、家事法院、法律援助、《2014 年儿童与家庭法》(Children and Families Act 2014)、福利计划、收养计划等方面对英国此次改革作出了介绍。该书篇幅较短,对改革各方面内容的研究以介绍为主,并未进行深入分析或探究。该书在结论一节对此次改革作出了正面评价,但也指出此次改革的成功并非终点,为未成年人权益及家庭稳定提供保障需要长期持续的过程。

基姆·霍尔特(Kim Holt)于 2016 年出版的《家事审判现状:复杂儿童保护决定中的政策与实践》(*Contemporary Family Justice: Policy and Practice in Complex*

*Child Protection Decisions*）对2011年家事司法审查以来英国的家事司法状况作出研究。该书共七章，前五章主要研究远程控制实践的起源、家事法院中的远程控制路径、复杂家事案件中的调解工作、复杂案件中父母的至关重要性、家庭整体评估和永久性计划的重要性等内容，第六章研究家事司法实践中的挑战，即复杂案件问题引发儿童面临的风险，第七章探讨了关于诉前程序的研究。该书对政府报告指出的家事司法"更好未来"的改革结果表示质疑，认为改革尚未达到预期设想。整体来看，该书内容充分，对家事审判改革是否实现了"更好未来"的改革目的提出了与政府报告相反的观点，并进行了论证。

萨拉·布莱克默尔（Sarah Blackmore）和雅基·汤姆斯（Jacqui Thomas）所著的《家事司法改革：关于家事法院及2014年儿童与家庭法的指导》（*Reforming Family Justice*：*A Guide to the Family Court and the Children and Families Act* 2014）于2014年出版。该书内容翔实，对英国家事审判改革原因、《2014年儿童与家庭法》的目标、纠纷解决服务、公法的变革、专家参与、收养改革及家事审判透明度和报道限制令方面的改革作出细致的介绍、分析及评价，旨在对《2014年儿童与家庭法》作出全面评述。该书对改革过程中所涉及的法律法规变革、判例及相关资料进行了汇总。前任英国高等法院家事法庭庭长詹姆斯·孟比（James Munby，1948—）在为本书作序时指出，这既是一本有重要价值的关于当代法律史的作品，也是对当下相关法律的发展有重要作用的作品。也即，该书既将新法律置于历史、社会及政治背景下进行探究，又为实务工作者提供了准确指导。同时，随着改革的持续推进，该书的第2版会应运而生，为改革提供更多帮助或指导。

2017年，乔丹出版公司（Jordan Publishing Limited）出版了该书第2版，即《改革后的家事司法：自2014年儿童与家庭法以来的发展的指导》（*Family Justice Reformed*：*A Guide to Developments since the Children and Families Act* 2014）。该新版书籍中包含对独立家事法院、《2014年儿童与家庭法》中涉及家事司法的第一部分、第二部分的详细评论和分析，并为新的法规制度或实践指引提供了全面、明确的指导。该书对改革的缘起作出分析，指出英国此次家事审判改革的关键在于家事司法系统中工作人员处理案件的方式发生了巨大变化，并为该方面从业人员提供了全面指导。与此同时，鉴于英国在2013年法律援助改革中取消了私法案件中的法律援助，该书提供了明确的实践指引、摘要和法律术语词汇表，以协助当事人自行协商工作的推进。可以说，该著作在充实研究资料、提供实践指引等方面具有比较重要的作用。

另外，吉尔·布莱克法官（Jill Black）等写作的《家事法院实务（2016）》［*The*

*Family Court Practice*(2016)]系列书籍中记载大量关于英国家事审判实践的内容,涉及2011年以来英国家事审判改革的具体文件、操作规则、法官评论等内容。吉莲·盖德斯(Gillian Geddes)与理查德·布德沃思(Richard Budworth)所著的《单一家事法院:一个实务工作者的手册》(*The Single Family Court*: *A Practitioner's Handbook*)亦是2016年出版的著作,主要从实务角度对单一家事法庭进行了研究。这两本著作主要从实务工作者的角度出发进行研究,理论研究相对薄弱。

整体来看,专门就英国此次家事审判改革进行研究的著作较少,且多侧重于对改革后的司法实务作出阐释或指导,专门的理论探究相对较少。此外,家事审判改革以来关于英国家庭法的著作均吸收了此次改革的内容,如吉尔·布莱克法官所著的《家庭法手册》(*Family Law Handbook*)、珍妮·森德尔(Jane Sendall)所著的《2016年家庭法》(*Family Law* 2016)等,但多数为简单介绍,不涉及过多理论研究。

2. 具体改革举措针对性研究:论文与研究报告为主,部分内容有待深化

尽管对英国此次改革整体性研究的文献以著作为主,但就改革具体措施的研究来看,研究文献主要以期刊论文或研究团队的调研报告为主。这些文献针对改革具体方面作出实证、比较或理论探究,相较于整体性研究,理论性更强。

从来源来看,针对具体改革举措的研究主要源于三方面。一是发表在《家庭法》(*Family Law*)杂志上关于此次改革的文章。该杂志是由乔丹出版公司出版的家庭法专业杂志,月刊,刊载最新的官方指导、案例分析、专题文章等内容,自2011年以来发表了数篇关于英国家事审判改革的文章,尤其是詹姆斯·孟比关于此次改革的数次讲话均在该杂志上刊登。二是其他期刊杂志上刊登的关于英国此次改革的论文。三是来自高校或其他研究组织的相关报告。就研究内容而言,结合英国家事审判改革的内容和本书研究角度,对组织结构变革、案件管理更新、程序制度完善三方面改革内容的研究分别作出如下评析。

(1)组织机构变革:理论研究相对较少,法院文件相对较多

英国此次改革中关于组织机构方面的改革主要体现在独立家事法院的设立、司法领导力与连续性建设、法院与地方机构关系的改善等内容,其中独立家事法院的设立构成此次改革的标志性事件。从针对组织机构变革的专门研究来看,文献数量上较少,大多以官方研究为主。对独立家事法院建设等组织机构变革的研究,主要体现在《家庭法》杂志上刊登的前庭长詹姆斯·孟比发表的数篇讲话文章,如《伦敦家事法院:一份共同声明》(*The Single Family Court in London*:*A Joint*

*Statement*)、《来自庭长的观点:伦敦的改革进程》(*View from the President's Chambers*:*The Process of Reform*:*London*)等。专门针对组织机构改革进行研究的学者论文或调研报告相对较少,这在很大程度上也与这部分改革内容的争议性较小有很大关系。

(2)案件管理更新:研究报告居多,分析与构建并重

案件管理制度改革涉及家事法院的数字化建设、限制专家参与及法定审限制度引入等改革措施,重在解决改革前最为突出的诉讼迟延问题。该部分改革内容充实,相关论文或研究报告相对较多。从研究报告来看,来自布里斯托尔大学的朱迪·梅森(Judith Masson)教授等人就改革前后抚养案件审理期限问题作出比较研究,来自考文垂大学的专家团队对家事审判中的专家参与问题作出研究,26周法定审限制度在立法前也通过试点方式在伦敦诸多自治区中进行了试点运行并形成了相关报告。这些报告不仅就改革实践作出研究,并就改革的进一步发展方向提出建议。此外,詹姆斯·孟比关于专家证人改革等方面的文章对改革也作出了具体分析。

(3)程序机制完善:期刊论文居多,争议与建议为主

程序机制完善设计保障儿童在家事诉讼中的程序参与、调解机制改革及增强透明度改革等内容,反映了英国对接近正义的追求和对儿童最大利益原则的坚守。这部分内容的研究同样以论文及研究报告为主,鉴于这部分改革内容最具争议性,所以相对而言这部分研究观点更分散。部分学者对保障儿童的程序参与作出呼吁,如布伦达·黑尔(Brenda Hale)的《倾听儿童声音:我们是否已经将要实现?》(*Listening to Children*:*Are We Nearly There Yet*?)、尼古拉斯·巴拉(Nicholas Bala)等人的《家事法院中儿童的声音:法官会见儿童指引》(*Children's Voices in Family Court*:*Guidelines for Judges Meeting Children*)等;部分学者对调解等非诉纠纷解决机制的改革作出探究,如安妮·巴洛(Anne Barlow)的《非诉家事纠纷解决:经验教训》(*Out-of-court Family Disputes Resolution*:*The Lessons of Experience*)、萨哈娜·帕尔(Sahana Pal)的《英国家事调解的当下关注点:如何相关?》(*Current Focus on Family Mediation in the UK*:*How Relevant*?)等。学者对程序机制的研究相对而言争议较多,对家事司法发展或制度构建提出了更多建议。詹姆斯·孟比就调解改革、透明度提升等具体改革的阐释同样刊登在《家庭法》杂志上,形成关于这方面研究的重要内容。

另外,关于英国2011年以来的家事审判改革的研究,还体现在相关报告中,如英国教育部和司法部共同颁发的《家事司法的更好未来》(*A Brighter Future*

*For Family Justice*)对英国家事审判审查之后的变化与改革作出阐述,并就已采取或尚未采用的改革建议作出探究。2011年3月《家事司法审查中期报告》(*Family Justice Review Interim Report*)和2011年11月《家事司法审查最后报告》(*Family Justice Review Final Report*)是英国家事审判改革的重要基础,其中涉及关于英国家事司法系统存在的问题、改革建议等内容。下议院司法委员会的《家事法院的运作:关于2010—12会议的第六次报告》(*Operation of The Family Courts:Sixth Report of Session* 2010-12)等文件主要是针对家事审判机构的运作进行探讨。另外,司法部的相关文件及高等法院家事法庭的相关文件也涉及对家事审判改革的评述。但需要指出的是,这些文献本身是研究2011年以来英国家事审判改革的资料,但理论探究的力度有限。

**(二)我国研究现状**

鉴于英国自2011年家事司法审查以来进行的家事审判改革距今时间较短,我国专门对英国此次改革进行研究的文献较少。陈莉、向前(2016年)所著的《英国家事审判制度及其启示》对设立独立法院等英国家事审判改革的内容作出探讨,但内容相对而言并未对此次改革作出全面论述。此外,《中国应用法学》2017年第5期刊登了唐豪臻翻译的《英国家事司法的发展前景》,该文实则对英国2014年发布的评估家事司法改革效果的报告进行了翻译。学者关于英国家事审判制度的描述,大部分仍停留在2014年独立家事法院设立之前的英国家事司法系统,对2011年以来的家事审判改革的研究很少。

我国对英国此次改革之前的家事司法作出的研究仍有一定基础。石雷(2012年)的《现代英国家事案件审判体制的变迁及其启示》对英国家事审判的变迁和特点进行了梳理,并探究了英国家事审判制度对我国的借鉴价值。黄丹翔(2014年)的《英国家事诉讼程序的发展及其借鉴意义》《英国家事诉讼程序简介》《英国独具特色的家事诉讼程序》等文章,对英国家事诉讼程序进行了梳理,具有一定的参考价值。

其他研究英国家事审判改革或家事审判制度的文献,主要是在文章的部分章节中有所涉及,但篇幅均较少,基本是在进行家事审判制度的比较分析或域外借鉴中有所涉及,且该类文章数量也并不多。该部分论文主要包括:蒋月教授(2008年)的《家事审判制:家事诉讼程序与家事法庭》等对英美法系和大陆法系国家的家事审判制度的探讨,其中一部分内容涉及英国的家事审判制度;陈爱武教授(2012年)的论文《论家事审判机构之专门化——以家事法院(庭)为中心的比较分析》《家事调解:比较借鉴与制度重构》在比较分析中部分内容涉及对英国家事法庭、家事调解制度的研究;等等。该类文献主要是对英国家事审判制度或具体内容的专门分析,系统性研究较少。

此外,《中国应用法学》期刊在2017年第5期组稿了“家事司法的全球视野”专栏,分别介绍了中国、日本、英国、美国、新加坡家事司法改革及相关制度。《英国家事司法发展前景》一文翻译了英国司法及公民自由国务大臣西蒙·休斯(Simon Hughes)和主管儿童及家庭事务的国会副国务卿爱德华·蒂姆普森(Edward Timpson)所作的关于英国家事司法改革显著成效的报告,刘敏教授(2017年)的《21世纪全球家事诉讼法的发展趋势》总结了不同国家和地区家事诉讼立法的共同发展趋势。

# 第一章　英国2011年以来的家事审判改革之背景

英国现代家事审判制度自20世纪70年代确立以来，在实践中不断变革与发展。近年来，英国家事司法系统存在的案件审理迟延、诉讼费用过高、审判体制复杂等问题凸显，影响家事司法系统的运行和接近正义的实现。为保障儿童最大利益原则在家事审判中的践行，推动家事正义和公平审判的实现，通过改革推动家事司法系统的发展是有效途径。同时，基于家事纠纷的数量增加与日益复杂，英国家事审判改革受民事审判改革与全球范围内家事审判改革的影响，并具有一系列助力条件。

## 第一节　英国家事司法系统与审判制度

作为维护家事正义的最后一道防线，英国家事司法系统旨在处理家事纠纷，保障家事司法正义的实现和儿童最大利益原则的维护。英国家事司法系统在20世纪末期形成稳定的结构与组织，并在实践中稳定运行。21世纪以来，英国家事司法系统中存在的问题逐渐凸显，通过家事审判改革推进家事司法系统的完善成为英国家事司法系统发展的方向。

### 一、英国家事司法系统与家事审判制度

作为司法系统的子系统，家事司法系统的功能在于

处理家事纠纷,保障家事案件中当事人的法律权利。然而,随着家事案件的数量增长及日趋复杂,家事司法系统运作中的问题不断凸显,案件审理迟延、费用支出过高、儿童程序参与缺乏等问题显著,英国家事审判系统的功能无法得到很好的发挥,甚至出现阻碍家事案件中当事人对接近正义的追求等问题。故而,21 世纪以来,英国通过家事审判制度的改革来推进家事司法系统的不断革新与优化,以推动接近正义的实现和维护家事审判中的儿童最大利益。

**(一)英国的家事司法系统**

英国的家事司法系统是解决家事纠纷的重要途径,也是专门处理家事纠纷的司法系统。作为英国司法系统的子系统,家事司法系统在实践中不断改革与发展。

1. 家事司法系统之界定

家事司法系统实为处理家事纠纷的机构。有学者指出,所谓家事司法系统,是处理诸如离婚、儿童抚养问题或财产问题等家事纠纷的专业人员和机构。① 有学者将家事司法系统定义为由首要目标在于确定、保护家庭成员应有的法律权利和解决家庭成员之间关于法律权利的矛盾的机构的集合。② 因此,探索家事司法系统的定义,集中于家事、司法和系统三个要素上,围绕家事纠纷、法律权利及纠纷解决机构展开。

(1)家事因素:家庭与家事纠纷

家事司法系统的产生与发展在于处理家庭事务,解决家事纠纷。作为"社会的细胞",家庭的稳定关系着社会的稳定与发展。随着社会不断发展及经济、技术等各方面的发展变化,家庭的规模与结构、理念与伦理、职能与关系等随着社会发展呈现出变迁的形态,家事纠纷凸显且日趋复杂。

不同于一般民事纠纷,家事纠纷关系财产关系和身份关系等问题。尽管可能存在观点认为家事纠纷来源于家庭生活中的个人选择,家事纠纷可能不如其他案件的社会危害性严重。然而,一方面,家事纠纷并非仅出自个人选择,更多与家庭成员相关;另一方面,家事纠纷处理不当往往会给当事人带来巨大痛苦,若只通过私力救济必然落入"丛林法则"规制中,不可避免地在一定程度上损害弱势方或

---

① See Nigel Lowe, Gillian Douglas, *Bromley's Family Law*, Oxford, Oxford University Press, 2015, p. 15.

② See John Eekelaar, Mavis Maclean, *Family Justice: The Work of Family Judges in Uncertain Times*, Oxford, Hart Publishing, 2013, pp. 7 – 8.

儿童的权益。

(2)司法因素:家事案件与司法机构

家事纠纷构成了家庭法调整的领域,也是家事司法系统处理的案件内容。家庭法在英国作为独立的法律部门,对婚姻、收养、监护、分居、离婚、子女权利等家庭关系进行调整。结合英国家事司法实践,英国家事司法系统管辖的家事案件类型主要包括:婚姻、同居、离婚法令、部分家庭暴力案件、父母关于儿童抚养的纠纷、夫妻离婚或分居后对子女的经济支持、地方机构对保护儿童免受虐待或遗弃的介入、收养等。①

根据案件性质的不同,英国的家事案件有私法(Private Law)案件和公法(Public Law)案件之区分。私法案件是涉及配偶、民事伴侣(Civil Partner,同性伴侣)或父母等个人纠纷的案件,如离婚、家庭暴力或司法别居案件等;公法案件是涉及社会公共利益的案件,主要由诸如地方政府部门或其他被授权组织等公共机构向司法机关提起,如虐待儿童案件等。②

司法机关及相关机构组成了家事司法系统中的各项机构。司法系统中的机构既包括由司法机关、法院工作人员以及以法院为基础的行政机关(Court-based Agencies)构成的法院系统,也包括试图通过法律或和解等手段解决这些法律权利问题的法律专业人员及调解员,以及提供涉及这些问题信息的人。同时,被允许作证的组织也可以算在内。另外,鉴于部分家事案件中对当事人的法律权利的评估和执行程序进行权力被授予给了家事司法系统之外的代理机构,诸如儿童抚养和执行委员会(Child Maintenance and Enforcement Commission),甚至某种程度上警察也参与在内,故而该类机构也需要划入家事司法系统内。

需要指出的是,私人意见、③医疗以及心理疗法的服务,社会服务,父母教育或咨询服务,财务顾问或其他个人不在其列,因为这些主体并未直接参与纠纷解决或法律权利捍卫中。④

---

① See Gary Slapper, David Kelly, *The English Legal System* (2016 - 2017), London, Routledge, 2016, p. 291.

② See Kate Standley, Paula Davies, *Family Law*, London, Palgrave Macmillan, 2013, p. 3.

③ 私人意见(Counselling),由辅导人员向已婚的当事人提供私人意见,目的是协助当事人以双方协议解决他们之间有争论的事宜,或协助他们适应与其婚姻崩溃相关的情绪压力。

④ See John Eekelaar, Mavis Maclean, *Family Justice: The Work of Family Judges in Uncertain Times*, Oxford, Hart Publishing, 2013, pp. 7 - 9.

(3)系统因素:法律系统的子系统

由审理家事纠纷和保障家事案件中法律权利的机构组成了家事司法系统,与民事司法系统、刑事司法系统等构成了司法系统中的子系统。对家事司法系统的理解,在其基本含义的基础上,可以从系统角度进行理解,这在一定程度上能够对家事司法系统及家事审判制度改革有更深入的理解。

英美法中将“系统”一词界定为按照一定的合理规则,将各部分组合成的有序整体。“系统”一词源于古希腊文中的“sunistemi”,可以追溯到柏拉图、亚里士多德(《政治学》)和欧几里得(《几何原本》),指实在各个部分因素的集合体,这些因素既保持某些相互关系,又在整体中各自有特定位置。① 用“系统”理论进行研究,在于将被研究的问题及与其有关的部分联系起来考虑,社会学科领域也出现了大量关于“社会系统”“法律系统”等系统理论的研究。家事司法系统作为司法系统中的子系统,也有其作为系统自身的特点,符合法律系统的组织和运行规律。

系统由各元素组成,这些元素构成了系统的结构,并处于不断运行过程中。一方面,系统与环境相互作用。系统不能离开环境而独自存在,而是在与环境的关联中其结构与运行才存在,②此即系统的开放性。另一方面,系统具有自主性,依据自己的特定符码和功能进行运作,在开放的同时有一定的封闭性。家事司法系统的发展,亦符合系统运行的规律,在环境影响和自主发展的推动下通过各项制度、机制的适用推动系统的不断完善与优化,以解决系统运行中出现的问题,推动系统功能的实现。系统的革新是系统对环境和社会变化作出的有力回应,也是对应当如何优化系统的认识,尽管该革新往往出现在一系列问题凸显之时。家事司法系统亦是通过改革以适应不断变化的社会。③

综合家事、司法、系统三方面的解读,家事司法系统可以界定为处理家事纠纷的司法机关及其相关机构,既包括法院系统,也包括配套机构及相关人员,即以家事审判组织及其审判规则作为中心的整体性结构及其运作。作为司法系统的子系统,家事司法系统的功能在于解决家事纠纷,其结构和各项制度在运行过程中不断完善和发展。

---

① 参见高宣扬:《鲁曼社会系统理论与现代性》,中国人民大学出版社2005年版,第79页。

② See Niklas Luhmann, *The Differentiation of Society*, New York, Columbia University Press, 1982, p. 257.

③ See Gary Slapper, David Kelly, *The English Legal System* (2016 - 2017), London, Routledge, 2016, p. 298.

2. 英国家事司法系统

家事司法系统由法院系统与其配套机构组成,并在运作过程中不断变迁。法院系统主要表现为审理家事案件的法院组织、法院工作人员以及以法院为基础的其他机构。相关机构主要包括调解员、律师等家事审判的参与人员、机构等。

整体而言,英国家事司法由司法部(Ministry of Justice)、教育部(Department of Education)以及威尔士国会政府(Welsh Assembly Government)负责,其又由诸如儿童和家事法庭咨询支持服务署(Children and Family Court Advisory and Support Service, Cafcass)、威尔士儿童和家事法庭咨询支持服务署(Cafcass Cymru)、法院和裁判所事务管理服务局(Her Majesty's Courts And Tribunals Services, HMCTS)以及法律服务委员会(Legal Services Commission)等具体负责。司法机关负责作出决定及指导法院案件如何审理。地方机构(Local Authority,主要包括社会工作者等工作人员)也起到重要作用。事务律师、出庭律师、专家辅助人及调解员也是重要的组成人员。家事司法理事会(Family Justice Council)是主要的协调机构。同时,还有诸如安心起步儿童中心(Sure Start Children's Centres)部分机构或人员虽然并不在司法系统范围内,但由于其在家事纠纷的解决中具有重要作用,且与家事司法系统联系密切,故而这些法定及社区支援服务机构也对家事司法系统的研究具有较大意义。

**(二)英国的家事审判制度**

系统的优化和完善,需要通过一系列适宜的机制制度的实施来实现,家事司法系统亦是如此。所谓家事审判制度,既涉及审判组织等家事司法系统内各机构的组织和运行制度,也包括各机构间的关系以及与其他外部机构联系等规定。家事司法系统的不断优化,有赖于各项家事审判制度的实施和完善。家事审判系统更新过程中的各项制度的制定,目的在于更好地发挥家事司法系统的功能,实现家事司法的目标。根据制度内容的不同,家事审判制度可以从组织制度、管理制度及程序制度三方面内容进行探索。

组织制度规定了家事司法系统的结构。家事司法系统的组织制度,既涉及家事审判机构的组织与功能设定,亦包括家事审判机构工作人员的相关制度。组织制度的完善一方面能够解决结构中存在的问题,另一方面也可以推进结构的良好运作。管理制度涉及家事法院中信息网络技术的适用和案件管理制度的运行、专家参与相关制度以及法定审限的引入和发展。通过管理制度的完善提升家事司法系统的运行效率是近年来各国司法实践中的普遍探索。程序制度反映了家事司法系统中的具体机制或特定规则。无论是注重保障儿童的参与、扩大非诉纠纷解决机制的适用，还是增强家事司法透明度，具体程序机制的改革重在强调家事司法程序领域的合理性。

## 二、英国家事审判制度之历史变迁

英国家事司法系统的成型及各项家事审判制度的确立，是在历史变迁过程中逐渐完成的。整体而言，英国的家事审判制度起源于1857年专门的家事案件审理机构的设立。之后一百余年间，英国的家事审判制度不断变革，至20世纪70年代，英国的现代家事审判制度建立起来，家事司法系统趋于稳定；至2011年，英国对家事司法系统进行了“最具革命性的变革”。①

### （一）家事审判制度的起源：1857年

英国家事司法系统的形成和家事审判制度的初具规模，可以追溯至1857年。17世纪，英国的家事司法深受教会法影响。婚姻属于宣誓圣礼之一，教会法院对英国婚姻家庭领域影响较大，除离婚之外的婚姻诉讼案件由每个教区的教会法院管辖。② 同时，教会法院对婚姻案件、子女身份案件以及婚姻财产、遗嘱及无遗嘱遗产分配等财产关系的案件也享有管辖权。婚姻关系的解除需要通过国会的私人离婚法案实现，离婚条件严格且费用昂贵，妇女主动离婚很难成功，使国会立法规定的离婚成为有钱的男人的奢侈品。③

随着资本主义经济的发展，英国的法律制度和家庭观念等也不断变化，逐渐冲破了传统观念及宗教神学的束缚。1857年，英国颁布了《1857年婚姻诉讼法》（Matrimonial Causes Act 1857），设立了离婚和婚姻诉讼法院（Court for Divorce and Matrimonial Causes）。由此，离婚案件可以直接由司法程序解决，不需要通过立法程序。该离婚和婚姻诉讼法院采用了宗教法院的纠问式诉讼体系，而非普通法法院的控辩模式。法院在审理过程中有义务判断事实真相，不局限于当事人提交的证据，并有义务判断起诉者是否在婚姻期间存在帮凶、纵容通奸或者是否有宽恕的行为，还可调查所有针对原告的反诉。与此同时，法院在案件审理过程中可以在国王代诉人（King's Proctor）处得到帮助。该审判程序上的特点在英国家事司法系统中一直存在，并持续至第二次世界大战结束时期。

---

① James Munby，“11th View from the President's Chambers：The Process of Reform：On the Cusp of History”，*Family Law*，Vol. 44，2014.

② 参见郭义贵：《论中世纪英国教会的婚姻家庭法》，载《法学家》2008年第2期。

③ 参见王灵：《走向婚姻自由——英国婚姻法的现代化》，载高鸿均主编：《清华法治论衡》，清华大学出版社2004年版，第213～226页。

需要指出的是,《1857年婚姻诉讼法》颁布的目的并非在于鼓励离婚,立法的目的只是将离婚归于单独设立的普通法法院进行审理。同时,尽管离婚程序有所简化,诉讼费用有所下降,但离婚仍然限定在通奸等极少数情形下,故而家庭法并未呈现太大改变。然而,纵观英国家庭法的发展历程,《1857年婚姻诉讼法》的颁布推动了英国家事司法系统的发展,家事审判制度初具规模。

### (二)家事审判制度的变革:1857年至20世纪末期

1857年之后的一百余年间,随着社会环境的变化和家事司法系统自身发展,家事审判制度有所变化,家事司法系统不断更新。在法院组织方面,家事审判机构不断变化。根据英国《1873年最高法院司法法》(Supreme Court of Judicature Act 1873)和《1875年最高法院司法法》(Supreme Court of Judicature Act 1875),离婚和婚姻诉讼法院与遗嘱检验法院(Court of Probate)、海事法院(High Court of Admiralty)合并为新的审判机构,即高等法院遗嘱检验、离婚和海事法庭。在第一次世界大战与第二次世界大战期间,巡回法庭的法官、伦敦等地法庭中负责离婚案件的政府特派员及郡法院的法官审理了大部分离婚案件。①

### (三)现代家事审判制度的形成:20世纪末期以来

英国1970年颁布的《1970年司法工作法》(The Administration of Justice Act 1970)创设了高等法院家事法庭,原高等法院遗嘱检验、离婚和海事法庭中的家事案件由家事法庭管辖,海事案件移交给其他法庭管辖。除高等法院家事法庭外,治安法院的家事程序法庭依据《1980年治安法院法》(Magistrates' Courts Act 1980),对家事案件具有管辖权;依据《1984年婚姻和家庭诉讼法》(Matrimonial and Family Proceedings Act 1984),郡法院对部分家事案件同样具有管辖权。

20世纪末期,英国现代家事审判体制完全确立,家事案件由家事程序法庭、郡法院和高等法院家事法庭管辖。其中,治安法院的家事程序法庭主要负责子女监护、收养及给付赡养费等案件的审理。部分郡法院对家事案件无管辖权,有管辖权的郡法院可以分为三种类型:一是仅有离婚管辖权的郡法院;二是家事审理中心(Family Hearing Centres),除离婚案件外还可以审理其他家事私法案件和收养申请;三是郡法院照护中心(County Court Care Centre),该类郡法院可以审理所有类型的家事案件(包括公法案件)。高等法院家事法庭管辖较复杂的家事一审

---

① 参见石雷:《现代英国家事案件审判体制的变迁及其启示》,载《时代法学》2012年第5期。

案件及家事诉讼的上诉审案件。[①] 在司法实践中,大多数家事一审案件由家事程序法庭和郡法院受理,家事法庭着重受理较棘手的复杂案件。同时,审理家事案件的法官均经过特别挑选,并接受过有关社会工作实践或儿童发展方面的培训,从而保障其在审理家事案件中能够清晰地认识家事法原理,发挥更积极的作用。[②]

20世纪末期以来,英国家事司法系统中的程序制度日趋完善,关于家事审判的各项程序规定不断出台。《2003年法院法》(Courts Act 2003)明确规定了"家事程序规则和操作指南",《2005年家事程序(收养规则)》[The Family Procedure (Adoption) Rules 2005]、《2010年家事程序规则》(The Family Procedure Rules 2010)和《2010年家事程序(民事结合:保留诉讼)规则》[The Family Procedure (Civil Partnership: Staying of Proceedings) Rules 2010]等都对家事审判程序作出了明确、具体的规定,推动了家事审判程序制度的专业化发展。

英国家事司法系统还有一系列配套机构和制度来保障家事审判功能的实现。例如,依据《2000年刑事司法和法院服务法》(Criminal Justice and Court Services Act 2000),英国设立了儿童和家事法庭咨询支持服务署作为家事司法机关的辅助机构,为家事司法提供建议、为将要出庭的儿童提供准备等,在诸多家事案件中发挥较为重要的作用。英国家事纠纷解决中的和解、调解等机制,同样在20世纪末期逐步确立。《1969年离婚改革法》(Divorce Reform Act 1969)将和解作为政策目标在立法中予以确认,《1996年家庭法》(Family Law Act 1996)明确鼓励在离婚诉讼中适用调解。英国家事法律赋予处理案件的法官以较大的自由裁量权。自《1989年儿童法》(Children Act 1989)实施后,英国家庭法已经逐渐偏离传统的对抗概念而走向福利概念,儿童最大利益成为案件关注的焦点和根本原则。[③]

至20世纪末21世纪初,英国的家事司法系统趋于稳定,现代化的家事审判制度逐步完善,形成了具有体系性的家事司法系统,在运行的过程中不断进行改革与完善。

---

① See Elaine Laken et al., Winston Gorden, *Introduction to the Family Proceedings Court*, London, Waterside Press, 1997, pp. 8 - 9.

② See John Caldwell, "Common Law Judges and Judicial Interviewing", *Child and Family Law Quarterly*, Vol. 23, 2011.

③ 参见陈爱武:《人事诉讼程序研究》,法律出版社2008年版,第60页。

### 三、21世纪英国家事审判制度改革

英国的家事司法系统一直试图适应不断变化的社会，但由于缺乏政府资金支持、改革较慢等原因，家事司法系统持续地进行司法审查，并最终实行改革。2011年以来的家事审判改革，被称为英国历史上“变化最大”的家事审判改革。该改革既是英国家事司法系统的自我更新和优化，也是面对外部环境的变化和对新世纪各种挑战的有力回应。

英国的家事审判制度改革起源于2011年以来的家事司法审查。2010年，经济学家戴维·诺格罗夫（David Norgrove）被英国司法部任命为家事司法审查小组（Family Justice Review Panel）主席，在迈克法雷恩大法官（Lord Justice McFarlane）的协助下，于2011年3月发布了《家事司法审查中期报告》，并于2011年11月3日发布了《家事司法改革最后报告》。政府报告在2012年2月6日作出回应。

## 第二节　家事审判改革之直接原因

英国之所以对家事司法系统进行改革，直接原因在于系统运行本身存在大量问题，尤其是面对日渐增多的家事案件，家事司法系统的落后性更显严重，成为“重压之下的系统”。无论是在审判组织体制、案件审理时限、诉讼费用方面，还是家事审判机构与相关机构的关系、家事审判功能认知等方面均存在问题。这些问题严重阻碍了家事司法系统的运行，影响其对司法正义的追求。

### 一、诉讼迟延普遍

英国实行家事审判改革最为直接的原因在于诉讼迟延现象严重。一方面，迟延现象愈演愈烈；另一方面，案件延迟不仅影响家事司法系统的运行效率，更重要的是严重影响当事人的利益，尤其是在涉及未成年人的抚养诉讼程序中，迟延现象可能会导致儿童的利益受到很大损害。2011年的家事司法审查报告将迟延列为家事司法系统存在的首要问题，并就诉讼迟延的状况及危害作出界定和咨询，相关机构的报告和学者研究也证实了这一点。针对该审查报告，政府相关文件亦强调该问题的严重性，指出“不迟延”应该是审理家事案件的原则之一。[①]

---

① Ministry of Justice, Department of Education, The Government Response to the Family Justice Review: A System with Children and Families at Its Heart (2012), p. 6.

### (一)迟延现象愈演愈烈

英国家事立法明确限制涉及未成年人的诉讼程序中迟延现象的发生。英国《1989年儿童法》明确指出,在任何涉及儿童抚养的问题中,法院必须顾及一般性原则,即任何判决的延误都有可能损害儿童的利益。为避免迟延,监护和抚养诉讼等案件都设有时间表,法院通过制定指引、相关规则等防止迟延现象的出现。1991年该法修改,设想将青少年诉讼案件从最初申请到最终判决的审理期限控制在12周之内。该时限规定过于理想化,并没有切合家事司法实际。① 尽管防止迟延的努力未曾停止,但在司法实践中该问题一直存在,尤其是在监护和抚养案件中更突出。② 在家事审判改革前,英国家事案件审理过程中的迟延现象非常普遍。其中,公法案件中的迟延现象最突出。2010年,家事审判中公法案件的平均审限为53周:其中,郡法院平均审限为57周,治安法院中的家事程序法庭的平均审理期限为46周。私法案件同样存在迟延问题。2010年,私法案件的平均审限在32周左右,复杂案件的审理时间更长。审理时间长达3年之久的涉及儿童的私法案件并不鲜见。③

尽管改革之前英国家事司法系统一直将缩短审限作为家事司法工作的重点之一,但效果并不明显。例如,以2007~2011年法院事务管理服务局发布的年度报告中的数据为例,2007~2010年,儿童监护和抚养案件中审限在40周以内的案件比重均未超过50%,④2010~2011年,审限在30周以内的儿童抚养或监护案件仅占17.3%,50周以内的案件仅占49.6%,还有15.1%的案件审理时间超过80周。⑤

然而,在家事司法系统运行缓慢、家事案件审限过长的同时,家事案件数量增多,这更增加了家事司法系统的压力,造成案件积压等现象。自“婴儿P”(“Baby P”)案⑥以来,英国家事案件数量大增,2008~2009年涉及儿童的公法案件较之

---

① See John Eekelaar, Rob George eds., *Routledge Handbook of Family Law and Policy*, London, Routledge, 2014, p. 251.

② See Kate Standley, Paula Davies, *Family Law*, London, Palgrave Macmillan, 2013, p. 268.

③ Family Justice Review Interim Report (2011), p. 47.

④ 2007年至2008年,郡法院为38%,家事程序法庭为50%;2008年至2009年,郡法院为34%,家事程序法庭为48%;2009年至2010年,郡法院为35%,家事程序法庭为47%。See Her Majesty's Courts ServiceAnnual Report and Accounts 2009 – 10(2010), p. 128.

⑤ Her Majesty's Courts Service Annual Report and Accounts 2010 – 11(2011), p. 13.

⑥ Baby P(2006—2007)是一个17个月大的男孩,遭母亲及其男友等人虐待惨死,人们不忍心以真名纪念,故以“P”替代。该虐婴致死案件引发英国关于儿童保护及社会工作等方面问题的关注。

2008年新增了6000件，私法案件也增加了14%。[①] 2010年12月，等待法院判决的案件数量超过20,000件，与2008年的11,000多件相比增长迅速。同时，案件量可能呈持续增长的趋势，这也使诉讼迟延问题更凸显。

在英国家事司法系统运行过程中，迟延问题体现在各个阶段。在公法案件中，地方机构向法院作出申请前的等待时间过久，有时他们无法确保出具证据的质量，这也导致法院对地方机构缺乏信心。同时，近年来家事司法的社会工作服务存在困难，儿童和家事法庭咨询支持服务署在某些领域也不被信任，大量专家证人耗费了时间，地方机构过多依赖于专家出具报告而很少自行作出评估，诉讼程序管理的规则和指引经常被忽视，法院缺乏强有力的案件管理和对儿童的时间表的顾虑，等等。家事司法系统中各个机构和程序中存在的问题，导致整个家事司法系统中案件审理迟延问题严重。[②]

**（二）迟延损害儿童权益**

诉讼迟延现象普遍，对家事司法系统的运行及其功能的实现都产生了不利影响，是制约家事司法系统运行的最典型的问题。2011年的家事司法审查中期报告和最终报告都将其作为家事司法系统中的典型问题提出，并得到家事法律师协会（Family Law Bar Association）等机构关于该问题的一致重视。

诉讼迟延现象从本质上来看，会影响儿童的利益。2011年《家事司法审查中期报告》中明确指出，在儿童成长过程中，稳定的环境是极关键的因素。然而，诉讼程序会导致儿童数月甚至数年处于不确定的环境中，与寄养父母生活、在居家护理机构（Care Homes）中成长，或与还未解决纠纷的父母一方生活。同时，出庭同样会给儿童造成压力，案件审理的时间越长，该压力越大。[③] 正如有学者所言，程序性决定和实质性决定作出的时间不应超出未成年人可以承受损失及不确定性的时间，法院、社会组织以及所有成年人在考虑未成年人安置过程中都必须注意减少作决定的时间，因为忍受长期的不确定性可能造成未成年人心理上的伤害。[④]

在家事司法实践中，法院需要参考儿童和家事法庭咨询支持服务署或威尔士儿童和家事法庭咨询支持服务署提供的相关报告，而这些报告的出具可能需要

① Ministry of Justice, Judicial and Court Statistics 2009 (2010), p. 44.

② Family Justice Review Final Report (2011), pp. 92 - 93.

③ Family Justice Review Interim Report (2011), p. 46.

④ See Joseph Goldstein et al., *Beyond the Best Interests of the Child*, New York, The Free Press, 1979, pp. 42 - 43.

10~16周的时间。在这段时间,法院很难解决纠纷,与当事人的接触也有限。然而,这段时间会在一定程度上破坏儿童与父母之间的感情联系,如果之后判决维持亲子关系或重新建立定期联系,则该段时期内的疏离对父子双方均有一定损害。[①] 另外,年龄较小的儿童可能更需要保持与其长期监护人的稳定联系,如1岁以下的儿童。如果案件久拖不判,儿童又生活在受虐待或被忽视的家庭生活中,必然会受到双重伤害。[②]

同时,诉讼迟延影响家事司法系统的运行效率,会造成案件积压等问题,导致家事司法系统在运作过程受阻,影响家事审判工作的开展。因此,诉讼迟延现象既是家事司法系统运行中存在的问题,影响家事司法系统的功能的发挥和目标的实现,又在一定程度上阻碍家事司法系统的持续发展与运行,故而在家事司法审查中被列为最突出的问题,构成家事司法改革最直接的原因。

## 二、司法支出较高

家事审判改革之前,英国家事司法系统中诉讼迟延情况严重,也导致了大量的家事司法费用支出,无论对当事人还是纳税人而言都存在比较大的压力。一方面,地方机构、儿童和家事法庭咨询支持服务署等机构在家事案件中的支出较多,公法案件中尤为明显。另一方面,当事人在私法案件中的支出亦不断增加,这加重了当事人通过司法途径解决家事纠纷的负担。

家事审判改革前,英国家事司法系统管理信息缺乏问题较明显,经费支出方面的信息体现在家事司法审查时各机构作出的估算中。仅在2009年9月,儿童和家事法庭咨询支持服务署、法院和裁判所事务管理服务局、法律服务委员会及地方机构等政府机关的相关经费支出为15亿英镑,其中,公法案件中的支出约为9.5亿英镑,私法案件中的支出约为5.5亿英镑。此外,英国地方机构在儿童保护方面的总支出约为34亿英镑。尽管无法估计公民在家事司法中的具体支出,但该支出必然也是一笔大数字。[③] 一个伦敦地方机构以50个监护案例为基础进行研究,这些案件平均审期在67周左右,该机构在这些案件中的经费支出平均在8万英镑左右。[④] 政府报告同样指出,家事司法系统运行缓慢,对当事人和纳税人

---

① Family Justice Review Interim Report (2011), p. 46.

② Carolyn Davies, Harriet Ward, Safeguarding Children across Services: Messages from Research on Identifying and Responding to Child Maltreatment (2011), pp. 9 - 10.

③ Family Justice Review Interim Report (2011), p. 48.

④ Family Justice Review Final Report (2011), p. 93.

而言均是巨大的费用支出。① 尽管可能有观点认为时间和金钱的花费决定了对儿童和人权保护的成果,但需要注意的是,保护儿童首先是政府的职责,即使在具体的儿童保护方面,也应有所取舍,不成比例的经费支出可能会阻碍急需得到帮助的儿童获得救济。②

家事审判改革前,家事司法系统中费用支出过高的问题较突出,不少法官在判决书中已经有所提及或讨论。C(Children)[2009]案是涉及离婚的上诉案。该案主审法官马修·索普大法官(Mathew Thorpe)在判决书中指出,家事司法系统无论是在公法案件还是在私法案件中都已到了一个临界点的位置。法官有义务维护和保留法院的资源。纳税人在家事司法领域的支出过高,政府已经决心解决该问题。缺乏必要性的审判,无论是就法院资源还是对公众在家事司法领域内的经费支出而言,都构成浪费。③ V v. V [2011]案是涉及离婚管辖权的案件,该案中主审法官彼得·杰克逊(Peter Jackson)在判决书中讨论了诉讼费用问题,指出争议双方持续未能达成协议导致出现了过于"荒谬"的费用支出。女方的诉讼费用支出已达42.5万英镑,男方为50万英镑,若还需进行关于儿童的听证会,则双方诉讼费用支出无疑将超过100万英镑,而这些支出均是在无管辖权或不涉及最终财产诉讼的基础上产生的。该案的审理并未以迅速解决争议及节省费用支出为首要目标,也被分配了过多的法院资源。因此,法官会在之后审理过程中要求双方提交费用表,用以提醒当事人更好地处理争议。④

J v. J [2014]案是关于财产问题的离婚纠纷,该案中呈现的突出问题在于当事人的诉讼费用支出总额达到了92万欧元,占共同财产的31%。该案主审法官尼古拉斯·莫斯汀(Nicholas Mostyn)认为,当事人的诉讼费用支出"离奇",并指出大量减少家事私法案件中的法律援助可能会产生有益的效果。如果当事人在诉讼伊始便知悉诉讼程序各阶段的费用支出状况,可能更有利于他们作出选择。莫斯汀法官引用了最高法院院长廖柏嘉(Lord Neuberger)的讲话,即降低诉讼费用不仅不会导致律师收入的减少,还能保障当事人诉诸司法的权利。英国民事司法系统及家事司法系统中普遍存在诉讼费用过高的问题,很大程度上影响了司法系统的运行。同时,莫斯汀法官指出,该案显示出原有的《家事诉讼规则》中的规

---

① Ministry of Justice, Department of Education, The Government Response to the Family Justice Review: A System with Children and Families at Its Heart (2012), p. 7.

② Family Justice Review Final Report (2011), p. 93.

③ C(Children)[2009] EWCA Civ 994.

④ V v. V [2011] EWHC 1190(Fam).

定未能遏制诉讼费用过高的问题，并凸显出改革诉讼费用、适用非诉纠纷解决机制的必要性。① A and B(Court of Protection:Delay and Costs)[2014] 案同样涉及诉讼程序迟延及诉讼费用过高的问题。案件A的诉讼程序持续了18个月，相关费用达14万英镑左右，其中，地方机构承担约6万英镑，家庭成员承担1.1万英镑，未成年人需要从自己获得的赔偿中支付6.9万英镑。案件B已持续了5年之久，费用支出达53万英镑，其中，地方机构承担16.9万英镑，每个家庭成员承担11万英镑以及由未成年人承担25万英镑。这些费用支出还仅为保守估计，且以每月9000英镑的速度不断增长。杰克逊法官指出，无论公费还是自费，法院及当事人都有义务保障费用支出的合理性。②

家事司法中审判迟延现象严重、费用支出过高，一方面，影响了家事司法系统的有效运行；另一方面，也加重了当事人及纳税人的负担。同时，家事司法的支出过高，一定程度上影响了当事人通过司法途径解决家事纠纷的可能性，加剧了家事纠纷解决的困难程度。

## 三、复杂的审判体制影响当事人诉讼

家事审判改革前，英国家事司法系统除诉讼迟延、费用过高外，还存在审判体制复杂，影响当事人诉讼活动的开展和导致案件审理迟延的问题。英国家事司法机构的复杂，一方面，影响了家事司法的运行和案件审理；另一方面，也造成了当事人的困惑，不便于当事人的诉讼活动。

### （一）家事司法机构：复杂与重叠

自1857年英国设立离婚和婚姻诉讼法院审理离婚案件以来，家事审判机构不断变革。至20世纪末期，英国现代家事审判组织确立，家事一审案件由治安法院的家事程序法庭、郡法院和高等法院家事法庭管辖。就司法实践而言，大部分公法案件由治安法院中的家事程序法庭处理，大部分私法案件由郡法院审理，高等法院家事法庭着重受理较为棘手的复杂案件。整体而言，家事审判改革之前，英国不存在独立的家事法院，家事审判机构设置相对复杂。

同时，家事司法系统中其他组织的设置同样存在复杂或部分重叠的问题。家事司法系统中儿童和家事法庭咨询支持署、地方机构、家事司法委员会(Family Justice Board)、家事司法理事会、法院事务管理服务局、法律服务委员会、家事法

---

① J v. J [2014] EWHC 3654(Fam).

② A and B(Court of Protection:Delay and Costs)[2014] EWCOP 48.

院业务委员会及用户组（Family Court Business Committees and User Groups）等政府机构，法律服务人员、专家、调解员等人员广泛参与，家事司法系统中各项机构设置略显复杂，一定程度上阻碍了家事司法的有效运行。各项机构的责任并不明确，往往存在重叠等现象。同时，尽管高等法院家事法庭的庭长通过《公法纲要》（Public Law Outline）及《家事司法项目》（Private Law Programme）等案件管理指引加强管理工作，然而，家事法官在司法实践中并未严格遵守或评估各项规定的有效性。在家事司法系统中的协调合作中有很多重叠安排，如家事司法理事会、家事法院业务委员会和地方执行改善小组（Local Performance Improvement Groups）的很多工作人员的安排存在重叠问题。另外，地方执行改善小组中法官并不必然参与。[①] 家事司法系统中各机构的设置和人员的安排存在影响工作效率的复杂或重叠问题。

**（二）影响当事人诉讼：困惑与困难**

由于不存在统一的家事审判机构，当事人需要辨别管辖其纠纷的法院，这对部分当事人而言存在一定困惑，部分当事人选择依靠律师等专业人员处理诉讼问题，这会加重他们诉讼参与的费用支出，也影响了当事人通过司法途径解决家事纠纷的可行性。当事人，尤其是儿童经常不清楚家事诉讼的具体进程，或者感觉自己的想法和感受不为法官所知悉。

保障儿童最大利益是英国家事司法的基本原则，然而，在原有家事司法系统中，尽管儿童希望参与诉讼程序中或与家事法官交流沟通，但在实践中却很少得到保障。例如，在儿童与儿童和家事法庭咨询支持署的工作人员直接沟通的过程中，部分儿童对其工作人员不信任，认为他们可能告知父母相关交流内容，导致儿童与其父母之间的关系受损。鉴于儿童的想法可能会对判决结果产生重要影响，在家事司法实践中，儿童知悉程序进程及获得表达自己想法或感受的机会有待加强。在家事司法实践中，即使是成年人也会对家事司法系统以及他们参与的家事私法或公法案件具体程序存在困惑不解之处。在部分公法案件中，成年人甚至不清楚诉讼为何提起及诉讼结果如何；在部分私法案件中，成年人很难控制家事司法系统的运行，或不清楚案件审理进程，或由于程序过于复杂而困惑。同时，由于法律援助相关规定的改革势在必行，大部分私法案件将取消法律援助，这必然导致更多当事人放弃寻求专业帮助而自行诉讼，使家事司法中的复杂性问题更为

① Family Justice Review Interim Report (2011), p. 50.

凸显。[①]

## 四、组织间缺乏共同目标与信任

家事审判改革前，一方面，英国家事司法系统存在结构复杂问题、影响当事人诉讼活动的开展的问题；另一方面，家事司法系统中不同结构、部门之间存在缺乏信任及共同目标的问题，制约家事司法系统的良好运行。

随着家事案件的不断增加，英国家事司法系统承担的任务加重，家事司法系统中各机构组织及工作人员的工作压力增加，不同机构组织及人员之间缺乏信任的问题更突出。法官越来越不信任地方机构出具的评估报告，地方机构更多地委托专家出具评估报告而非自行作出报告，并逐渐形成恶性循环。这在一定程度上会影响社会工作者的信心，使他们感觉自己受法官或律师所欺。同时，社会工作者也会对儿童和家事法庭咨询支持服务署的工作人员产生敌对情绪，后者的经验水平与之相同甚至次之，但却审查他们的工作并且法院也会更进一步审理。扩散由一个机构审查另一机构工作的安排，实则是对家事司法系统运行有不利影响的现象。[②]

英国家事司法系统缺乏共同的目标和管理。由于缺乏明确的管理安排，英国家事司法系统的运行缺乏整体控制，各机关和专业人士之间缺乏共同工作目标的制约。因此，各项决定的作出往往忽略了对系统中其他机构的影响。例如，诉前程序的僵硬规定导致地方机构承受了不可预测的额外负担。关于经费支出的决定也是基于个案考虑，而未顾及经费的可用性及会对其他领域优先需求或决定的影响。同时，英国各地实践差异很大。以抚养及监护案件的审期来看，2010年东北部平均约为46周，西北部在60周左右。另外，各机构之间相互学习、提升的机会鲜见，很难形成系统的学习和审查。同时，系统整体士气低沉，缺乏积极发展的氛围。家事司法需要的技能水平与目前状况不相符合，尤其是在社会工作中补充新工作人员及留任现有工作人员都存在困难。法律援助相关条款的变化也影响了提供法律援助的家事律师的士气，甚至有观点担心该行业的可持续性。[③]

---

① Family Justice Review Interim Report (2011), pp. 48 – 50.

② Family Justice Review Final Report (2011), p. 43.

③ Family Justice Review Interim Report (2011), pp. 50 – 51.

## 五、信息化及案件管理水平低

英国家事司法系统的有效运行同样受到信息技术水平和案件管理制度的限制。一方面,英国家事司法系统的信息技术水平较低,先进信息技术尚未在家事司法系统中发挥作用,这制约了家事案件审理的效率;另一方面,英国家事司法系统中案件管理制度有待加强。

家事审判改革前,英国家事司法系统缺乏有效的管理信息。每个部门都有该部门的案件管理系统及数据,但这些案件管理系统的质量和复杂程度迥异。儿童和家事法庭咨询支持服务署在该方面取得不错进展,但法院事务管理服务局的相关数据存在空缺,如缺乏家事审判开庭日期及费用支出的相关信息。家事司法系统中不同机构倾向于对同一事项的评估采用不同的方法,这导致案件管理方面存在混乱。部分地方机构提交法院的诉讼申请材料缺乏核心的评估部分。例如,2009 年的调查显示,40% 的案件起初缺乏关键评估部分。另外,部分地方机构还存在案件管理不充分、法庭准备不足以及庭上表现不佳等问题,以至于遭到当事人的抱怨。①

与此同时,各领域之间也缺乏信息技术适用方面的沟通。尽管电脑及互联网已经大量普及,家事司法系统中大部分的信息还是通过纸质文件传输的。当所有的信息都能有效获得时,诉诸司法的可能性会在一定程度上有所减少。尽管信息技术不足并非导致家事司法系统运行存在问题的唯一原因,但其构成重要影响因素之一。家事司法系统中信息技术适用不足,与刑事司法系统相比较为落后。刑事司法系统中统计数据和管理信息容易获取,问题解决更有效率,家事司法系统应有所改进。②

## 六、诉讼透明度低,法院缺乏领导力

家事审判改革前,英国家事司法公开有待加强,诉讼透明度低,这在一定程度上影响当事人及儿童对诉讼程序及案件进展的了解,导致当事人对案件进程存在困惑。同时,家事诉讼透明度低也影响公众对家事司法程序的认知。尽管家事案件涉及隐私等问题,但如何在保护当事人隐私的前提下加强司法公开,以提升家事司法的透明度、增强当事人对家事司法系统和诉讼进程的知悉程度,是英国家

---

① Family Justice Review Interim Report (2011), pp. 100 - 101.

② Family Justice Review Final Report (2011), p. 44.

事司法系统面临的重要问题之一。

同时,英国家事司法系统还存在需要加强法院领导力的问题。家事司法系统缺乏强有力的管理来整合各个机构及组织,故而产生了家事司法系统中各机构之间缺乏共同目标和信任等问题。英国家事司法系统需要加强司法机关与地方机构之间的密切合作,重新分配资源和界定各机构的功能,从而推动整个家事司法系统的发展。仅通过改变组织和管理并不能真正实现家事司法系统的发展,其关键在于改变人们的行为方式,而法院能够在其中发挥重要作用。法院在家事司法系统中居于核心地位,家事司法系统整体管理的加强依赖于法院领导力的提升。

另外,家事私法案件中还存在非诉纠纷解决机制适用有待扩大的问题。法院并非解决所有家事私法案件的最佳场所,部分案件不适宜通过司法途径解决,部分案件中法院只起监控作用,如审查调解等的进展,这在一定程度上造成对司法资源的浪费。因此,探究如何通过非诉纠纷解决机制的合理适用推动家事纠纷通过合适的途径解决,同样是英国家事审判改革面临的重要问题。

就2011年家事司法审查而言,家事审判改革前的英国家事司法系统并非一个具有连续性的、管理良好的系统,甚至在很多方面很难称为系统。自1989年起英国进行了至少7次家事司法审查,大部分问题具有共性:日益严重的诉讼迟延问题(该问题在公法案件中尤为突出)、缺乏一致性、执行存在差异、缺乏有效性及信息技术适用问题。尽管家事司法系统及系统管理问题与家事司法系统中与人相关的问题相距略远,家事审判改革的目的在于更好地实现家事司法中儿童及家庭的利益,但家事司法系统及管理方面的改善是实现改革目标的重要途径。① 因此,英国自2011年家事司法审查以来实行家事审判改革,直接原因在于家事司法系统运行过程中出现的一系列问题及其产生的危害。

## 第三节　家事审判改革之根本原因

基于家事司法系统中存在的案件审理迟延、诉讼费用过高、审判体制复杂等问题,英国自2011年家事司法审查以来实行家事审判改革,通过设立独立家事法院、引入审限制度等解决家事司法系统中存在的问题,以推进家事司法系统的发展。之所以通过家事审判改革解决家事司法中存在的问题、推动家事司法系统的

① Family Justice Review Interim Report (2011), p. 52.

发展,根本原因在于家事审判的目标指引,即基于家事纠纷解决的特殊性与重要意义,推动家事司法正义的实现,维护家事司法中的儿童最大利益的基本原则,以实现家事司法系统的优化和发展。

## 一、家事司法特殊性与重要性之凸显

英国家事司法系统中存在的大量问题,一方面,在于家事司法系统中的机构设置和制度运行方面存在问题;另一方面,在于家事案件的增多及复杂性增强导致家事司法系统承受重压。家事纠纷的解决不仅关系家庭关系的稳定和个人发展,更关系社会整体的和谐稳定。因此,家事司法关系重大。

### (一)家事案件数量增多和复杂性增强

随着经济社会的发展,家庭结构、观念等不断变化,英国家事纠纷不断增加,且日益复杂。2009 年英国有 25,810 名儿童参与公法案件,该数字比 2008 年增长了 31%;2009 年私法案件中涉及的儿童数量增长了 14%。同时,2009 年起诉离婚申请的案件数量较 2008 年增长了 3%,郡法院收到的家庭暴力诉讼增多了 5%。[①] 2010 年共有 24,300 名儿童参与公法案件,较 2009 年有所减少,私法案件中涉及的儿童数量约为 12 万名,比 2009 年减少了 11%。同时,离婚诉讼申请增加了 1%,但家庭暴力案件较 2009 年减少了 8%。[②] 2011 年,公法案件中共有 29,492 名儿童涉及其中,数量大为增长;2011 年私法案件涉及的儿童数量减少到 10 万左右,整体上 2009 年英国家事私法案件数量达最高值。2011 年离婚诉讼申请较 2010 年减少了 3%,郡法院受理的家庭暴力案件亦有所减少。[③] 2012 年,英国法院共收到家事诉讼申请约 28 万件,关系破裂案件占家事法院工作量的 4/5 以上。[④] 2013 年,英国法院共受理家事案件 27 万件左右,其中离婚案件所占比重最多,超过 40%。尽管家事案件并非逐年增长,但家事案件数量较多,该现象总体上持稳定态势,家事司法系统持续面临较大的案件压力。同时,英国离婚率在 2003 年达到顶峰,之后有所下降,自 2008 年以来每年离婚人数在 12 万左右。该离婚率的降低从侧面反映出结婚人数的减少和平均结婚年龄的增高。

2014 年,英国高等法院家事法庭法官保罗·柯利芝(Paul Coleridge)因无力

---

① Ministry of Justice, Judicial and Court Statistics 2009(2009), p. 44.

② Ministry of Justice, Judicial and Court Statistics 2010(2010), p. 38.

③ Ministry of Justice, Judicial and Court Statistics 2011(2011), pp. 21 – 22.

④ Ministry of Justice, Court Statistics Quarterly October to December 2012(2012), p. 15.

处理过多的离婚案件而辞职。他指出,一段美满的婚姻令人欣慰,但其已不能忍受日复一日面对离婚“惨剧”却无法作出任何改变的局面。[①] 经济合作发展组织(Organisation for Economic Co-operation and Development,OECD)的研究报告指出,英国有一半的成年男女单身,每十对夫妻中就有一对分居或离婚。[②] 家事案件数量持续增加,且家事纠纷更复杂,加重了家事司法系统中的诉讼迟延等问题。

**(二)家事司法关系重大**

家庭在推动个人发展和社会关系稳定方面都极为重要。作为社会的基本构成单位,家庭的稳定关系个人的成长,也影响社会的和谐发展。随着社会结构和经济的不断发展,家庭的结构、规模、观念、家庭成员关系等不断变化,并日渐复杂。近年来,英国的结婚率不断降低,从1970年的8.5‰已经降至2014年的4.5‰左右,离婚率则从1970年的10‰波动增长至2014年的20‰。[③] 结婚率的降低反映了年轻人对家庭责任的谨慎态度,离婚率的增长导致单亲家庭增多,儿童的健康成长成为需要全社会关注的问题。家事纠纷的解决关系儿童的未来发展和家庭关系的稳定,又进一步影响社会稳定。

作为正义的最后一道防线,家事司法对纠纷的解决起关键作用。鉴于家事纠纷的复杂性,部分当事人无法自行解决,往往通过诉诸法院的方式推动纠纷解决,法院为争议双方提供定分止争的判决,或推动纠纷通过调解等非诉纠纷解决机制解决。同时,英国家事司法系统以儿童最大利益为基本原则,注重对儿童利益的维护和对儿童未来发展的考虑,为未成年人发展提供保障。作为解决家事纠纷的重要途径,家事司法系统的运行和发展关系重大。因此,在家事案件不断增加、日益复杂的情况下,家事司法系统在运行过程中存在诸多问题并日趋严重,基于家事纠纷解决对维护社会稳定、保障当事人发展的重要意义,通过家事审判改革推动家事司法系统的发展与完善,是英国家事审判制度的发展方向。

---

① See Claire Carter,“Judge Sir Paul Coleridge Retires and Calls for End to Family Breakdown”,*The Telegraph*,Apr. 17,2014.

② 参见余浚安:《“你们都把婚姻当儿戏” 英法官怒辞职》,载苹果日报网:http://www.appledaily.com.tw/realtimenews/article/new/20140418/381748/,2020年5月22日最后访问。

③ See OECD,“SF3.1:Marriage and Divorce Rates”,https://www.oecd.org/els/family/SF_3_1_Marriage_and_divorce_rates.pdf,May 25,2017.

## 二、接近正义与公正审判之追求

英国实行家事审判改革,直接原因在于家事司法系统中存在的案件审理迟延等问题,影响家事纠纷的解决和儿童最大利益的维护,使家事司法目标无法得到实现。英国家事审判改革的根本原因,在于接近正义和公正审判的实现,这也是英国民事及刑事司法改革的重要目标。

### (一)接近正义的司法改革目标

接近正义(Access to Justice)是英美法中司法改革的基本理念之一。该词最初指获得"法院公正审判权",即为特定人群提供通过司法途径维护权利的帮助,此后该词的含义范围超出司法机关,包括司法及非司法方式,最终目的均在于实现正义,即保障当事人的权利。完全正义是一种理想状态,即使努力接近正义也无法完全实现正义,①接近正义在于最大限度上对正义的获取。接近正义的目的主要在于解决纠纷,即提供更迅捷、对抗性更少的纠纷解决机制,提供帮助社会成员避免纠纷的技术或对法律赋予的利益提供深刻的洞察。② 接近正义的实现通常包括两种方式,即正式的(司法)方式和非正式的(非司法)方式。接近正义作为一项基本权利,在最低限度上应包含诉诸法院的权利。同时,该权利是实际有效的权利,不只是法律上规定的权利。③ "接近正义"一词已经出现了近半个世纪,其所解决的问题即如何能够在实质上达到权利保护的平等。④

英国于1994年启动民事诉讼改革,沃尔夫勋爵在1995年提交了名为《接近正义》的民事司法改革中期报告,并于1996年发布最终报告,从而确立了"接近正义"的改革目标。沃尔夫勋爵指出,为保障家事司法的公正及方便,应保证公正性、相似案件相似处理、以合理的速度审理案件、对当事人的需求作出回应、保障个案处理的确定性及有效节约资源和组织案件审理。因此,改革之后的司法制度应呈现接近正义的新变化,如尽可能减少诉讼、简化诉讼、减少诉讼的对抗性、缩

---

① 参见[意]莫诺·卡佩莱蒂编:《福利国家与接近正义》,刘俊祥等译,法律出版社2000年版,第336页。

② See Richard Susskink, *The End of Lawyers*!, Oxford, Oxford University Press, 2008, p. 232.

③ 参见夏勇:《获得司法正义的权利》,载张明杰主编,司法改革研究课题组编:《改革司法》,社会科学文献出版社2005年版,第521~522页。

④ 参见郭辉:《接近正义考》,载《澳门法学》2014年第3期。

短案件审理期间及诉讼费用制度合理化构建等。[①] 接近正义作为英国司法改革的目标,在20世纪末的民事改革中得到强调。

2011年以来的英国实行家事审判改革,旨在解决家事司法系统中存在的审理迟延、体制复杂等问题,从根本上来说同样是为了保障接近正义的改革目标的实现,推动当事人通过司法及非诉纠纷解决机制等及时解决家事纠纷,保障当事人及未成年人的利益。

### (二)公正审判的基本理念

公正审判的基本理念,同样构成英国家事审判改革的根本原因。公正审判权(Fair Trial Rights)是英国国民享有的宪法上的基本权利,与正当程序紧密相关。公正审判权不仅体现在英国的宪法性文件中,普通法中亦有大量体现。所谓公正审理权或正当程序权,一方面,包括诉诸法院的权利;另一方面,为案件得到公正审判的权利。其中,公正审判的权利则包含5个基本要素:独立、不偏不倚的法院,审判公开,审判公正,审理限定在合理期间内,附理由的判决。[②] 在英国司法制度中,公正审判作为司法的基本理念,推动司法系统的不断改革发展。

20世纪末,英国民事司法改革的根本原因同样在于公正审判基本理念的指引。民事审判改革的目标在于保障案件的公正处理,法院和当事人都有义务推动该理念的实现。沃尔夫勋爵认为,公正审判包括平等原则、比例原则、经济原则及快速原则,并且,这些原则是有效的现代司法的基础,可以保障结果和程序的公正性。因此,在该民事司法改革中,英国统一新规则以便利法院、律师及当事人的诉讼活动,引入案件管理制度及审限制度等,均在于保障案件的公正审判,从而推动家事司法系统的有效运行。接近正义的改革目标和公正审判的基本理念是推动英国此次家事审判改革的深层原因。

## 三、儿童最大利益原则之维护

英国家事审判改革之所以试图解决诉讼迟延、儿童程序参与缺失等问题,整体而言是为了解决家事司法系统中存在的典型性问题,其根本原因也在于对家事司法中基本原则的维护和保障,即儿童最大利益(Child's Best Interests)原则。儿

---

① 参见齐树洁:《接近正义:英国民事司法改革述评》,载《人民法院报》2001年9月12日,第3版。

② See Richard Clayton, Hugh Tomlinson eds., *Fair Trial Rights*, Oxford, Oxford University Press, 2011, pp. 26 – 27.

童最大利益是英国家事司法的首要原则,也是英国此次改革的基本原则。

### (一)保障儿童最大利益是英国家事审判的基本原则

儿童最大利益是英国家事司法的基本原则,贯彻于英国家事司法的全过程。该原则要求法院在处理关于儿童的家事纠纷时,应当首先考虑儿童的最大利益,并将保障儿童的未来发展作为家事纠纷判决的首要衡量因素。儿童最大利益原则既是英国家事司法的基本原则,也是国际公约中公认的基本原则。

儿童最大利益原则在20世纪中期之后形成并不断发展。20世纪中期以来,随着“尊重儿童的权利和自由”“国家干涉主义”“儿童权利保护”等思想的兴起,保障儿童的权利逐渐成为共识。人们逐渐认识到,想要追求社会的最大利益,应当注意儿童及对儿童权利的保护,将儿童作为独立的个体并给予特殊的法律保护。该思维模式将重点放在对儿童权利的保护上,将对父母权利的重视改为对父母责任的强调。在家庭法领域,受福利国家的介入主义影响出现了“私法公法化”趋势,国家通过立法、司法等活动介入家庭关系领域,维护居于弱势地位的儿童的利益,儿童最大利益原则为国家介入家庭关系领域提供了首要指导原则及具体衡量标准。①

儿童最大利益原则也是国际公约明文规定的一项基本原则。1959年,《儿童权利宣言》将儿童最大利益列为保护儿童权利的一项国际性原则,此后在多个国际公约或区域性条约中重申。1990年生效的《联合国儿童权利公约》(UN Convention on the Rights of the Child)则具有里程碑意义。该公约明确规定,有关儿童的一些行动都应以儿童最大利益为首要考虑,以公约的形式确认了儿童最大利益原则,具有重要意义。一方面,赋予该原则以条约法的效力,为保护儿童权利发挥更大的作用,并为解决儿童权利保护和相关矛盾冲突提供一定合理的解说;另一方面,该规定确立了所有涉及儿童的行为均应以儿童最大利益为首要考虑的重要理念,并将这种首要考虑作为儿童的一项权利宣布。也即,该公约强调将儿童作为个体来保护其权利,而非作为家庭或群体的组成成员进行保护。就这方面意义而言,该公约被称为“儿童大宪章”(Magna Carta for Children)。②

英国《1989年儿童法》将儿童最大利益以立法的形式规定为最高准则和判断标准,并对相关的考量因素作出具体明确。例如,相关儿童的真实愿望和感受(根

---

① 参见王洪:《论子女最佳利益原则》,载《现代法学》2003年第6期。

② 参见王雪梅:《儿童权利保护的“最大利益原则”研究(上)》,载《环球法律评论》2002年第4期。

据他的年龄和理解能力衡量)；儿童的身体、情感及教育需要；任何变化对儿童可能造成的影响；儿童的性别、年龄、家庭背景及法院认为相关的任何性格特征；儿童已经遭受的伤害或可能遭受伤害的危险；儿童的父母及法院认为与所需解决问题相关的其他人实现儿童需求的能力；等等。[①] 该标准使儿童最大利益原则的适用更具体，法官在行使自由裁量权时需要时刻以儿童的利益为考虑重点。儿童最大利益原则贯穿于家事司法的全过程，始终是法院衡量的基本因素，也是法院作出判决的首要原则。

**(二)家事司法系统中儿童利益有待维护**

家事司法改革前，英国家事司法系统中存在的诸多问题实则阻碍了对儿童最大利益的保护。案件审理迟延的现象无论是在公法案件还是私法案件中均非常突出，儿童的安置和监护权归属长期处于悬而未决的状态，这在一定程度上加重了儿童心理上的负担或伤害，从儿童长远发展的角度来看，大部分的迟延并不符合儿童的最大利益。[②] 尤其在公法案件中，该问题更突出。同时，家事司法中还存在儿童程序参与不足的问题，儿童不了解诉讼程序及案件进展，部分儿童希望与法官直接沟通但其想法或感受无法告知法官，儿童程序参与的缺失影响了法院对儿童想法的判断，进而影响了法院作出符合儿童最大利益判决的可能性。与刑事司法系统中儿童作证相比，家事司法领域儿童作证相对较薄弱，这也在一定程度上阻碍了家事案件中法官对儿童最大利益的判断。

在公法案件中，法院对地方机构相关证据材料的审查并非仅依据儿童最大利益原则进行审查，而是对政府机构提供的材料实行全面审查，这在一定程度上与法院解决争议的功能不相符合，也导致了诉讼迟延问题的加重，影响了法院对儿童最大利益原则的判断，导致部分儿童处于等待判决的担忧中。另外，尽管法院鼓励当事人通过调解、协作法等非诉纠纷机制解决家事争议，但非诉纠纷解决过程中对儿童最大利益的维护可能相对较弱，在扩大非诉纠纷解决机制适用的同时强调儿童最大利益的维护，也应是家事司法系统的发展方向。

无论是在家事审判改革前的家事司法系统的机构设置、诉讼进程中还是在具体的自由裁量、非诉纠纷解决过程中，家事司法系统中凸显的种种问题都在一定程度上阻碍了对儿童最大利益的维护，导致儿童最大利益的基本原则在原家事司法系统运行中无法得到实现。家事审判改革中对家事审判机构、审限制度、儿童

---

① 参见《英国婚姻家庭制定法选集》，蒋月等译，法律出版社2008年版，第137页。

② Family Justice Review Interim Report (2011), p. 98.

程序参与等方面的调整,对政府相关机构的工作范围的界定和法院自由裁量标准的修改,对家事司法系统中的各项具体制度和整体文化氛围的改革,根本上在于在实现公正审判的基础上落实维护儿童最大利益这项家事司法系统各项工作的首要原则。因此,就英国家事审判改革的根本原因而言,维护儿童最大利益是家事审判改革的根本原因之一,也是贯穿于家事司法系统各机构、各项工作中的首要原则和重要考量因素。

## 四、家事司法系统的整体优化与发展

英国自2011年开始家事审判改革,本质上在于解决家事司法系统运行中存在的问题,推动家事司法系统的完善。家事司法系统作为不断运行与发展的系统,反映了法律系统的运行和发展的普遍规律。英国家事司法改革的推进,就法律系统理论的本质而言,实则在于家事司法系统自身的不断优化与发展。

### (一)优化与更新:家事司法系统的发展方向

就一般系统理论而言,系统内部应不间断运作,否则系统会因停滞而崩溃,系统与环境之间的界限亦不会存在。同时,系统又保持自身的自主性,不因环境的变化而发生对应的变化,在开放性的同时具有封闭性。从系统和环境的关系来看,系统在受到外界环境影响的同时具有自身的封闭性和自主性;从系统自身来看,系统在不断运行过程中通过更新和发展推动系统保持良好的运作。有机系统即有自主性的系统,通过两种方式获取信息:一是通过自身进行信息筛选并向内部独立输入信息;二是由外部观察者将信息输入系统。法律系统的自我进化即是通过信息输入、输出等功能实现,并通过这些功能维持系统的稳定性。[①] 法律包含稳定与变化两种因素,稳定因素是法律作为预期稳定化的功能,变化因素是伴随社会复杂程度变化而不断变化的内部具体结构。一方面,社会复杂性及偶然性的增加构成发展的根本动因;另一方面,结构的变化又构成社会进一步演化发展的基础。[②]

家事司法系统的运行同样遵循系统运行的规律。家事审判改革前,英国普遍存在对家事司法系统运行的担忧,认为家事司法系统的运行缺乏效率或难以称为

① 参见张玉洁:《论法律系统的自创生模式及其进化——以法律文本中模糊语词的功能实现为视角》,载《河北法学》2014年第5期。

② 参见杜健荣:《卢曼法社会学理论研究——以法律与社会的关系问题为中心》,法律出版社2012年版,第124页。

系统等,家事司法系统中存在的各项问题及缺陷亦不断凸显。无论是基于家事司法系统自身存在的问题逐渐显现,还是整体司法环境的发展和婚姻家庭方面的变化等外部因素,为实现家事司法系统的持续有效运行,对家事司法系统进行优化和更新是英国家事司法系统的必然发展方向。推动家事司法系统的优化与发展,一方面是对日益复杂的外部环境需求的开放性回应,另一方面也是家事司法系统自主性发展的体现。因此,就整体系统角度而言,优化和更新是家事司法系统的必然发展方向。

**(二)家事审判改革:优化与发展的有效途径**

系统的优化与发展,实则需要通过一系列合适的机制制度的推行来实现,家事司法的优化与发展亦是如此。家事审判制度或机制,既涉及家事审判系统内作为结构层面的各项机构、人员的组织机构与安排,又涉及各机构间的联系及具体的工作运作等方面,通过系统内部各领域的调整和完善解决系统运行过程中存在的问题,推动系统整体的发展与优化。由此,家事司法系统的优化与发展通过各项制度机制的完善来实现,而各项制度机制的推行则通过审判改革来实现。

一般而言,司法改革通过大规模地审判制度、机制等的变革与施行,推动司法系统发生较大规模的变化,以解决司法系统中存在的突出问题和阻碍因素,从而显著地推进司法系统的发展和完善。英国家事审判改革通过一系列配套机制制度的实行,试图解决家事司法系统各领域较典型的问题,以推进家事司法系统的整体有效运行和不断优化,是构成家事司法系统完善的有力途径。从法律系统角度出发,英国的家事审判改革通过配套机制制度的实施推行,推动家事司法系统的优化与更新,以实现家事司法系统的功能。推动家事司法系统的优化与发展、保障家事司法系统功能的发挥是英国家事审判改革的根本原因。

## 第四节　家事审判改革之背景因素

英国家事司法系统的优化与发展,在自主性发展的同时,受到外界环境的影响和推动。一方面,婚姻家庭领域的变化发展及家庭法的不断发展对家事司法带来了新的冲击和影响;另一方面,英国民事司法改革运动的推进对家事司法领域的发展同样产生影响。同时,全球范围内家事审判改革的推进是 21 世纪以来家事司法发展的趋势,同样构成英国推进家事审判改革的影响因素。

## 一、家庭观念及家庭法之转变

21世纪以来,英国婚姻家庭的结构、观念、作用等各个方面都有所变化,婚姻家庭文化背景的转变既影响了家事纠纷的产生和解决,也影响了家事司法系统的运行和改革。就家事审判改革的背景而言,婚姻家庭文化背景的转变以及家庭法内容的变化等对改革起了一定的影响或推动作用。

### (一)21世纪婚姻家庭文化背景转变

20世纪后半叶以来,英国现代化的家庭制度和家庭法形成并逐渐发展。现代英国的婚姻家庭的结构、组成及观念等方面发生了巨大变化,在结婚率的降低、非婚生子女的数量增多、多元文化的冲击和包容、单身一族的增多、广义家庭成员的功能扩展等方面得到体现。① 尽管英国以传统保守著称,但英国成为欧洲离婚率最高的国家,如2006年英国男性的结婚率为22.8‰,女性的结婚率为20.5‰,结婚率达到140余年以来的最低水平。同时,1966年英国结婚夫妇的离婚率在30%左右,1979年至1980年结婚夫妇的离婚率则在34%左右,1988年升至37%,1993年至1994年离婚率为40%,2005年结婚夫妇的离婚率在45%左右。随着离婚率的升高,英国单亲儿童越来越多,至2006年英国有24%的儿童生活在单亲家庭中,而1986年生活在单亲家庭中的儿童约为14%。② 目前,该数据增长至1/3左右。③ 英国离婚率的增长及单亲家庭中儿童的数量不断增长,在一定程度上引发了家事纠纷的日益增多与复杂。

20世纪60年代以来,英国爆发"离婚革命"风潮,内在原因是英国社会舆论和价值观转向导致了传统婚姻价值观的转变,从而直接导致人们婚姻、家庭及生育观的变化,传统的婚姻和家庭面临挑战。新型的婚恋观和生活方式对传统的婚姻模式产生了冲击,主流的两性婚姻也逐渐转变成同居、离异、婚外生育、单身家庭、同性恋等多元的生活方式,英国的婚姻家庭状况呈现多元化趋势。多元化生活方式也导致了英国离婚和单亲家庭的增加,带来一定的社会问题。鉴于英国自20世纪中后期以来实行福利国家模式,国家对单亲家庭及儿童的保障也在一定

① See Rebecca Probert, *Cretney's Family Law*, London, Sweet & Maxwell Limited, 2003, pp. 7 - 10.

② 参见方舟:《英国:结婚率降至最低 离婚率越来越高》,载《中国社会报》2008年4月11日,第3版。

③ 参见吴雯淇:《英国离婚率世界第一!1/3以上青少年为单亲家庭》,载风向新闻网:https://kairos.news/63093,2020年5月27日最后访问。

程度上刺激了英国离婚率的增长。① 无论是关于家事司法的变革还是家庭法相关制度或理念的转变,都因婚姻家庭观念及状态的转变而有所变化。

**(二)家庭法制度与理念的变革**

随着婚姻家庭领域的各项变化与发展,处理家事纠纷和保障儿童最大利益的家庭法同样不断更新与发展。家事审判改革主要涉及程序法方面的改革,这构成家庭法的部分内容,但整体的家庭法的发展对家事审判改革具有影响和推动作用,实体法的变革同样是影响程序法变革的重要因素之一。正如有观点指出,很少有法律领域或政策像婚姻法领域存在诸多冲突和动荡,体现在婚姻的本质、家庭暴力的法律应对、财产分割和离婚扶养规则等方面,最大的冲突则体现在夫妻分居后子女的养育安排问题上。②

20世纪后半叶以来,英国家庭法变革彻底、迅速,结婚与离婚自由、夫妻平等、儿童本位等现代意义上的家庭法原则大多通过成文法的形式得到确立。英国家庭法实行日渐宽容、自由的结婚制度,调整最低婚龄和自由婚姻的相关规定以赋予年轻人更多的婚姻自主权;民事伴侣组成的家庭和传统的家庭地位相同,尽管民事伴侣关系不被归入婚姻范围内,但与已婚配偶享有同样的权利并承担相同的义务。就离婚法而言,英国经历了从追求离婚自由到支持回归婚姻家庭、从简化离婚程序到追求程序的严谨化、从忽视儿童利益到儿童最大利益、从依赖诉讼到注重调解等非诉纠纷解决机制适用的过程,反映了时代发展的趋势和人们在家庭法方面的理性认知及人文关怀。③

整体而言,英国家庭法近年来不断发展,在形式上呈现成文法数量大量增加、公权力干预逐渐增多、国际化程度加强等趋势,在理念上则更注重保护儿童最大利益、维护家庭和社会稳定、更推崇实质正义等。④ 英国婚姻家庭法逐渐从维护形式正义转向注重维护实质正义,如保障女性的发展及其在家庭中的权利的实现。同时,英国家庭法注重加强对儿童的保护,儿童最大利益原则贯穿在家庭法的各个领域中,也成为家庭法相关立法或司法实践不断变革的指导原则和理念。与此同时,英国家庭法的国际化程度不断增强,一方面,一些国际性原则内化为英

---

① 参见曹瑞臣:《20世纪英国离婚动因的内在考察——基于社会性舆论的转型分析》,载《江南大学学报》(人文社会科学版)2011年第5期。

② 参见[澳]帕特里克·帕金森:《永远的父母:家庭法中亲子关系的持续性》,冉启玉主译,法律出版社2015年版,第4页。

③ 参见李喜蕊:《英国家庭法历史研究》,知识产权出版社2009年版,第202~226页。

④ 参见马忆南、邓丽:《当代英美家庭法的新发展与新思潮》,载《法学论坛》2011年第3期。

国国内的法律或规则;另一方面,是夫妻平等、儿童保护等家庭法原则和理念的趋同。①

21世纪以来,随着英国婚姻家庭方面出现的新变化,英国家庭法同样在实践中不断发展。同时,家庭法中的儿童权益保护、注重维护家庭与社会关系稳定等的理念同样在变革中得到强调。英国家庭法中的基本制度和理念,是家事司法的基本理念,并推动家事司法的变革。家事审判改革的推进,也在于在一定程度上保障案件的公正审判和通过非诉纠纷解决方式等解决家事纠纷,保障家庭法中规定的当事人的权益和实体法中各项原则和理念的实现,并通过改革推动家庭法整体的发展。可以说,在英国家事审判改革过程中,英国婚姻家庭领域内的变化及家庭法的相关制度、原则及理念等的变革同样推动了家事审判改革的开展和推进,是推动家事审判改革的重要因素。

## 二、民事司法改革之推动

21世纪以来,英国的家事司法系统在进行审查与改革的同时,其民事司法系统同样进行着改革。家事纠纷是民事纠纷的一种特殊的类型,尽管英国将家庭法作为独立于民事法律的独立法律部门,但家庭法的改革往往受到民事司法改革的推动和影响。

### (一)接近正义:英国民事司法改革的发展

英国民事司法制度在20世纪末期进行了规模最大的民事司法改革。沃尔夫勋爵就民事司法审查作出“接近正义”的民事司法审查报告和改革建议,1999年实施了新的《民事诉讼规则》。民事司法改革取得了实质性成功,民事司法制度和民事司法文化等均发生了深刻变化,民事司法领域亦呈现全新景象。20世纪90年代中期开始的民事司法改革是英国具有历史变革意义上的民事司法改革活动,也是推进接近正义目标实现的重要途径。

20世纪末期,英国民事司法改革的直接原因在于民事司法系统中存在的“司法危机”,即诉讼程序的烦琐和迟延、高昂的诉讼费用等问题,对抗性诉讼模式是导致该问题的深层原因之一。民事诉讼改革的目标,即在于保障当事人平等、提高诉讼效率、简化诉讼程序、降低诉讼成本、合理配置法院资源、增加诉讼的确定性以及推动法院公正合理地解决纠纷,从而保障接近正义的实现。② 此次改革统

---

① 参见李喜蕊:《英国家庭法历史研究》,知识产权出版社2009年版,第253~255页。

② 参见徐昕:《英国民事诉讼与民事司法改革》,中国政法大学出版社2002年版,第470页。

一了诉讼规则,便于法院、当事人及律师等的司法诉讼活动,增加判决结果的确定性;加强了法官对诉讼程序的干预,引入新的案件管理制度,法院对案件实行积极的管理;确定案件审理时间表,严格限制时限制度的修改,以防止诉讼程序的迟延、保障诉讼效率;鼓励当事人通过非诉纠纷解决机制解决纠纷;等等。

英国在 20 世纪末期的民事司法改革中呈现鲜明的开拓精神,加强法院对案件的管理权力体现了改革的决心。同时,英国的民事司法改革全面且深入,20 世纪末期的改革并非对诉讼程序细节的修补,而是涉及民事司法哲学、民事司法程序及相关制度的各个方面,故而形成英国最具历史变革意义的民事司法改革。[①] 从英国 20 世纪末期民事审判改革的经验来看,设立统一的改革领导机构以系统推进民事司法改革,推动法院加强案件管理权,努力降低诉讼成本以实现公正审判和程序经济并重,在弘扬传统的司法文化的同时推动非诉纠纷解决机制的适用等,均构成英国此次民事司法改革的有效探索,也为之后民事及家事领域司法改革提供了可资借鉴的经验和改革基础。

**(二)21 世纪英国的民事司法变革**

20 世纪末期英国的民事司法系统进行了最具历史变革意义的改革,21 世纪以来,英国民事司法系统在有效运行的同时针对已存在的问题不断进行变革,典型体现在民事诉讼费用改革、非诉纠纷解决机制适用、信息网络技术推进等方面。英国民事司法系统的变革与发展对同时期的家事审判改革具有很大影响。

鉴于民事诉讼费用过高,英国家事司法系统不断作出调整与变革。2009 年上诉法院法官鲁珀特·杰克逊(Rupert Jackson)作出关于民事诉讼费用审查的最后报告《民事诉讼费用审查:最后报告》,指出按条件收费协议中的“不胜诉,不收费”协议是导致民事诉讼费用不成比例的主要原因,并建议取消胜诉费用与事后保险向民事诉讼败诉一方追回的制度、提高一般损害赔偿、在人身损害案件中律师不需要支付转介费、引入合格的单向费用转移机制等。其后,英国司法部发布了关于民事诉讼费用改革的政府文件,为降低民事诉讼费用政府采取了一系列措施:胜诉费由胜诉一方承担;人身损害案件中将胜诉费限制在损害赔偿的 25% 以内;在民事诉讼中引入风险代理协议;人身损害案件中取消转介费;等等。[②] 通过

---

① 参见齐树洁:《接近正义:英国民事司法改革述评》,载《人民法院报》2001 年 9 月 12 日,第 3 版。

② See Ministry of Justice, "2010 to 2015 Government Policy: Civil Justice Reform (2015)", https://www.gov.uk/government/publications/2010-to-2015-government-policy-civil-justice-reform/2010-to-2015-government-policy-civil-justice-reform, May 28, 2017.

诉讼费用制度的相关改革,英国试图降低民事司法中的费用支出,缓解当事人承担的压力并推动民事司法资源的合理配置,在实践中效果明显。

2015年7月,英国上诉法院法官布里格斯(Lord Justice Briggs)受托调研民事法院结构及司法程序问题,从而为法院和裁判所事务管理服务局推行的司法改革提供支持。布里格斯大法官领导的研究小组于2016年7月发布了关于民事法院结构和司法程序调研的最后报告《民事法院结构审查:最后报告》。该报告审查了现有民事法院结构、在线法院建设、法院与法官数量、民事上诉权利与途径、判决执行等问题,并作出结论与建议。该报告指出,英国法院的法官、管理人员及行政人员等应为家事纠纷当事人及需要法院帮助的人提供一流的民事司法服务。然而,服务质量受到5个方面的影响:(1)诉讼费用过高导致缺乏接近正义的途径;(2)纸质文件的传输和网络信息技术利用不足导致效率低下;(3)因工作量大导致上诉法院的案件审理迟延问题严重;(4)对除伦敦外地区的民事司法经费投入不足;(5)判决执行方面普遍存在的缺陷问题。为解决民事司法系统中存在的问题,一系列改革措施有待实施,如加强在线法院建设,推动小额诉讼案件通过在线法院解决的强制性适用以发挥民事司法中信息网络技术的作用,提升诉讼效率的同时减少法院的工作压力;在郡法院中重建以法院为主的私人调解服务和审理中心,推动案件通过调解等非诉纠纷解决机制解决;资助司法学院为法官和案件管理人员提供必要培训,增强法官的专业素质;等等。① 英国民事司法系统的各项变革与发展,往往带动家事司法系统的变革,如在线法院建设、非诉纠纷解决机制的扩大适用等,在英国2011年以来的家事审判改革中同样得到强调。

## 三、全球家事审判改革活动之影响

21世纪以来,全球范围内的家事审判改革活动反映了改革家事司法以推动接近正义实现的趋势和氛围,在推动英国进行家事审判改革的同时为英国家事审判改革的推进提供了值得借鉴的经验和启示。

随着经济社会发展和家庭结构变迁,日益增多且更复杂的家事纠纷是各国家事司法系统普遍面临的问题。家事司法的一般理念和整体机制构建等具有普遍性,各国家事纠纷的性质与发展趋势亦存在相通之处。通过改革解决家事司法中存在的缺陷和问题,推动家事司法系统的有效运行是各国家事司法制度共同的发

---

① Lord Justice Briggs, Civil Courts Structure Review: Final Report (2016), pp. 115 - 118.

展方向。21世纪以来，各国、各地区积极探索推动本国或本地区的家事司法制度的改革与发展，以推进家事正义的实现。

美国各州积极推进家事审判改革以促进家事审判制度的完善。例如，纽约州创设了统一的家事法院，配备专门的家事法官并适用专门的家事审判规则，形成了专业化的家事审判制度。近年来，纽约州的家事法院引入了调解、和解、早期诉讼评估等非诉纠纷解决机制，以避免将司法途径作为唯一家事纠纷解决途径。纽约州家事法院为涉及子女监护与探视权案件、儿童保护或终止父母抚养权的案件中的当事人提供免费的调解服务，并注重提供修复性法律服务，为当事人提供必要的心理和法律咨询、辅导及监管等。[①] 马里兰州同样自1998年起设立了统一的家事法庭，在审理家事案件的同时提供家庭援助服务，并于2002年出台了《马里兰州家事法庭工作标准与评测》，确立了家庭法庭的工作目标。同时，马里兰州家事法庭建立了家庭暴力中心存储数据库，为低收入者提供调解服务等。[②]

澳大利亚通过制定《2004年家事法规则》(Family Law Rules 2004)、《2006年家庭法修正(共同承担抚养责任)法》[Family Law Amendment (Shared Parental Responsibility) Act 2006]等法规，引入家事咨询、调解及仲裁等家事纠纷解决机制，并将调解作为保障儿童最大利益的有效途径在家事纠纷解决中普遍使用。[③] 澳大利亚新的家事纠纷解决机制由诉讼家庭服务制度、非诉家庭服务制度及相关程序制度等构成有机整体，该机制是近年来澳大利亚家庭法最具特色的内容之一，为当事人之间的理性沟通提供了平台，符合有效解决家事纠纷的经济理性。[④] 与此同时，澳大利益积极探索在家事法院的电子法庭建设，并取得了一定成果。[⑤]

2014年10月，新加坡建立了具有里程碑意义的家事法院，构建以保护儿童为核心的家事司法体系，重视家事纠纷解决系统和律师群体作用的发挥，强调家事司法的国际视野，并着眼于将未来的家事审判机制构建作为家事司法改革的重点

---

① 参见齐玎：《美国纽约州家事审判制度的新发展》，载《人民法院报》2016年5月27日，第8版。

② 参见杨小利：《美国马里兰州家事司法改革》，载《法制日报》2016年11月23日，第11版。

③ 参见林芳雅：《澳大利亚家事法院调解制度》，载《人民法院报》2013年7月26日，第8版。

④ 参见陈苇、曹贤信：《澳大利亚家事纠纷解决机制的新发展及其启示》，载《河北法学》2011年第8期。

⑤ See Ros Macdonald, Anne Wallace, "Review of the Extent of Courtroom Technology in Australia", *William & Mary Bill of Rights Journal*, Vol. 12, 2004.

与目标。[①] 德国则通过制定独立的家事诉讼程序法(如2008年制定的《德国家事事件及非讼事件程序法》),发挥家事法庭修复、调整及促进家庭关系的社会功能,建立家事纠纷的多元化解机制,设立程序辅佐人制度等完善家事审判制度,推动家事纠纷的快速、全面、有效解决。[②] 日本国会于2011年制定《家事事件程序法》,通过充实关于程序保障的规定、改革相关准用性规则、新设未成年人的程序代理人制度、提高家事司法运行的便捷度等以便利当事人为目的的实行程序改革,推动日本家事审判及调解制度的发展。[③] 我国亦在2016年起在118个法院试点家事审判改革工作,通过审判工作机制和方式改革推进家事司法系统的发展。可以说,21世纪以来,各国面临家事纠纷日益增多且复杂的情况,纷纷探索保障家事司法系统的有效运行,家事审判改革是有效途径。

域外家事审判改革的探索,在一定程度上为英国推行家事审判改革提供借鉴和启示。一方面,英国家事司法审查报告中多次提及域外家事审判改革经验,如澳大利亚家事法院的电子法庭建设,美国、新西兰等国家的调解等非诉纠纷解决机制的发展等,从而对本国家事司法系统的发展状况作出对比和反思,探究家事司法系统的有待完善之处;另一方面,英国在家事司法审查及改革过程中,参观访问了域外相关机构以加强对域外家事审判改革经验的吸收与学习,法国、瑞典、澳大利亚等国家相关机构均在其列。[④] 可以说,全球范围内家事审判改革的推进,一方面,反映出家事审判改革的必要性和改革氛围;另一方面,为英国家事审判改革提供可以借鉴的经验,构成英国家事审判改革的影响因素之一。

## 第五节　家事审判改革之可行条件

英国家事审判改革以实现家事正义为目标,受婚姻家庭法律文化背景、民事审判改革及域外家事审判改革的影响,在具有推行家事审判改革必要性的同时,也具有进行家事审判改革的可行性。英国家事审判改革的可行性,基于家事司法系统内部及社会各领域的配合与支持、代表人物的推动作用以及成本效益分析背景下的可行性。

---

① 参见[新加坡]邓碧云:《新加坡家事司法改革概略与规划》,袁跃文、林超译,载《中国应用法学》2017年第5期。

② 参见杨临萍、龙飞:《德国家事审判改革及其对我国的启示》,载《法律适用》2016年第4期。

③ 参见杨佳莉:《日本家事程序法最新动态简介》,载《人民法院报》2014年2月7日,第8版。

④ Family Justice Review Interim Report (2011), p. 199.

## 一、家事司法系统内部的联动配合

家事司法审查及家事审判改革的推进，依赖于家事司法系统中各机构、人员间的相互协作与配合。一方面，家事司法审查中反映出的家事司法系统存在的组织体制复杂、各机构缺乏共同目标和信心等问题，构成家事审判改革的重要原因，也是家事司法系统自身试图解决的问题；另一方面，家事司法审查及改革的实施得到了家事司法系统中各机构的积极配合和参与。

家事审判改革的重要原因之一在于家事司法系统中的组织机构存在问题。家事法院的体制复杂，影响当事人及未成年人对诉讼程序和案件进展的知悉，进而影响案件审理的效率和当事人权益的维护。家事法院与地方机构、儿童和家事法庭咨询支持服务署等机构之间存在缺乏共同目标、不信任等问题，影响司法活动的有效开展，是造成家事司法系统缺乏组织性、系统性的重要原因。英国在此次家事审判改革中加强各机构的协作，体现了系统内各组织机构进行改革和发展的决心。

在2011年家事司法审查中，家事司法各机构积极参与审查，作出反馈和改革建议。儿童和家事法庭咨询支持服务署的青少年委员会（Cafcass Young People's Board）、家事司法理事会、家事调解理事会（Family Mediation Council）、法院事务管理服务局等机构均为家事司法审判提出意见和建议。内伦敦家事程序法庭（Inner London Family Proceedings Court）、切尔姆斯福德郡法院（Chelmsford County Court）、家庭毒品和酒精法院（Family Drug and Alcohol Court）、曼彻斯特民事审判中心（Manchester Civil Justice Centre）、谢菲尔德郡法院（Sheffield County Court）、斯特拉特福德治安法院（Stratford Magistrates' Court）等机构接受了家事司法审查小组的调研，并提供相关资料和改革建议。①

此次家事审判改革同样得到了家事司法系统内各机构的积极影响和配合。一方面，家事法院整体系统进行改革，统一家事法院的设立及相关物质基础建设、各级家事法官的案件管理安排等需要高等法院家事法庭、郡法院和治安法院间的明确分工与协作；另一方面，法院系统与地方机构、儿童和家事法庭咨询支持服务署等对改善机构间的协作与实现共同目标等作出努力，配合家事司法改革中的各项试点改革工作，推动信息网络技术适用的统一性建设，使家事审判改革工作的开展得到家事司法系统内部的支持和推动。改革家事审判中存在的问题，实现家

---

① Family Justice Review Interim Report (2011), pp. 197 – 199.

事司法系统的有效运行,既是对日益增加的家事纠纷的回应,更是家事司法系统自身优化和发展的需求,故而得到了系统内部各机构的响应与配合。

## 二、家事司法领域代表人物的领导与推动

在内部机构配合的同时,英国家事审判改革的推进还依赖于相关人员的领导和探索。无论是直接参与家事审判改革进程或是推动家事司法理念的转变或发展,从本质上来看,它们为英国家事审判改革的推行起了一定的推动作用。

时任英国高等法院家事法庭庭长的詹姆斯·孟比在此次改革中起了领导作用。詹姆斯·孟比自2013年起担任高等法院家事法庭庭长,领导了家事审判改革工作,并多次就家事审判改革的进程及发展方向作出探究和阐释。例如,家事法院文化改革问题、家事司法中的儿童程序参与问题、家事调解的发展及家事法院透明度建设等均是詹姆斯·孟比庭长关注的重点,也是此次改革的重要内容。他重视此次改革推进,用"未来的开端"、①"历史的顶端"②或"文化上的革命"③等描述此次家事审判改革的重要意义,积极推进改革的推进。同时,他还审理部分典型案件以指导家事司法实践。例如,Re S(A Child)[2014]案是涉及法定审限的判例,詹姆斯·孟比庭长将本该由郡法院审理的普通案件上升为由高等法院家事法庭庭长审理的具有广泛指导意义的判例。④

承担家事司法审查及改革试点工作的工作人员细化及实施了改革的内容。2011年家事司法审查由经济学家戴维·诺格罗夫在麦克法雷恩大法官的协助下完成,对英国整个家事司法系统及其运行作出审查。其所出具的家事司法审查报告奠定了英国家事审判改革的基础和基调,大部分建议得到了政府的积极回应和肯定,并在改革中得到实施。英国民事司法委员会(Civil Justice Council,CJC)成立的在线纠纷解决咨询小组(Online Dispute Resolution Advisory Group),主要任务在于研究在线纠纷解决机制的发展状况,探讨在线纷解决机制在25,000英镑以下的民事诉讼中的可行性问题。⑤ 该研究对家事审判改革中的网络信息技术适用和在线法院建设探索同样具有极大的推进作用。家事司法系统的相关审查

---

① James Munby, "The Beginning of the Future", *Family Law*, Vol. 44, 2014.

② James Munby, "The Process of Reform: On the Cusp of History", *Family Law*, Vol. 44, 2014.

③ James Munby, "11th View from the President's Chambers: The Process of Reform: On the Cusp of History", *Family Law*, Vol. 44, 2014.

④ See Rebecca Bailey-Harris, "Re S. (parenting assessment)", *Family Law*, Vol. 44, 2014.

⑤ See Steve Wilson et al., *English Legal System*, Oxford, Oxford University Press, 2016, p. 46.

和研究均为家事审判改革的推进起到一定的推动作用。

家事司法系统中具有代表性的法官或法律界人士同样不断推动英国家庭法的发展。高等法院家事法庭前任庭长尼古拉斯·沃尔(Nicholas Wall,1945—2017年)曾因其言论“离婚本身只是行政程序,却被伪装成司法程序”广受关注。他支持无理由离婚,认为离婚在现实生活中应该是行政程序而非法律程序。另一显赫的法律界人物大法官索普勋爵也曾在上诉法院判决中支持无理由婚姻,并认为英国现有婚姻法所对应的社会价值已经过时。① 保罗·柯利芝法官则因无力处理过多离婚案件而辞职,并试图对夫妻离婚问题进行挽救。英国家事司法系统内不同法官多年的工作经验和对家事审判改革的认知对如何实现家事正义问题作出了探讨,在一定程度上对推动家事审判改革有所作用和影响。

## 三、社会各领域支持与协作

英国家事审判改革的推行,在得到家事司法系统内部各机构及人员的积极响应与配合外,社会各领域的支持与协作同样是推动家事审判改革积极推进的有利因素。无论是政府报告回应还是国会立法支持,英国家事审判改革在2011年以来得以推行。同时,公众的参与及反馈、学者的研究和试点调研等均为家事审判改革开展奠定了基础。

2011年的家事司法审查报告得到政府的积极回应,政府部门出具的相关报告中肯定了司法审查报告中提出的大部分建议并就某些改革措施作出了更细致的规划。同时,英国国会亦对司法审查报告作出回应,并通过出台《2014年儿童与家庭法》等相关法律法规推动家事审判改革工作的开展。同时,政府还就家事审判改革的阶段性成果作出探究,并就进一步的发展作出规划和探究。②

在家事司法审查中,公众、学者、社会团体等社会领域内的机构或个人均作出积极参与。部分家事诉讼当事人及儿童对参与家事诉讼程序的体验作出反馈,诸如儿童协会(Children's Society)、儿童优先组织(Children First)、塔维史托克伴侣关系研究中心(Tavistock Center for Couple Relationships)、前儿童和家事法庭咨询支持服务署工作人员等各种社会组织和相关人员均对家事司法审查中提出的问

---

① 参见韩旭:《英国大法官支持无理由离婚 称该国婚姻法过时》,载凤凰网:http://news.ifeng.com/world/detail_2012_03/27/13479689_0.shtm,2020年5月30日最后访问。

② Department for Education, Ministry of Justice, A Brighter Future for Family Justice (2014), pp. 4 - 17.

题作出回应或提出建议。[1] 在家事审判改革过程中,社会组织等积极配合,并为保障儿童利益、实现司法正义作出贡献。例如,在信息网络技术适用的改革过程中,南伦敦法律合伙企业(South London Legal Partnership, SLLP)、融合计划(Project Fusion)及齐尔法(Zylpha)公司等通过与法院合作提供先进的信息网络技术,推动"互联网+"时代英国家事司法系统的改革。

同时,英国学者对家事审判改革作出试点调研和探究,对推进家事审判改革具有重要作用。例如,以家庭法教授朱迪·梅森为主导的研究团队对家事审判改革前后的公法案件审限问题进行探究,并作出调研报告及成果;以大卫·诺辛勒夫为主导的专案组则对如何提升调解机制作出研究,并于2014年出具研究报告;等等。学者对家事审判改革的调研和探究,在一定程度上为家事司法系统的完善提供了值得考虑或采纳的建议,同样构成推动家事审判改革的重要因素之一。

## 四、成本效益分析层面的可行性

英国家事审判改革得以推行,在家事司法系统内部各机构、人员的配合,代表人物的领导和推动及社会各领域的支持与合作的同时,还在于其从成本效益方面分析具有可行性。基于英国家事司法系统的经费考虑,一方面,家事审判改革能够使在改革成功后减少经费支出;另一方面在改革过程中的经费支出能够控制在可承担范围内,不会产生受经费所限而无法推进改革的问题。

英国实行家事审判改革的直接原因之一在于家事司法系统中存在经费支出过多、纳税人负担过重的问题;同时,当事人需要支付较高的诉讼费用,影响当事人通过司法途径获得家事正义的可行性。在家事审判改革中试图通过独立家事法院的设立解决家事审判机构复杂的问题,引入审限制度及确定法院在公法案件中证据审查的标准,从而防止案件审理及因迟延导致的诉讼费用过多的问题。与改革前的家事司法系统运行中的经费支出和当事人的诉讼费用支出相比,预期的改革结果是缩减相关支出,故而改革具有必要性。

在英国家事审判改革的整体规划中,改革过程的经费支出根据成本效益分析具有可行性。家事审判改革的措施在于简化诉讼体制结构,独立家事法院设立在原有的郡法院或治安法院中,物质基础建设等投入相对较少。另外,信息网络技术的适用在一定程度上可以借鉴民事司法改革的成果和相关探索,审限制度改革在部分法院已经有所试验,故而在改革过程中的投入可相应有一定程度的节约。

---

① Family Justice Review Interim Report (2011), pp. 48 – 50.

与此同时，针对此次改革的经费支持在一定程度上推动了改革的进行。例如，2015年，英国为加强法院数字化建设投入了7亿英镑，以推动在线司法系统建设。[①] 整体而言，基于家事审判改革的预期效果，对家事司法系统进行较大的变革符合成本效益分析的可行性，能够保障家事司法系统的合理。

21世纪以来，尽管英国已经形成了现代化的家事审判制度，但家事司法系统在运行过程中呈现案件审理迟延、诉讼费用过高、机构体制复杂等问题，影响家事司法系统的有效运行，为解决家事司法系统中呈现的问题，推动接近正义和司法公正的实现，保障儿童最大利益原则在家事审判中的维护，促进家事司法系统的更新和优化，英国推行家事审判改革。英国家事审判改革处在婚姻家庭理念和家庭法变革的过程中，受民事审判改革和全球范围内家事审判改革的影响和推动。同时，英国家事司法系统内部各机构的配合、相关人员的推动、社会各领域的积极参与及成本效益分析上的可行性则构成英国家事审判改革的有利条件。在直接原因、根本目的、背景因素与有利条件的相互作用下，英国自2011年家事司法审查以来实行家事审判改革，通过独立家事法院建设等推动家事司法系统的大规模的变革与发展。

---

① Sarah Blackmore, Jacqui Thomas, *Family Justice Reformed: A Guide to the Family Court and the Children and Families Act* 2014, London, RELX(UK) Limited, 2017, p. 20.

# 第二章　系统组织结构之变革

2011 年 11 月英国家事司法审查小组发布的《家事司法审查最后报告》对家事司法系统的提升列出了 134 条改革建议，这些建议主要分为 5 类：以儿童为核心的家事司法系统、公法案件的改革、私法案件的改革、提升家事司法系统的领导力、法官与全体工作人员方面的改革。① 自家事司法审查以来，英国通过独立家事法院的设立、26 周法定审限制度的引入、保障儿童的程序参与等多方面改革，逐步推进家事司法审查提出的各项改革措施的推行。就英国现有的家事审判改革实践而言，可从家事司法系统提升的各类制度改革角度作出研究。由此，本书从组织结构制度、案件管理制度和程序工作机制三方面对英国家事审判改革进行探究。

组织结构制度涉及家事司法系统的组织结构问题，既包括家事司法系统中的组织机构及组织机构之间的关系，也包括家事司法系统中的法官及其他工作人员的相关制度。英国家事司法系统在组织制度方面的改革，典型体现在独立家事法院的设立、家事司法领导力和连续性建设、公法案件中家事法院功能的定位及法院与地方机构之间关系的改善等方面。尽管组织结构改革在英国家事审判中得到充分推行，但对家事司法系统组织结构更深入细致的完善仍有待推进。

---

① Department for Education, Ministry of Justice, A Brighter Future for Family Justice (2014), p. 4.

从结构来看,本章第一节对组织制度改革作出改革原因和内容的整体概述,第二节、第三节、第四节分别就组织制度改革中最重要的三方面内容作出具体探讨,第五节对组织结构改革的特点和发展趋向作出总结,并将此次改革中的组织结构改革界定为以家事法院为中心的系统结构优化。

## 第一节 组织机构变革:家事审判改革的典型标志

组织制度涉及家事司法系统中的组织机构、组织机构之间的关系、法官及其他工作人员等方面,构成家事司法制度的基本内容之一。英国家事司法系统中关于组织结构制度的改革,奠定了改革的整体基础。英国组织机构制度方面的改革具有代表性和重要突破,但仍在诸多方面有待进一步推进。

### 一、提升司法效率的基本途径

组织机构的变革往往构成司法改革的突出标志,英国家事审判改革中独立家事法院的设立即为典型例证。英国自2011年家事司法审查以来推进家事审判改革,突出体现为家事司法系统中的组织机构变革。英国之所以对组织机构进行改革,一方面,在于原有的组织机构在工作机制和审判效率方面存在诸多问题;另一方面,反映了组织机构专业化、统一化发展的趋势。

#### (一)组织机构设置复杂,影响司法效率

英国之所以改革组织机构,直接原因在于解决家事司法中存在的诉讼迟延、费用高昂、当事人诉讼不便等问题。家事审判组织机构设置的复杂,一方面,影响当事人在选择起诉法院上的困惑和案件转移等问题上的时间耗费;另一方面,也会造成家事司法系统内部存在组织机构重叠和资源浪费。

家事司法系统的组织机构复杂,导致各部门机构的责任分配不够明确。家事司法委员会、家事法院业务委员会、地方业绩提升小组等组织机构在很多工作安排上存在重叠现象。这会影响相关工作的有效推进,在一定程度上造成司法资源的消耗和整体工作时间的耗费。与此同时,随着家事案件的增多且日趋复杂,家事司法系统的工作压力增大,这也导致了不同组织机构及工作人员之间缺乏信任,各组织机构之间存在紧张关系,无论是法官对地方机构工作的不信任,还是儿童和家事法庭咨询支持服务署的工作人员与地方机构的社会工作者之间存在的

矛盾,都在改革前的家事司法运行中得到凸显。①

法院在家事司法系统中缺乏领导力,影响了家事司法系统内部的有效联系和有序运作,导致法院与地方机构的关系紧张,各部门机构及其工作人员之间存在不信任的问题,缺乏共同的目标和工作原则。家事司法系统内部各组织机构及组织机构之间关系存在的诸多问题影响了家事司法系统的运行,在一定程度上造成了家事司法系统中存在的案件审理迟延、费用支出过多、当事人对家事法院及诉讼进程存在困惑等问题。

### (二)组织机构改革构成其他改革措施的基础

英国家事审判改革将解决家事案件审理中存在的迟延问题作为最直接的改革目标和内容,大部分改革举措旨在直接解决审理迟延问题,或通过组织制度改革等方式最终实现解决审理迟延问题的目的,保障将儿童最大利益作为整个家事司法系统运作的核心因素。英国家事司法审查及政府相应报告,均将家事司法系统的组织结构作为首要探讨的因素,并自家事司法审查以来不断推进组织制度的改革,这均基于组织制度改革对家事司法系统整体发展、组织机构发展对管理制度和程序制度等审判制度的基础性作用。

就组织结构、案件管理和程序机制三方面改革措施而言,组织制度具有基础和前提性质,构成案件管理和程序制度不断发展的内在前提。在家事司法系统中,组织结构的完整、协调构成了各项工作机制有效开展的基础,也是完善各部门工作机制责任分配的前提。组织机构的合理性在很大程度上决定了系统运行的合理性与有效性,构成系统整体运作的有效基础。因此,从家事审判改革各项措施之间的相关性来看,组织结构改革奠定了其他改革措施有效推行的基础,在保障其他制度改革有效发挥作用方面有重要价值。

### (三)组织结构改革构成审判改革的典型标志

组织制度改革是家事审判改革推进的典型标志,各国家事审判改革过程中关于家事法院设立等方面的组织机构变革往往成为改革最突出的内容。建立独立的家事法院、增强家事司法系统内部各机构之间的联系符合英国家事司法系统长期以来的发展方向,也是推动家事司法系统发展的必由之路。英国家事审判改革前,人们普遍对家事司法系统持失望态度,甚至有观点认为,其根本不构成一个系统,②组织体制构成家事司法系统的重要组成元素,对该系统的构建、发展或重塑

---

① Family Justice Review Interim Report (2011), p. 50.

② Department for Education, Ministry of Justice, A Brighter Future for Family Justice (2014), p. 4.

都需要以组织制度作为基础。

在司法改革过程中,组织结构方面的改革往往成为改革的标志,体现着改革的深度和力度。自1857年家事司法逐渐形成专业独立的司法系统以来,家事司法系统的发展变革往往通过组织机构的变革得到体现,如从离婚和婚姻诉讼法院的设立到高等法院家事法庭、郡法院和治安法院家事程序法庭共同审理家事一审案件,再到此次改革中设立的独立家事法院,审判机构的变化基本上标志家事审判制度的显著变革,反映了家事司法系统在改革发展过程中的突出变化。尽管此次家事审判改革以提升家事司法效率为主要目标,但简化审判组织结构、推动组织结构的专业化构成改革的核心内容。

**(四)组织结构改革具有可行条件**

英国此次改革中对组织结构作出的巨大调整与改革,并非家事司法系统的一时之举,而是在充分探索与调研基础上的改革探索,具有可行的推进改革的各项条件和基础。

2011年3月发布的《家事司法审查中期报告》指出,鉴于英国的社会工作者人数短缺且实践工作成熟度不足,发挥以法院集中管理为中心的社会工作功能更具可行性。与其他司法系统相比,家事司法系统中各组织机构之间缺乏密切联系,司法部相关机构应对儿童及家庭案件提高关注度,增强各组织机构将儿童最大利益作为工作首要原则的认知。[①] 设立独立的家事法院自《费列报告》(Finer Report)时已经提出,经不断呼吁与专业化建设,各项条件已经成熟,应作为此次组织结构改革的重要内容。

2011年11月发布的《家事司法审查最后报告》指出,改革前的家事审判组织结构僵硬,应建立具有单一实体的独立家事法院以取代原有的三级法院共同审理家事一审案件的审判组织。尽管有观点认为,加强领导力可能会影响司法独立,但鉴于领导力加强仅限于司法机构,即加强法院在家事司法系统中的领导力及加强法官的领导力,而非审判机关以外的司法系统内的其他组织机构,该担忧不会在现实中出现。负有领导职责的法官应当明确的管理职责,指定家事法院应担负指定辖区内的领导职责,在所有的家事案件中都应保持法官的连续性,等等。[②]

2012年政府报告对家事司法审查相关报告作出回应,基本上接受了家事司法审查小组提出的改革意见。政府报告显示,为加强家事司法系统组织结构的整

① Family Justice Review Interim Report (2011), pp. 56 – 58.

② Family Justice Review Final Report (2011), pp. 65, 68.

体性会成立家事司法委员会,负责整合家事司法系统内部所有组织机构的联系。简化家事审判机构,建立统一的独立家事法院,加强家事司法领导力和连续性建设,保障法院与地方机构之间的正规交流与相互学习等改革措施均为政府报告所认可。① 2014 年关于英国此次改革成果的审查报告显示,尽管并未建立家事司法服务局(Family Justice Service),但新设立的家事司法委员会对提升家事司法系统的效果及保障儿童最大利益原则的实现具有重要作用,法院在现有法律规范下发挥领导力作用,司法连续性的加强等方面的改革均在实践中具有一定实践基础和成功探索。②

## 二、组织机构专业化与合作之构建

英国家事审判改革中关于组织结构的改革,既涉及法院、地方机构等具体组织机构自身的改革发展,又涉及各组织机构之间的协作关系与共同目标的维护等内容,为管理制度和程序制度的进一步改革奠定了基础。就组织制度改革的具体内容而言,最核心的体现在三方面:一是独立家事法院的建立,实现了家事审判机构的专业化;二是家事法院的领导力建设和家事司法连续性的提升,对法院在家事司法系统中的地位及法院与家事司法系统内部其他组织机构关系的完善作出了探究;三是公法案件中法院功能的重新定位和对法院与地方机构关系的调整,对认识法院的功能、提升地方机构工作质量、增强法院对地方机构工作的信任度等问题作出了改革。

### (一)设立独立家事法院,推动家事审判机构专业化建设

家事审判机构专业化构成家事审判专业化的基础性内容,也是家事审判改革中最典型的改革标志。英国自 1857 年以来不断推进家事司法系统的专业化建设,独立家事法院的设立更是英国家事司法系统长期以来的发展目标。2014 年 4 月 22 日,英国设立了独立的家事法院,取代之前由高等法院家事法庭、郡法院和治安法院的家事程序法庭共同审理家事一审案件的组织结构。独立家事法院的设置简化了审判组织机构,便利了当事人诉讼,对案件管理及审判工作效率的提升都具有一定积极作用,构成英国家事司法系统中的标志性改革。

---

① Ministry of Justice, Department of Education, The Government Response to the Family Justice Review: A System with Children and Families at Its Heart (2012), pp. 37, 54.

② Department for Education, Ministry of Justice, A Brighter Future for Family Justice (2014), pp. 20 – 22.

独立家事法院的设立推动英国进入家事审判机构专业化建设的新高度，在实践中运行效果良好，对解决诉讼迟延、节约司法资源等家事审判改革的直接目标的实现具有极大推动作用，伦敦家事法院建设效果显著。审判机构的独立、专门化是家事审判工作专业化的基础和核心，英国从家事法庭到家事法院的改革探索，体现了追求家事审判机构专业化建设的发展过程，也是推动家事审判机构专业化建设普遍趋势的典型体现。

**（二）提升家事司法领导力与凝聚力，密切组织联系**

在设立独立家事法院的同时，英国家事审判改革过程中注重提升家事司法的领导力和连续性。家事司法领导力和连续性影响法院和家事司法系统内其他机构之间的关系，也关系家事司法系统的运行效率及家事正义的实现。自 2011 年家事司法审查以来，英国积极推进家事司法领导力与连续性建设。一方面，英国通过设立家事司法委员会、将儿童和家事法庭咨询支持服务署从教育部转移至司法部、加强法官的领导力和管理能力培训等途径提升家事司法系统的领导力；另一方面，英国通过相关指引的发布来加强家事司法的连续性、提升家事司法效率。尽管相关改革具有显著意义，但在家事审判改革推进的过程中，家事司法领导力和连续性建设仍有待进一步推进。

提升法院在整个家事司法系统中的领导力和负有领导职责的法官的领导力，在密切系统内部各组织机构之间的联系、增强法院内部的管理等方面起推动作用，对司法连续性的强调首要目的也在于保障家事司法的效率。然而，需要注意的是，在推动组织关系密切化过程中，需要保障治安法官在家事审判中作用的发挥，坚持对接近正义和儿童最大利益原则的追求，形成更完善、明确的领导力和司法连续性建设规划，以推动组织联系密切化的持续推进。

**（三）改进法院与地方机构关系，明确家事法院功能**

法院在家事司法实践中的功能影响法院工作的开展和法院与其他组织机构之间的关系，在家事公法案件中更明显。家事司法系统中存在法院干预过多、法院对地方机构工作质量存疑等问题，影响公法案件的审理和家事司法系统内部组织机构的关系。自 2011 年家事司法审查以来，英国不断推进相关改革以重塑公法案件中法院的功能并增强法院与地方机构之间的合作。一方面，英国通过相关立法指引的制定或修改重新定位法院在公法案件审理中的功能，提升地方机构的工作质量并保障法院与地方机构之间的沟通与交流；另一方面，英国通过具有代表性的判例对法院明确在公法案件中的审查标准、地方机构明确相关工作要求等作出探究。尽管该改革在实践中尚存一定争议，但家事审判改革中对法院功能的定位和对地方机构工作的要求具有长远的发展意义。

在推动组织制度改革过程中,英国在此次改革中对法院与地方机构之间的关系作出调整,明确了法院在公法案件中的审查标准等内容。但就家事审判改革的发展方向而言,一方面,在法院的审判方式逐渐明确的情况下,地方机构仍应不断提升工作质量;另一方面,对公法案件中法院的功能作出合理界定,无论是对明确各组织机构的职责分配,还是对加强法院与地方机构的密切联系都具有重要意义,更是保障家事司法系统组织机构合理定位的关键内容。

**(四)其他组织结构改革措施**

此外,英国还通过一系列组织机构制度的变革推动家事审判改革的推行。尽管英国家事司法审查中强调建立家事司法服务局,但经广泛咨询探讨,英国政府认为在现有环境下的家事审判改革过程中,家事司法服务局的建设并非必要之举。相反,英国注重发挥新建立的家事司法委员会的职责,家事司法理事会等家事司法委员会下属3个机构同样在改革后的家事司法系统中发挥重要作用。同时,英国司法部与政府部门、学术机构合作开发家事司法调研项目,对家事司法系统中的组织机构改革作出研究。独立家事法院设立后,高等法院家事法庭法官、郡法院法官和治安法院法官同在家事法院中审理案件,家事司法工作人员及法官助理等的工作职责等内容也由相关立法指引等作出界定。

除领导力培训外,司法学院亦会为家事法官及工作人员提供专业能力、案件管理等方面的培训,以增强家事审判人员的专业化。另外,就地方机构在家事司法系统的工作实践而言,审查报告及相关调研不断强调提升地方机构的工作质量,政府亦在改革过程中对地方机构的工作提升进一步推进。

## 第二节 独立家事法院的设立

家事审判的专业化,体现在家事审判机构专门化、家事审判人员独立化及家事审判程序专业化三个方面。其中,家事审判机构专门化是家事审判专业化中的基础性内容,也是家事审判改革中最典型的变革。2011年以来的英国家事审判改革是英国家事司法历史上最具突破性的变革,设立了独立的家事法院,取代了之前由高等法院家事法庭、郡法院及治安法院的家事程序法庭共同审理家事一审案件的审判组织。独立家事法院的设置,一方面,简化了家事案件的审判组织,在一定程度上减少了当事人关于选择起诉法院的困惑,便利了当事人的诉讼;另一方面,提升了案件管理及审理工作的效率,在一定程度上解决了家事司法系统中最突出的迟延问题。

## 一、独立家事法院设立之必然性

英国家事司法系统由处理诸如离婚、儿童抚养问题等家事纠纷的专业人员和机构组成，是首要目标在于确定及保护家庭成员应有的法律权利、解决家庭成员矛盾的机构的集合。[①] 在家事司法系统中，居于核心地位的机构则为家事审判机构。在2014年独立家事法院设立前，英国不存在统一的家事审判机构。建立独立家事法院，是英国家事司法系统一直以来的发展目标，也是成功推进家事审判改革的重要途径。同时，改革家事审判机构，提升家事审判机构在家事司法系统中的作用和领导力，也是解决家事司法系统中存在的问题、完善家事审判组织建构的重要目标。

### （一）改革必要性：提升家事司法效率，便利当事人诉讼

英国之所以设立独立家事法院，一方面，在于解决家事司法系统中存在的最突出的迟延问题，提高家事司法系统的运行效率；另一方面，在于便利当事人对管辖法院的选择，保障诉讼活动的正常有序开展。

1. 简化家事审判机构，便利当事人诉讼

自1857年英国设立离婚和婚姻诉讼法院审理离婚案件以来，英国的家事审判机构不断变革。至20世纪末期，英国现代家事审判组织确立，家事一审案件由治安法院的家事程序法庭、郡法院和高等法院家事法庭管辖。从司法实践来看，大部分公法案件由治安法院的家事程序法庭处理，大部分私法案件由郡法院审理，高等法院家事法庭着重受理较棘手的复杂案件。[②]

然而，由于不存在统一的家事审判机构，当事人需要辨别管辖其纠纷的法院，对部分当事人来讲存在一定困惑，或必须依靠律师等专业人员处理诉讼问题，加大了参与诉讼的费用支出。设立独立家事法院，当事人的诉讼申请只需要提交给当地的家事法院即可，无须判断究竟是提交至家事程序法庭、郡法院还是高等法院家事法庭，[③]这能够在一定程度上便利当事人的诉讼。

---

① John Eekelaar, Mavis Maclean, *Family Justice: The Work of Family Judges in Uncertain Times*, Oxford, Hart Publishing, 2013, pp. 7 – 8.

② 参见陈莉、向前：《英国家事审判制度及其启示》，载《法律适用》2016年第11期。

③ Shefali Shah, *Key Changes to Family Justice*, London, Coram BAAF, 2016, p. 7.

2. 缓解诉讼迟延,推动家事司法系统运行

英国之所以推进家事审判改革,最直接的原因在于家事审判中的迟延现象严重阻碍了家事司法系统的运行,影响司法正义的实现。尽管英国家事司法系统一直将缩短审限作为发展重点,但效果并不明显。家事审判改革前,英国家事案件审理迟延现象非常突出。2010 年,家事审判中公法案件的平均审限为 53 周,私法案件的平均审限在 32 周左右,复杂案件的审理时间更长。① 迟延不仅导致家事司法系统的运作存在问题,在案件数量不断增长、复杂性不断加强的情况下该问题凸显,更会影响当事人对司法正义的追求,导致"迟到的正义非正义"。尤其对未成年人来讲,长期承受因案件审理迟延导致的不确定状态可能会造成心理上的伤害,影响其健康成长,对处于纠纷中的当事人来讲亦会加剧矛盾。同时,案件审理迟延问题阻碍家事案件管理与审判工作,影响家事审判活动的正常开展,造成家事司法系统运行存在障碍。

原有的家事审判机构则存在结构僵化的问题,起诉需要至特定郡的特定法院申请,导致法院和裁判所事务管理服务局在处理申请方面很难提升工作效率。尽管存在案件移转指导,但在司法实践中,鉴于不同法院之间案件的分配存在困难且缺乏连续性,影响家事司法系统的运行。建立独立家事法院,可以提升家事司法系统的运行效率,减少诉讼迟延问题。统一的家事法院的设立,能够使案件法官的确定及案件移交方面更便捷,减少不必要的迟延,节约法官及法院的时间。英国家事审判改革中引入了 26 周法定审限,但缩短审理时间的真正实现,简化审判机构、提升审判工作效率是配套措施。独立家事法院的设立,在便利当事人诉讼的同时,推动案件管理及审判工作效率的提升,便于解决家事司法系统中存在的问题。

3. 增强家事司法系统协作

在英国 2011 年的家事司法审查中,除家事案件审理迟延、当事人不知诉讼程序等问题外,家事审判组织的复杂与重叠、家事司法系统中各机构缺乏信任及共同的目标等也是英国家事司法系统运行过程中存在的显著问题,有待改革与完善。一方面,原有的家事审判组织结构较复杂,责任权限并不明确,工作的协调安排往往具有临时性。同时,家事司法系统中不同部门机构或个人之间存在不信任问题,这种紧张关系加大了工作压力。另一方面,各机构及工作人员之间缺乏共同的目标,部分决定的作出很少考虑对家事司法系统内其他机构的影响。在英国

① Family Justice Review Interim Report(2011), p. 47.

家事司法系统运行中,很少有实现整个家事司法系统共同学习、发展或反馈的机会,各机构共同研究判例的现象也很少出现。在这种不信任和缺乏协作的氛围中,家事司法系统士气太低,无法在家事审判中高度投入。①

**(二)改革可行性:长期目标与探索基础**

设立独立家事法院并非英国此次改革首次提出的目标或措施,该设想在 40 余年前已有提议。1974 年发布的《费列报告》就提出了建立家事法院的主张。该报告对家事法院的设想有以下特点:有适用统一法律规则的统一机构;审判组织坐落位置及服务都以最大限度地便利法院用户为先;训练有素的工作人员协助法院用户的诉讼活动;与社会保障、社会服务等机构保持密切关系;程序、组织、位置及管理各项工作可以获得公信力,最大限度地为市民提供便利,等等。该报告设想的家事法院中的法官有治安法院和郡法院的法官、高等法院家事法庭的法官两个层级,旨在避免主要职责在于审理刑事案件的治安法院审理家事案件的不合适因素。②

尽管由于耗资太大,该报告的建议未曾实施,但英国一直探索简化家事审判组织的安排,并加强家事审判组织的统一性,如加强法官、治安法官及法律顾问关于家庭法的专业培训;家事程序法庭与郡法院为加强合作关系而努力;审理案件指定的法官与相关工作人员和法律顾问根据不同类型法院的案件分配准则密切协作,等等。2005 年创建的法院和裁判所事务管理服务局负责三级法院的管理工作,成为推动建设真正的家事法院的重要途径。③ 2011 年 4 月起,所有法院都适用关于家事诉讼管辖权的单一诉讼规则等。这些措施的实施,均为推动法院诉讼程序的统一化及独立家事法院的建设打下基础。

同时,2011 年以来英国积极探索建立统一的家事审判中心,以整合家事程序法庭和郡法院的资源,为案件移转提供便利。尽管鉴于各级法院之间审判安排相异,实现统一存在困难,但英国家事司法系统一直寻求建设独立家事法院的契机。2011 年 3 月,《家事司法审查中期报告》建议设立整合三级法院于一体的独立家事法院。该报告指出,设立包括各级别法官、根据案件复杂程度分配案件的独立家事法院具有一系列有利之处:提供单一的家事诉讼申请平台,便利当事人诉讼;便利不同级别的法院共享法院资源;密切各级法院工作,提升审判工作效率;通过

---

① Family Justice Review Final Report (2011), pp. 43 – 44.

② Martin Davies, "The Finer Report", *The British Journal of Criminology*, Vol. 15, 1975.

③ James Munby, "The Family Justice System", *Family Law*, Vol. 34, 2004.

普遍认同的内部评估标准,确保案件分配的一致性,等等。① 中期报告的建议得到了积极回应与支持,建立独立家事法院以提升家事司法系统效率及便利当事人诉讼成为共识。故而,2011年11月发布的《家事司法审查最后报告》再次强调,为提升审判工作效率,便利当事人诉讼,应当建立独立家事法院,取代原有的三级法院体系。除固有管辖权案件及具有涉外因素的案件必须由高等法院家事法庭审理外,其他家事案件由独立家事法院审理。其中,治安法官、郡法官、巡回法官及高等法院法官根据案件复杂程度的不同分配案件的审理安排。②

政府报告对家事司法审查的提议作出积极回应,支持建立专门的家事法院以简化及明确家事审判机构、提升法院运作透明度。政府的关注点在于家事法院中的案件需要基于案件类型、复杂程度等因素被分配给适宜的法官审理。同时,建立专门的家事法院能够为更深入的改革打下基础,推动案件管理及诉讼程序效率的提升,加强司法资源的利用。另外,政府报告对审判地点问题作出回应,认为案件审理不一定在法庭举行,可在非正式的、家庭友好氛围的地方进行。③ 当然,也有观点对司法审查建议及政府报告的回应提出质疑,认为在英国当前的经济环境下设立独立的家事法院过于奢侈。④ 大法官欧内斯特·瑞德(Ernest Ryder)在2012年7月发布的《家事司法现代化的司法建议》对家事司法审查作出回应,指出独立家事法院将成为实现以强有力的管理及领导力为特点的司法文化及以证据为基础的良好司法实践的重要途径,并将成为由指定家事法官(Designed Family Judges)领导和管理的地方家事司法中心组成的网络,所有级别的法官都可在家事法院中审理家事案件。⑤ 总体而言,独立家事法院设立及不断完善,自2011年家事司法审查以来不断探索与推进,在英国具有改革的条件和基础。

## 二、改革中独立家事法院之设立与运行

英国家事审判改革中设立了独立家事法院,审理家事一审案件,取代了之前的审判机构,实现了家事审判机构的专门化,构成了英国家事审判改革中最具代

① Family Justice Review Interim Report (2011), pp. 80 – 81.

② Family Justice Review Final Report (2011), pp. 73 – 77.

③ Department for Education, Ministry of Justice, The Government Response to the Family Justice Review: A System with Children and Families at Its Heart (2012), pp. 44 – 45.

④ Anna Heenan, Susan Heenan, "Norgrove and after: An Overview of the Family Justice Review and the Government's Response", *Journal of Social Welfare & Family Law*, Vol. 34, 2012.

⑤ Justice Ryder, Judicial Proposals for the Modernisation of Family Justice (2012), p. ii.

表性的变革。在设立独立家事法院的同时,英国通过一系列配套改革措施的实施,配合独立家事法院的建设与完善。

**(一)独立家事法院的设立**

2014 年 4 月 22 日,英国设立了独立家事法院,实现了长期以来家事司法系统的发展目标,推动了英国家事司法系统的专业化发展。独立家事法院的设立,基于《2013 年犯罪与法院法》(Crime and Court Act 2013)的规定。该法第 17 条规定,在《1984 年婚姻和家事法律程序法令》(Matrimonial and Family Proceedings Act 1984)中增加第 31A 条,即"建立家事法院",该家事法院会有专属记录和印章。同时,该法具体规定家事法院的开庭期、法官及详细状况。例如,该法第 31B 条规定了家事法院的开庭期。家事法院可以于英格兰和威尔士的任意地方开庭,开庭时间既可长期固定,也可临时决定。在同一或不同地方开庭的家事法院,可以同时审理不同案件,法院也可随时将案件暂停处理。家事法院坐落位置及具体期限,依据大法官在咨询首席法官之后作出指示。

英国自 2014 年以来设立的家事法院首次实现了审判机构的专门化,故被称为"独立家事法院"。从整体层面来看,所谓独立家事法院,即在整个英格兰和威尔士设立的家事法院,可以通过四个方面的特点来定义该独立家事法院。

其一,就受案范围而言,独立家事法院审理除特定的由高等法院家事法庭审理的两类案件之外的所有家事案件。在这两类案件中,一类是涉及儿童(监护)或丧失行为能力的成年人的案件,高等法院对该类案件有固有管辖权;另一类是涉及根据《关于国际儿童诱拐民事方面的海牙公约》(Hague Convention on the Civil Aspects of International Child Abduction 1980,以下简称《海牙公约》)或《布鲁塞尔法规Ⅱ》(Brussels Ⅱ Regulation)申请救济的具有涉外因素的案件。家事司法审查中已经明确,鉴于该两类案件的管辖权很难从高等法院移除,故而在家事审判改革过程中,保留高等法院家事法庭对这两类案件的管辖权,该两类案件之外的家事案件则由新设立的家事法院受理。

其二,改革之后,独立家事法院的构造在一定程度上与皇家法院(Crown Court)相似,成为坐落于国内很多区域的国家性法院。与皇家法院相同,家事法院中有高等法院法官、巡回法官和书记员。但与之相异的是,家事法院中还有地区法官(郡法院法官及治安法官)。法律顾问也包括在内。家事法官根据案件的复杂程度等分配案件审理工作。法官助理根据《1984 年婚姻和家事法律程序法令》第 31O 条的规定,行使家事法院或家事法官的部分职能,如向非职业治安法官提供关于法律问题的建议,并随时提请其注意相关法律及程序。

其三,从法院结构来看,治安法院家事程序法庭不复存在。郡法院审理的案件全部移交至家事法院,也即郡法院和治安法院不再受理家事案件。涉及未成年人的刑事案件以及家事法律程序的案件管辖权仍然归于治安法院。同时,高等法院家事法庭只保留两类案件的管辖权,其他应由高等法院审理的家事案件由家事法院中的高等法院家事法庭法官审理,故而这些案件不需再移交至高等法院。

其四,英格兰和威尔士继续按照地理分区由各自的指定家事法官领导家事司法工作。[①] 英国在全国范围内划分约42个家事管辖区,每个家事管辖区设立一个指定家事中心(Designated Family Centre),并由一名指定的家事法官负责该中心的家事案件。家事中心由法律顾问和区域法官组成分配案件的团队,根据家事纠纷的类型及复杂程度将案件分配给不同级别的家事法官审理。该分配工作同样受到家事法官的监督。

**(二)独立家事法院的构建**

从微观层面来看,独立家事法院是在英格兰和威尔士各自的家事司法系统中,所有的审判活动地点都会以独立家事法院的形式管理和运作。抚养中心、家事案件审理中心亦不复存在。该层面上的地方的独立家事法院具有三个特点。其一,只会有一个中央位置,即指定家事中心,该中心是指定家事法官所在处,也是主要的案件审理地点。并且,可能有一个或多个与该指定家事中心相关的审理中心负责案件审理工作。其二,在指定家事中心有一个"单一进入点"(Single Point of Entry),负责整个地方独立家事法院的起诉申请工作。其三,以指定家事中心为基础,对整个地方独立家事法院的工作进行集中、统一化管理。[②]

独立家事法院的引入,意味着原有的家事审判体系需要调整和重组。以伦敦为例,鉴于伦敦家事案件多、家事审判机构复杂,故而伦敦的家事审判系统调整力度较大,改革后的伦敦家事审判机构主要为3个家事法院,每个家事法院都有该家事法院的指定家事法官和指定家事中心,即中央家事法院(Central Family Court)、东伦敦家事法院(East London Family Court)及西伦敦家事法院(West London Family Court);这3个家事法院都有一个"单一进入点"和集中统一的管理;3个家事法院都有一定的地方机构配合工作;抚养案件的审理限定在有限的

---

① James Munby, "View from the President's Chambers: The Process of Reform: London", *Family Law*, Vol. 43, 2013.

② James Munby, Kevin Sadler, "The Single Family Court in London: A Joint Statement", *Family Law*, Vol. 43, 2013.

法院中；私法案件和离婚案件由 3 个法院的指定家事中心处理，但部分案件的审判权由指定家事中心保留。

**（三）家庭毒品与酒精法庭**

家庭毒品与酒精法庭于 2008 年设立，主要处理父母因滥用物品对儿童造成伤害的抚养案件。该法庭旨在帮助父母控制或停止使用酒精或毒品，并在可能的情况下保障家庭生活的稳定。该法院的建设基于对美国相关机构探索的借鉴，在诉讼过程中将家庭的需要与优点考虑在内，致力于保障儿童最大利益，为他们提供稳定、安全的家庭环境。目前，家庭毒品与酒精法庭在伦敦、格洛斯特郡、米尔顿凯恩斯以及白金汉郡运行。家庭毒品与酒精法庭的运行，在英国此次家事审判改革中有重要作用。

詹姆斯·孟比庭长在先例 Re S（A Child）［2014］中强调了家庭毒品与酒精法庭的重要性。他在论证突破 26 周法定审限的情形时，指出家庭毒品与酒精法庭审理的案件不受 26 周法定审限的约束。他强调，家庭毒品与酒精法庭的工作方法在于通过专家、多学科团队的支持，帮助误用物品的父母解决儿童遭受风险的问题，尽可能保持家庭的稳定。该法庭会制订干预计划，判断父母是否可以在限定时间内纠正错误。家长的行为会受到定期监督，如果家长没有好转，那么该计划停止。该工作方法的适用不限于家庭毒品与酒精法庭，可经指定家事法官或负责的家事法官同意后适用。该方法非常重要，家庭毒品与酒精法庭的良好运作即为例证。家庭毒品与酒精法庭是新的家事法院的重要组成部分。[①] 詹姆斯·孟比庭长认为，家庭毒品与酒精法庭应在英国境内所有的指定审判中心内运行，该目标的实现有待于指定家事法官与当地机构之间的合作。无论如何，他强调，该法庭的建设必须加强。[②]

需要指出的是，尽管家庭毒品与酒精法庭的运行效果显著，但受经费限制，家庭毒品与酒精法庭的建设步履维艰。该法庭试图扩大经费来源，但未获成效。尽管如此，家庭毒品与酒精法庭的工作机制已为家事法院法官所借鉴，并被视为“问题解决法庭”（Problem Solving Courts）的有效替代途径。[③]

---

① Re S（A Child）［2014］EWCC B44（Fam），［2014］2 FLR（forthcoming）.

② James Munby，“12th View from the President's Chamber：The Process of Reform：Next Steps”，*Family Law*，Vol. 44，2014.

③ Sarah Blackmore，Jacqui Thomas，*Family Justice Reformed：A Guide to the Family Court and the Children and Families Act* 2014，London，RELX（UK）Limited，2017，p. 156.

### (四)独立家事法院的运行

设立专门的家事法院,是英国家事审判改革中的关键举措,推进了家事审判机构独立化进程。① 总体而言,专门家事法院的运作效果较好。2015 年英国最高法院的司法报告指出,2014 年建立的新的家事法院在过去 18 个月内运行良好。家事司法系统中上至高等法院法官、下至治安法官在内的所有级别的法官都可以作为家事法院的法官审理案件。2015 年年底得到的反馈显示,在英格兰和威尔士,家事案件分配机制均良好运行,家事司法系统不同层级之间的"合议制"得到更大程度的实现。同时,新的法院结构节省了之前由于案件在郡法院和治安法院之间流转所导致的迟延及过高费用支出,在显著节约司法资源的同时提高了家事法院工作效率。②

鉴于独立家事法院的设立一改之前英国家事审判机构的组成模式,家事法院的引入普遍被认为是根本性、革命性变革。③ 尽管受制于经费,部分地区推动治安法官与其他专业法官在同一建筑物中工作以推进独立家事法院建设的工作仍有待完善,但整体而言进展较好,尤其是伦敦的家事法院建设效果突出。④ 自 1971 年提出设立独立家事法院的建议,经过不懈探索最终实现,治安法官首次与专业法官共同在同一办公楼内工作,实现了家事法院专门化的目标,推动了英国家事司法系统的不断更新。

## 三、家事审判机构改革之发展方向

在家事司法系统中,审判机构占据主导性地位。推进家事审判机构的专门化,既是家事审判工作整体专业化的基础,也是家事审判改革的重要内容。设立独立的家事审判组织,实现家事审判机构专门化,并非英国家事审判改革的独特探索。20 世纪后半叶以来,不少国家探索家事法院或家事法庭建设,通过审判机构专门化推进家事司法改革。英国家事审判组织中也有专门的家事法庭,然而,建立独立、单一的家事法院仍然是英国家事司法系统不断完善的目标。在家事审判改革中推动家事审判机构的专门化构建,是各国推进家事司法系统发展及家事

① Department for Education, Ministry of Justice, A Brighter Future for Family Justice (2014), p. 2.

② 参见[英]托马斯勋爵:《英国法院年度工作报告(2015)》,蒋惠岭等译,载传送门网:https://chuansongme.com/n/1495913651923,2020 年 3 月 9 日最后访问。

③ See Kim Holt, *Contemporary Family Justice: Policy and Practice in Complex Child Protection Decisions*, London, Jessica Kingsley Publishers, 2016, p. 133.

④ See James Munby, "The Beginning of the Future", *Family Law*, Vol. 44, 2014.

审判改革的普遍探索。

### (一)家事审判机构专门化确有必要

尽管基于具体国情及司法体系运作状况相异等因素,各国推进家事审判机构专门化的具体因素有所区别,但审判机构专门化是推进家事司法系统完善、保障司法正义的重要途径。

首先,家事案件的独特性决定了家事审判的专业性。家事纠纷不同于一般的民事纠纷,既有财产关系的合理性问题,也有身份关系的非合理性因素。其中,财产关系可以通过合理的一般解决方式进行处理,但身份关系中的非合理性因素则需要通过特定的原则与方式解决。一方面,家事案件较复杂,既涉及家庭成员之间的身份纠纷,也涉及财产争议;既有成年人关于财产、身份关系的争议,更涉及对未成年人利益的维护;既包括事实上、法律上的争议,还包括当事人在伦理、情感上的纠葛。① 家事案件的特殊性使家事审判与一般民事审判的审判方式、程序及具体运行方面有所区别。另一方面,家事诉讼程序不同于一般程序,公权力的干预相对较多,和解、调解等多元纠纷解决方式的适用更频繁,法官审理案件的专业能力和经验在家事案件审理中也具有重要作用,这意味着家事审判具有区别于一般民事诉讼的独特因素。

其次,家事审判机构专门化是家事审判专业化的基础。家事审判专业化的改革,主要体现在家事审判机构专门化、审判程序专业化以及审判人员专业化三方面。在三者中,审判机构专门化具有基础性地位,既是家事审判程序专业化的主体保障,也构成审判人员专业化建设的组织依托。② 家事审判机构专门化在推进家事审判专业化中起最关键的作用,是推进审判人员专业化水平提升与程序制度完善的重要基础,故而在家事审判专业化建设过程中,家事审判机构专门化确有必要。

再次,在家事案件数量与复杂性增加的情况下,家事审判机构专门化有利于提升效率。英国家事审判改革的直接原因在于诉讼迟延问题的日趋严重,为提升家事司法系统的运行效率,英国将已有的家事法庭进行整合,设立了独立的家事法院,配合相关制度措施,英国家事案件的审限大为缩短,诉讼迟延问题在很大程度上得到解决。设立专门的家事审判机构,可以在案多人少的情况下合理配置法

---

① 参见陈爱武:《论家事审判机构之专门化——以家事法院(庭)为中心的比较分析》,载《法律科学(西北政法大学学报)》2012 年第 1 期。

② 参见王明辉:《加强家事审判的专业化建设》,载《人民法院报》2016 年 12 月 29 日,第 2 版。

院资源、提升系统运行效率,推动家事司法系统的不断更新与完善。

最后,家事审判机构专门化推动接近正义的实现。司法的根本目的在于推动司法正义的实现,家事审判改革的根本目的亦在于此。在家事审判改革中推进家事审判机构的专业化,根本原因仍在于保障家事正义、维护当事人的利益。儿童最大利益原则是英国家事审判中最核心的原则,家事审判机构专门化建设在很大程度上亦是为加强家事审判的专业性,减少诉讼迟延对儿童造成的实质性伤害,其归根结底仍在于保障当事人的权益,推进司法正义的实现。

**(二)家事审判机构专门化的路径选择**

家事审判机构专门化是家事审判专业化的基础性部分,也是家事审判改革的重要内容及关键部分,是家事司法系统运行与发展过程中的必然途径与发展方向。鉴于各国家事司法具体状况有异,家事立法与司法实践有别,各国家事审判机构专门化的途径或方式有所区别。总体来看,各国家事审判机构专门化不外乎家事法院或家事法庭。

其一,设立独立的家事法院,负责家事案件审理工作。日本的家事法院建设最典型,日本家事法院是综合性的家事案件审理机构,与地方法院并列。目前,日本家事法院共有50所,设置与地方法院类似,并依据审判需要在辖区内设立便于诉讼的派出机构。[①] 澳大利亚根据《1975年家庭法》(Family Law Act 1975)设立了专门处理个人家庭纠纷的家事法院,该家事法院的地位等同于联邦法院。[②] 新西兰在全国范围内设有58个家事法院,性质上属于联邦地方法院的组成部分,对涉及家庭关系及子女的事务具有管辖权,并提倡通过提供咨询服务等推动庭外解决纠纷。[③] 家事审判改革前,英国的家事审判机构主要以专门家事法庭的形式存在,改革后则设立了独立的家事法院,同时,高等法院家事法庭保留一定的家事一审案件管辖权,但整体而言英国的家事审判机构由原来的不同级别法院内的家事法庭转变为独立的家事法院。

其二,设立家事法庭。德国根据《第一号改革法律》于1976年正式确立家事法庭制度,在法院内部设立了专门的家事法庭。家事一审案件由州地区法院家事法庭和州地方法院家事法庭管辖,州高等法院家事法庭与联邦最高法院家事法庭

---

① 参见张晓茹:《日本家事法院及其对我国的启示》,载《比较法研究》2008年第3期。

② 参见林芳雅:《澳大利亚家事法院调解制度》,载《人民法院报》2013年7月28日,第8版。

③ 参见[新西兰]托尼·安杰罗:《新西兰法律制度简介》,赵冉初、杨炎辉译,载《朝阳法律评论》2010年第1期。

审理上诉及抗告案件。[①] 我国台湾地区同样在地方法院中设立家事法庭，审理家事案件。[②] 新加坡于2014年10月设立家事法院，将原属于国家法院的家事法庭、更名为青少年法庭（Youth Courts）的少年法庭（Juvenile Court）、高等法院的家事部门组合在一起，通过简化家事审判机构以实现对家事诉讼程序的简化。家事司法法庭的设立被视为新加坡家事司法体制制度发展的重要里程碑。[③] 美国自20世纪60年代开始创建家事法院改革，约有12个州建立了家事法院，然而，家事法院的探索也遭到了一定反对，并未普及。未设立家事法院的州或城市则在法院内部设有家事法庭或家事分院，且各州高等法院均设有家事法庭。

整体而言，各国关于家事审判机构独立化的探索，或在原有法院机构中设立家事法庭，或设立独立的家事法院。英国从家事法庭发展到家事法院的过程，则体现了家事审判机构专门化的不断推进与发展。

## 第三节　家事司法领导力及连续性建设

领导力关系组织系统发展目标的实现，司法连续性则关系司法的效率和公信力。英国家事司法审查中反映了家事司法系统存在的诸多问题，其中，家事司法领导力的缺失和家事司法连续性的有待增强构成家事司法系统组织机构运作中的典型问题。家事司法领导力及连续性，既关系家事司法系统内组织机构间的关系，又影响家事司法系统的运行和家事正义的实现。为推动家事司法系统的优化与发展，英国自家事司法审查以来不断加强家事司法领导力和连续性建设，通过相关机构的设置与转移、司法学院开展的培训项目及发布相关实践指引等多种措施推进家事审判改革，取得了积极效果，但相关探索仍然有待加强。

### 一、领导力与连续性影响家事司法系统运行

家事审判改革前，英国家事司法系统在组织机构方面存在诸多问题。系统内部各种组织机构存在复杂或重叠的问题，各机构之间缺乏明确的职责分工，司法领导力和家事司法资源的管理亦存在问题。提升家事司法系统的领导力和管理

---

① 参见杨临萍、龙飞：《德国家事审判改革及其对我国的启示》，载《法律适用》2016年第4期。

② 参见洪嘉仁：《社会生活与民法》，台北，五南图书出版股份有限公司2012年版，第7页。

③ 参见［新加坡］魏瑜嶙：《家事司法法庭今早开幕》，载联合早报网：http://www.zaobao.com.sg/realtime/singapore/story20141001－395377，2020年1月24日最后访问。

能力能够提升家事司法效率和推动家事司法系统的有效运行,不会影响司法独立,家事司法连续性的增强对解决家事案件审理迟延问题和保障家事司法的公信力及家事正义的实现具有重要意义。自2011年家事司法审查以来,英国对家事司法系统存在的领导力和司法连续性问题作出探讨并提出建议。通过推动相关组织机构和规则指引的改革以提升家事司法领导力和连续性,是推动家事司法系统发展的重要途径,在英国此次家事审判改革中具有可行性。

### (一)改革前家事司法系统缺乏领导力

家事审判改革前,英国家事司法系统存在诸多问题,系统内部各种组织机构复杂重叠,缺乏明确的职责分工,关于提升家事司法系统运行效果的领导力或责任也并不清晰。家事司法系统缺乏有效的管理或治理安排,尽管系统中的部分机构的管理合理或比其他部分机构运行效率更高,但就系统整体而言则缺乏管理和战略上的领导。这可能在一定程度上受英国传统文化及历史的影响,相较效率而言更强调分散。

同时,英国家事司法系统缺乏一致性。尽管法院及法官的独立性是司法独立的重要表现,但需要指出的是,英国家事司法系统缺乏有效的管理。大多数法官并未在管理型结构中工作,亦不需承担管理责任。家事司法系统中也没有对法官及其工作的评估,如关于休庭、案件工作量的相关数据也比较缺乏,法官唯一可能收到的反馈便是对部分案件的上诉。从这个角度来看,法官的工作环境过于孤立。然而,这种连续性、反馈及评估机制的缺乏在一定程度上对减少案件审理迟延和费用支出构成障碍。保持法官在案件审理中的独立性是必要的,但推动程序的连续性和评估反馈机制的构建是推动系统发展的重要因素。①

另外,家事审判中还存在缺乏连续性的问题。家事案件由不同的法官负责,一方面,由于不同的法官介入会导致在熟悉案件详情等方面花费时间,在一定程度上影响家事审判的效率;另一方面,家事审判中连续性的缺乏,也会影响当事人及未成年人对家事司法的信任,对家事司法程序及纠纷解决存在困惑或产生不信任的感觉,在一定程度上阻碍家事正义的实现。改革前英国家事司法系统中缺乏领导力和连续性导致的显著问题即在于案件审理迟延等问题,影响家事司法系统运行的效率和家事正义的实现。

### (二)加强领导力和连续性:家事审判改革的必要因素

英国家事审判改革的目标在于创建一个连续、有效的家事司法系统,这取决

---

① Family Justice Review Interim Report (2011), pp. 60 - 61.

于各方所提供的专业技术和用户服务的有效性。提升对现有家事司法资源的领导力和管理能力,是解决家事司法系统中存在的案件审理迟延等问题的关键因素。一方面,加强家事司法的领导力和对司法资源的管理不会影响司法独立,法官对案件的审判仍保有其自由裁量权,加强领导力和管理能力是为了保障家事司法效率;另一方面,加强领导力和管理能力能够使诉讼在案件管理阶段更具效率,增强家事司法资源分配的有效性和减少案件转移的复杂性。[①] 同时,加强对家事司法资源的管理能力还可在一定程度上提升家事司法的连续性。

家事司法连续性在困难时期对加强家事司法信心和增强同一性具有积极作用。保持司法的连续性,即由同一名法官负责案件整体审理过程具有必要性:一方面,同一名法官会熟知具体案件,了解案件中当事人的利益相关问题,有助于争议问题的解决;另一方面,保持司法的连续性可以提升家事司法工作的效率,有利于推动家事正义的及时有效解决。

**(三)提升家事司法领导力及连续性具有可行性**

任何系统或组织都需要强有力的领导或管理来实现系统内各个体及整体的目标。家事司法系统需要通过加强管理来统合家事司法系统内各个组织机构功能的发挥。同时,管理层需要与利益相关方(尤其是法院和地方机构)密切合作,并应当能够打破地理和功能限制重新分配资源。

基于加强家事司法系统中的领导力和连续性建设的必要性,2011 年 3 月《家事司法审查中期报告》便指出,应在国家和地方建立家事司法服务局,承担有效管理家事司法系统的职责,提升家事司法的领导力和连续性。作为家事司法服务局的关键合作方,包括治安法官在内的家事司法机关应形成明确的管理结构,以推进家事司法系统一致性的管理改革和文化转变。同时,部分法院还需实现家事司法的连续性,这也需要形成强有力的案件管理制度。[②] 2011 年 11 月《家事司法审查最后报告》同样对家事司法领导力和文化改革作出建议,指出改变家事司法系统中人们的行为方式对推动家事司法系统的发展具有必要性,负有领导责任的法官应当承担明确的管理职责,指定家事法官同样需要承担领导责任。同时,法官应以实现所有家事案件中司法连续性作为目标,确保其工作模式能够保障司法连续性,家事法庭庭长应确定提升高等法院中家事司法连续性的改革措施,家事程

---

① Justice Ryder, Judicial Proposals for the Modernisation of Family Justice (2012), p. 6.

② Family Justice Review Interim Report (2011), pp. 8–9.

序法庭中司法连续性的提升由所有法官及法律顾问负责。①

政府对家事司法审查的建议作出回应。政府早已对加强家事司法领导力作出努力,司法办公室已经制作统一的工作说明,以确保各级家事司法机关都能有明确的职责和功能区分,能够在一定程度上提升地方和国家范围的司法同一性。自 2012 年 1 月起,司法部发布家事法院审理案件数量、时间等相关数据信息。政府认同家事司法连续性对推动有效的案件管理、减少案件审理时间及保障不熟悉法院程序的当事人及儿童等增强信心和提供家事司法的统一性。自 2010 年的《实践指引 12A:公法诉讼件管理指引(2010 年 4 月)》发布以来,每个案件中分派到的案件管理法官不超过 2 个,负责整个诉讼过程中的案件管理工作。从行政管理角度来看,家事司法连续性的实现可能需要法院与法院和裁判所事务管理服务局合作,以调整各地实践。同时,政府也认为增强家事案件的专业化有利于家事司法连续性和家事法官专业能力的提升,政府也会与司法任命委员会(Judicial Appointments Commission)合作以提升家事司法的专业化。②

自 2011 年家事司法审查以来,社会各界及政府报告均对提升家事司法领导力及连续性的改革提出建议,在一定程度上为英国关于家事司法领导力和管理能力的改革奠定了基础。

## 二、家事司法领导力提升改革

提升家事司法领导力是英国家事审判改革的重要内容之一,自 2011 年家事司法审查以来不断推进。关于家事司法领导力和管理能力的提升,主要体现在三个方面:其一,设立家事司法委员会,统筹提升家事司法系统运行效果和保障儿童最大利益原则的工作;其二,将儿童和家事法庭咨询支持服务署从教育部转移至司法部中,该机构成为司法系统中的组成机构,保障家事司法相关机构在同一司法系统中有序运行;其三,司法学院自 2014 年起开展领导力和管理能力培训项目,加强对法官的领导力和管理能力培训。一系列提升家事司法领导力的改革措施在实践中实现了预期效果,相关反馈较积极。

### (一)家事司法委员会的设立

家事司法审查对家事司法系统的评估整体上持消极态度,认为该家事司法系

① Family Justice Review Final Report (2011), pp. 65 - 68.

② Ministry of Justice, Department of Education, The Government Response to the Family Justice Review: A System with Children and Families at Its Heart (2012), pp. 41 - 43.

统很难称得上是一个系统。政府寻求建立一个以儿童为中心、各组织机构合作密切的家事司法系统,这也就导致了 2012 年 3 月家事司法委员会的建立及其后全国范围内建立的 45 个地方家事司法委员会。

2012 年设立的家事司法委员会将家事司法系统核心组织机构中有权作出决策和部署资源的高级人物聚在一起,旨在提升家事司法系统运行的效果,确保儿童最大利益原则的实现。除独立的主席(由部长任命)外,该委员会的成员由来自政府部门、地方机构、法官等家事司法系统中各机构的高级人物组成。自家事司法委员会成立以来,其在推动家事司法系统的文化转变及根本性改革方式发挥重要作用。家事司法委员会中包括 3 个子机构:业绩信息替代小组(Performance Information Sub Group),负责引领家事司法委员会关于提升家事司法业绩的工作,监督地方家事司法委员会的工作水平,推动地方工作提升;家事司法理事会负责向家事司法委员会提供独立的专家意见;青少年委员会保障儿童能够直接在委员会的工作中发言。

家事司法委员会定期发布通过一系列关键业绩指标衡量过去一个财政年度工作进展状况的报告。例如,2013 ~ 2014 年家事司法委员会发布的报告指出,参与公法案件的儿童数量较 2012 ~ 2013 年有所减少,案件审理期限亦有所缩短;私法案件的数量亦有所减少,案件审理时间有所增加,等等。家事司法委员会 2012 ~ 2013 年的报告强调确保其组织结构能够推动家事司法系统的运行和发展,2013 ~ 2014 年的报告则继续通过这些组织机构的监控和推动家事司法系统的发展。2013 ~ 2014 年家事司法委员会的工作重点在于推动《2014 年儿童与家庭法》的实施。一方面,为保障抚养诉讼中 26 周法定审限制度的贯彻落实,家事司法委员会鼓励和监督相关机构合作,避免不必要的迟延,推动抚养程序中各方维持更好的合作;另一方面,家事司法委员会密切关注大量家事私法案件中取消法律援助后的影响,并鼓励离异夫妻通过调解等方式解决纠纷。家事司法委员会越来越重视改善家事私法诉讼程序,尤其是确保在法律援助相关制度改革的情况下家事司法系统能够稳定发展。推动当事人通过适合的非诉纠纷解决机制解决家事纠纷,协助当事人获得参与家事司法程序的额外帮助,推动家事司法系统的协调合作是家事司法委员会日后工作的重点内容。①

**(二)儿童和家事法庭咨询支持服务署转移:从教育部到司法部**

2014 年 4 月,政府资助的儿童和家事法庭咨询支持服务署从教育部转移到司

① Family Justice Board, Annual Report 2013 - 14 (2014), pp. 3 - 7.

法部。该转移支持了审查的建议,使法院社会工作职能与法院程序更接近。[①] 儿童和家事法庭咨询支持服务署的职责在于保障家事案件中未成年人的利益,每年帮助14.5万余名家事私法或公法案件中的儿童或青少年。儿童和家事法庭咨询支持服务署反映家事案件中儿童的声音,帮助确保儿童最大利益原则在家事诉讼中是首要原则。改革之前该机构隶属于教育部,改革之后该机构则隶属于司法部,但是,威尔士儿童和家事法庭咨询支持服务署仍属于威尔士政府的下设机构,并未发生部门转移情况。

青少年司法委员会(Youth Justice Board)主席麦克纳利勋爵(Tom McNally)决心改革家事司法系统,以便为与家事司法系统接触的当事人,尤其是未成年人提供最好的服务。他指出,儿童和家事法庭咨询支持服务署作用突出,尤其是在支持处于弱势地位的儿童以及确保家事案件中法官倾听儿童的声音等方面发挥着至关重要的作用。因此,将该机构转移至司法部中会对家事司法系统的发展产生更有利的影响。[②] 前任司法部长西蒙・休斯指出,在儿童和家事法庭咨询支持服务署成为司法部中负责家庭与儿童问题的核心机构之后,可以改善家事法院的工作及更好地保障未成年人的利益。[③] 儿童和家事法庭咨询支持服务署首席行政长官安东尼・道格拉斯(Anthony Douglas)指出,儿童和家事法庭咨询支持服务署转移至司法部下能够加快家事审判改革的步伐,这是因为所有的家事司法机构都会处在同一个团队中。加入司法部中能够使该机构更好地反映儿童的声音,为儿童提供更好的家事司法服务。儿童和家事法庭咨询支持服务署会最大限度地利用该机会实现家事司法审查中提出的愿景,即为使用家事法院的儿童及家庭成员提供高质量服务,充分发挥家事司法系统中各项资源的作用。

整体来看,儿童和家事法庭咨询支持服务署在家事司法系统中发挥重要作用,保障家事案件中倾听儿童的声音和儿童的程序参与是儿童和家事法庭咨询支持服务署在家事审判改革中的重要工作内容,在实践中得到了积极推进。将儿童和家事法庭咨询支持服务署从教育部转移至司法部下,并未减少其与教育部之间的关联,而是强调其作为家事司法系统中的重要组成机构的地位,发挥其在保障家事司法中儿童最大利益的作用。

---

① Department for Education, Ministry of Justice, A Brighter Future for Family Justice (2014), p. 15.

② Ministry of Justice, The Rt Lord McNally, "Cafcass Transfer to the Ministry of Justice", https://www.gov.uk/government/news/cafcass-transfer-to-the-ministry-of-justice, Jun. 13, 2017.

③ Matthias Mueller, "Cafcass Becomes Part of the Ministry of Justice", http://www.familylaw.co.uk/news_and_comment/cafcass-becomes-part-of-the-ministry-of-justice#.WT6YVJEjE2w, Jun. 14, 2017.

### (三)加强法官的领导力和管理能力培训

家事司法系统中的高级法官和指定家事法官已经自2012年12月起接受领导力和管理能力培训。该培训的重点在于领导法院中心团队的关系、家事司法领导力及专门的审判技能等。自2014年3月起,所有处于领导位置的新法官都必须参加司法学院举办的领导力和管理能力培训项目。改革中的专门培训普及至所有公法案件的法官。司法学院还为法律顾问和治安法官准备了相关资料。①

司法学院于2011年4月设立,负责3万余名司法工作人员的入职培训及后续培训工作,开设了400多门课程为全国范围内的司法工作人员提供培训和指导。司法学院将满足承担司法机关领导职责的法官的工作需求,作为司法学院为司法人员提供最高水准的专业培训这一根本目标的内容之一。② 作为司法学院培训的重要内容之一,领导力和管理能力培训项目自2014年起不断推进。该项目的对象是所有承担领导及管理职责的法官,即领导及管理法官(Leadership and Management Judges)。2014年推出了第一个领导力和管理能力培训项目,预期每个项目培训时间约为4个月,一年举办2次。每次项目参与人员为25名法官,优先考虑新担任领导或管理职务的法官。该项目包括"了解你的组织,与其他组织交流与工作"、"人员管理"及"让自己成为领导"3个主题模块,具体内容设计获得了跨区域的高层次司法领导的支持与参与。每个模块从面对面的讨论会开始,之后是一系列基于参与者自身领导和管理地位所设计的相关活动。第一模块涉及对领导及管理原则、自己作为领导者或管理者的角色、领导和管理的相关变化及为自己的职责制定优先事项和策略等问题的探讨;第二模块探讨人员管理与领导、公众一方的变化、管理的福祉和压力及有效的"一对一"对话等内容;第三模块探讨领导和管理方法、管理实践和授权他人工作、开发个人的韧性等。该项目的主要内容在于领导力和管理能力的实践学习和应用,充分利用在线资源和内部专业知识以确保成本效益最佳。③

该项目的运行效果乐观,后续还在继续开展。④ 参与者欣喜于有时间与其他

---

① Department for Education, Ministry of Justice, A Brighter Future for Family Justice (2014), pp. 16 - 17.

② 参见《英国司法学院2015年—2017年发展战略》,杨小利译,载《人民法院报》2015年4月17日,第8版。

③ Judicial College, Leadership & Management Development Programme Prospectus (2014), pp. 4 - 6.

④ Judicial College, Activities Report 2014 - 2015 (2015), p. 6.

法官交流提升领导力和管理能力方面的问题,尤其是与不同辖区的法官交流各项变化、计划和挑战等是较难得的机会。同时,部分参与者表示,在该项目培训中认识到自己工作的重要性,并学习到实用的管理和领导方面的信息。该项目在国际上也广受好评,并于2014年在欧盟委员会一项关于司法培训项目的调查中被评为"有希望的实践"。除该常规项目外,司法学院还组织了额外的年度研讨会,对司法领导力的重要性问题进行进一步探讨,总结项目参与者的学习心得与他们的改革计划的实施情况等。①

## 三、家事司法连续性建设

在家事审判改革过程中,英国已经引入了一系列措施帮助提升家事诉讼的司法连续性(Judicial Continuity),该问题在家事司法审查中被认为是提升家事司法系统的关键因素。法院事务管理服务局经家事法庭庭长和卷宗主事官同意后发布指引,要求地方关于法院行政人员及法官的安排必须到位,从而保障所有相关案件的司法连续性。作为《家事公法纲要》的支持性文件,詹姆斯·孟比发布的关于司法连续性及发展的指引将连续性要求扩展至专业的法律顾问及治安法官。

2014年4月22日,詹姆斯·孟比发布了关于公法案件中家事司法连续性及发展的指引。之所以发布该指引,在于确保家事诉讼处于适当的优先级别,并保障家事诉讼中法官、非专业法官、司法工作人员和司法工作人员助理,即法律顾问等在诉讼程序中的连续性。所有的家事公法案件都会被分配给一名案件管理法官(Case Management Judge)或案件管理者(Case Manager),其会负责诉讼过程中的案件管理工作。就非专业法官而言,该案件管理者通常是司法工作人员或司法工作人员助理(法律顾问)。案件管理者和案件管理法官都需要保障案件的连续性。在公法案件中,法院必须指定案件管理者或案件管理法官负责案件管理工作,其姓名会记载在诉讼文件外面。在可能的情况下,案件管理法官或在案件管理者协助下的非专业法官可以进行具有对抗性的庭审过程。在任何阶段的审理程序中都应确定好下一次审理的日期以及保障案件管理法官的参与,以防发生审理迟延的现象。在一般情况下,被授权审理家事公法案件的巡回法官必须将不少于40%的时间用于审理公法案件,以保障其司法连续性,不会出现1个月以上的

---

① "A Story of Leadership and Management Development:How the Judicial College in England and Wales Supports Modern Judges in Their Roles as Leaders and Managers", http://www.ejtn.eu/Documents/Leadership_and_Change_paper.pdf,Jun.13,2017.

间隔;同理,被授权审理家事公法案件的地方法官也应将不少于40%的时间用于审理公法案件,以保障司法连续性,不会在公法案件和私法案件审理过程中出现1个月以上的时间间隔;法律顾问同样应当保障参与家事法院的案件的时间不少于40%,案件管理者同样需要保障不少于40%的时间参与家事私法和公法案件;等等。

英国家事司法中很早就强调了连续性问题。早在Re B(Children)[2008]案中,原上诉法院法官布伦达·黑尔指出,同一名法官应负责案件的整体审理过程,以保障儿童最大利益和法律原则适用的同一性,避免更换后的法官可能难以明确复杂的案件事实等问题,影响家事司法正义的实现。[①]《2014年家事法院(业务组合与分配)规则》[The Family Court (Composition and Distribution of Business) Rules 2014]第8条规定,在由2~3名非专业法官审理案件或案件部分被审理的情况下,法院应尽可能保障恢复之前审理该案件的法官对该案件的审理。

英国家事审判改革强调保障家事司法的连续性,主要目的在于:一方面,减少不必要的时间耗费,解决家事司法系统中日渐严重的案件审理迟延问题;另一方面,保障当事人对家事司法的信任和推动家事正义的实现。整体而言,家事司法连续性的改革具有一定的积极效果,对减少案件审理迟延问题起一定作用。

## 四、领导力和连续性建设需进一步合理构建

尽管在提升家事司法领导力和连续性方面,英国家事审判改革已经取得一定进展,但就英国家事司法系统的长期发展和实现家事正义和公正审判的家事审判目标而言,英国在之后的家事审判改革中应注重对司法领导力和连续性建设的合理构建,形成可长期持续性发展的家事司法组织机构发展方式。

其一,在加强家事司法领导力建设的过程中,保障治安法官在家事审判中的作用的发挥具有重要作用,也是家事司法审查和政府报告重点关注的司法领导力建设的重要内容。[②] 保障治安法官与家事法官共同提升领导力及管理能力,确保家事司法领导能力活动的全面性和深入性,对在进一步改革中加强家事司法领导力建设有重要意义。

其二,在提供家事司法领导能力培训的同时,司法学院诸多提升家事司法专业能力水平的培训项目同样应当成为家事法官参与学习的重要机会与途径。例

① Re B(Children)[2008] UKHL 35.

② Department for Education, Ministry of Justice, A Brighter Future for Family Justice (2014), p. 36.

如,司法学院提供关于社会工作方面的相关教育等可在一定程度上为法官提供学习机会,在加强领导能力培训的同时加强专业能力和职业技能的培训,提升家事司法的专业性,促进家事司法职业化发展。

其三,在推动家事司法连续性建设的同时,为保障家事司法公正和家事正义的实现,英国家事司法改革的进一步发展方向应当是在提升审判效率的同时,保障实体正义的追求和对儿童最大利益的维护。正如领导力和管理能力提升的改革不应影响家事司法独立,家事司法连续性的推进亦不能减少对家事司法活动的监督和制约,家事司法系统中相关机构的监督以及媒体及公众对家事司法的监督仍然有待加强。

其四,英国家事审判改革中的领导力和连续性改革,自家事司法审查以来通过相关机构的设置和转移、实践指引的发布和司法学院的培训项目等不断推进,整体上呈现渐进的发展过程,逐渐在改革过程中实现了改革的预期目标,在一定程度上缓解了家事司法系统中最突出的案件审理迟延问题。该渐进改革方式在推动家事司法领导力和连续性建设方面具有可行性,并可在之后的改革过程中持续推进,以实现家事司法系统组织机构方面的不断优化和完善。

## 第四节　家事司法机构功能明确化

在家事司法实践中,法院的功能和法院与地方机构的关系是影响家事公法案件审理的重要因素。英国在家事审判改革过程中,一方面,通过修改或制定相关立法或指引等重塑法院在公法案件中的功能,提升地方机构的工作质量并保障法院与地方机构的交流沟通;另一方面,通过最高法院和上诉法院等发布的具有代表性的判例推动法院在抚养案件中明确审查标准,并对地方机构提供的相关证据材料作出更为明确的要求和指导,以推进该类案件中儿童最大利益的维护。英国关于家事法院功能及法院与地方机构关系的改革,在实践中具有一定效果并仍然不断探索和发展,尽管尚存争议,但该改革对法院功能的界定和对地方机构工作质量提升的推进具有长远意义。

### 一、法院及地方机构工作缺失

英国家事审判改革的重要内容之一是公法案件中法院功能的定位及与地方机构关系的重构。之所以推进该改革,在于家事司法实践中法院干预过多且与地方机构关系紧张,导致案件审理迟延等一系列负面问题,改革公法案件中的法院功能和与地方机构的关系对推进家事司法系统的发展和家事司法正义的实现具有必要性,且经家事司法审查等相关讨论形成了一定的可行基础。

**(一)法院干预过多,负面影响严重**

在家事司法审查过程中,法院对照护计划干预过多是遭到普遍诟病的问题,也是家事司法审查中明确指出的问题。照护计划是抚养程序中最核心的问题。法院对照护计划的干预过多,导致对法院和地方机构各自作用的认识较混乱。根据《1989 年儿童法》第 31 节的基本要求,法院需要在抚养案件中考虑如何保障儿童的最大利益,在儿童应留在原生家庭、由其他家人、朋友或监护人员照护的选择中作出权衡。因此,法院需要在该类案件的审理过程中审查地方机构出具的照护计划。然而,在司法实践中,法院对照护计划审理的内容过多,在一定程度上造成了法院干预过多的抱怨。法院对照护计划干预过多的原因可以理解。一方面,法院希望通过审查来保障儿童最大利益的实现,这是符合人性的想法;另一方面,法院对地方机构提供高质量的照护计划的能力存在担忧,质疑部分地方机构提供的照护计划的质量存在问题。

然而,法院过度干预会产生诸多负面影响。其一,法院的过度干预会导致案件审理的迟延,使儿童在等待抚养安置问题上花费不必要的时间;其二,法院对照护计划干预过多可能导致部分案件中过多使用专家报告,而部分专家报告并未能够切实解决争议焦点的核心问题,由此,案件审理迟延和费用支出过多问题变得较突出;其三,地方机构和法院之间的责任出现混乱状况,这会导致地方机构和法院之间的关系出现不必要的紧张状况,超出两者有限的资源限制。①

简单来说,法院需要判断的问题在于谁应当承担抚养责任,而非责任如何。在该问题的审查过程中,法院审查应至何种程度从而既能保障儿童最大利益的维护又能不超越法院的职权范围在实践中是难以衡量的问题。然而,在英国司法实践中,法院对该类案件中照护计划的过度干预在一定程度上可能违反《欧洲人权公约》第 8 条关于隐私权的保护条款。法院有权对父母与儿童之间的联系交流等问题作出判决,但无法对儿童如何被抚养人照顾的问题负责,或者说,法院不需要照顾儿童或考虑照顾儿童的相关资源。该问题实则需要地方机构的社会工作者等政府部门及其工作人员负责。② 同时,法院对该问题的干预仅在特定时间点,而地方机构是处在更长期的工作中,能够掌握关乎儿童利益的相关变化并及时作

---

① Family Justice Review Interim Report (2011), pp. 118 - 119.

② Family Justice Review Final Report (2011), p. 94.

出回应,在保障儿童抚养照护方面负有主要的职责。法院对儿童照护方面的过多干预,明显超出了其职权范围,并在一定程度上造成了对家事司法系统整体工作和儿童权益保护的负面影响。

**(二)法院与地方机构关系紧张,地方机构工作质量有待提升**

在英国家事司法实践中,还存在法院与地方机构关系紧张的问题,法院和地方机构在保障儿童最大利益方面的工作存在不协调之处。同时,地方机构在家事司法实践中的部分工作存在明显不足,仍然有待进一步提升工作质量。

部分地方机构对诉诸司法的准备方面仍有待加强。梅森教授等人的调研显示,42%左右根据《1989年儿童法》第31节提起的诉讼申请是无计划的危机干预,该类案件是种类最多的家事公法案件,地方机构对该类案件中的家庭信息之前并不了解。这也就解释了英国家事司法实践中存在的一个突出问题,即尽管超过90%以上的案件中地方机构了解相关家庭,且有81%左右的案件中地方机构已知悉家庭情况逾一年,地方机构在诉诸法院时的文书工作并未准备充足。地方机构的诉讼申请材料及案件资料不充分问题不能仅用紧急状况应急所需来解释,地方机构的工作仍然存在有待改进之处。

地方机构的工作复杂、难度较大,这在一定程度上增加了地方机构相关工作的压力。社会工作者需要处理各种复杂的家庭环境中的各类问题,对各项家庭问题进行评估并制定出具有一致性的计划安排等较为困难,且儿童父母的参与也会是影响社会工作者相关工作的难题之一。如果儿童的父母拒绝接受评估,那么公法诉讼申请中将会缺失重要信息。这都将导致地方机构本身工作存在很大难处。在这种情况下,地方机构工作上的缺陷更突出,存在的问题不断凸显。①

地方机构对诉讼的准备不足会造成一系列不利影响,引发部分程序的重复或案件审理的迟延,并造成专家报告的大量使用,在一定程度上影响了案件审理的效率并造成不必要的费用支出。如何在家事审判改革中提升地方机构相关实践的质量并协调法院与地方机构之间的关系,保障抚养程序中儿童最大利益的实现,应是此次英国家事审判改革过程中值得探索的重要问题。

**(三)改革具有必要性**

尽管家事公法案件中法院干预过多是家事司法系统中存在的典型问题,但部分观点并不认为改革具有必要性。相反,有一部分人对该方面改革持反对意见,原因主要在于以下方面。其一,作为法院公正审判的原则,法院审查照护计划中

---

① Family Justice Review Interim Report (2011), p. 128.

的信息具有合理性，也是正确行使法院职能的表现；其二，法院对照护计划的审查能够有利于提升照护计划的质量，以保障儿童的最大利益；其三，其他的保障措施还并不完善，地方机构中的独立审查工作人员工作负担过重，且其设置在地方机构中不具有完全的独立性；其四，地方机构的能力受到质疑，其工作质量的公信力明显不足。以上是媒体或公众讨论中常见的反对意见。

《家事司法审查最后报告》对以上反对意见作出反驳，以说明此次改革的必要性所在。其一，儿童抚养制度具有必要性。实践证明，大多数被虐待或被忽视的儿童在被抚养或收养后的家庭中的生活比之前在原生家庭的生活更健康适宜。同时，实践也证明被虐待或被忽视的儿童回到存在问题的原生家庭仍然存在诸多问题，容易导致家庭关系崩溃。其二，尽管地方机构可能在诉讼申请准备程序及为儿童制定相关计划方面存在缺失，但如果法律制度最初假设即是地方机构无法履行其职责，这是不合理的。其三，照护计划本身具有复杂性和不确定性，且在照护令(Care Order)发布之后还会有所变化。同时，照护计划并非由地方机构独立完成，而是会有父母的参与。因此，由地方机构履行该职责具有必要性。相反，法院并不具有保障照护计划良好实施的功能。其四，减少法院的过多干预并非限制法院对儿童最大利益的维护，而是法院将讨论的目标集中在照护计划的核心问题上，而非事无巨细地对照护计划的各项细节作出探讨，以更好地保障儿童最大利益。

同时，从法院与地方机构的关系问题来看，由于部分地方机构的工作质量问题备受关注，法院对地方机构工作的信任度减少，在一定程度上造成法院与地方机构之间关系的紧张。两者作为家事司法系统中的重要机构，不应割裂与整体系统的关系，而应通过通力合作推动系统整体的发展；并且，这种交流合作在国家层面和地区层面均应开展。地方机构在工作中可能忽略儿童的时间表及时间迟延对儿童的不利影响，将诉讼作为儿童保护失败的最后救济手段，导致专业人员在判断何时永久剥夺父母监护权方面存在疑惑。因此，如何正确权衡提出诉讼申请的时间是地方机构有待研究与改进的问题。① 鉴于家事司法在实践中存在的上述问题及保障儿童最大利益的需要，推动公法案件中法院功能及与地方机构之间关系的改革具有必要性。

### （四）改革的可行性探索

2011 年 3 月，家事司法审查小组发布了《家事司法审查中期报告》，建议法院

① Family Justice Review Final Report (2011), p. 102.

不再对照护计划进行“严格审查”,①而应仅审查关系保障儿童最大利益的相关信息,以免不必要的或耗时的讨论。法院应重点审查照护计划的核心内容,即决定将儿童送回原生家庭、移交给其他家人或朋友还是其他可选择的安排。同时,法院应当重视对儿童与原生家庭的联系进行审查,确定儿童与原生家庭应定期联系、限制联系或不应联系。此外,法院不需要对是否作出居住或寄养计划、儿童的兄弟姐妹安置计划、对儿童的治疗支持、为儿童提供健康和教育的相关条文及应急计划作出审查。同时,这些变化不会影响安置申请(Placement Application,该诉讼申请中的照护计划会受到法院的全面严格审查)、地方机构关于照护计划的责任(地方机构应根据相关法律规定制作详细的照护计划)、儿童的父母或其他人依法向法院申请交流令(Contact Order)及父母或其他人关于撤销照护令的申请。检查地方机构的工作并非法院的正当职能,在确保儿童的未来发展福利方面,法院也不应试图以判决取代地方机构的工作。②

2011年11月《家事司法审查最后报告》对中期报告指出的问题重新作出强调,指出法院应当在家事公法案件中保持中立位置。法院应重新关注家事案件审判中的核心问题,即儿童应与父母、其他家人或朋友生活在一起还是被移送至地方机构的照护下。在判断照护令是否符合儿童最大利益时,法院不需要审查地方机构提供的关于该儿童的所有材料,相反,法院只需要审查其认为的照护计划中最核心的内容。这包括计划将儿童送回原生家庭、计划将儿童交由其他家人或朋友、可选择的照护安排和确定定期与原生家庭联系及相关限制等。同时,该报告指出,政府应就《1989年儿童法》第34节的相关内容作出咨询,以确定该规定是否应作出适当修改以保障儿童的兄弟姐妹之间的合理联系。③

政府报告对家事司法审查提出的建议作出了回应,指出政府认同司法审查的观点,法院在作出照护令前应考虑照护计划的核心因素。当某个争议问题对决定儿童最终抚养权归属至关重要时,法院应对该问题作出全面考虑与讨论。然而,照护计划的细节往往随儿童需求的变化而变化,且在大多数案件中该计划需要由地方机构长期负责。政府将推动立法上对法院和地方机构在儿童照护计划上的功能作出明确区分。政府会与相关部门合作,加强对社会工作者的专业培训及地方机构中的独立审查工作人员对照护计划的审查工作。同时,政府报告指出保障

---

① Re J(Minors)(Care:Care plan)[1994] 1FLR 253.

② Family Justice Review Interim Report (2011), pp. 119 – 120.

③ Family Justice Review Final Report (2011), p. 94.

儿童的兄弟姐妹之间的联系可能存在困难,该问题构成政府着力解决的提升监护制度问题的重要部分,政府会与相关组织等合作进行相关探索及实践推广。

同时,就法院与地方机构的关系问题,《家事司法审查最后报告》指出,国家及地方的法院与地方机构之间应进行对话。指定家事法官与儿童服务主管或社会福利局主管应经常会面讨论问题。地方机构及法官需要对地方机构关于相关决定及何时提起抚养诉讼申请等问题的变革作出讨论。该讨论既需要国家层面的参与,也需要地方层面的参与。政府应通过持续的研究分析或相关项目等支持该讨论。修改后的相关指引也需要重视儿童的时间表和对诉讼程序的合理参与的重要性。① 政府报告接受了家事司法审查提出的建议,指出司法机关与地方机构之间的定期交流是有利的,政府会与相关机构合作实施相关建议,并推动相关指引的修改以保障对儿童时间表的重视等。②

## 二、法院功能重塑

针对家事司法审查中指出的公法案件中法院干预过多及与地方机构之间的关系有待加强等问题,英国在此次家事审判改革中通过修改制定相关立法指引、一系列判例指导等方式进行改革,推动该问题的解决和家事司法系统的发展,以保障对儿童最大利益的维护。

### (一)限制法院审查范围,提升地方机构工作质量

《2014 年儿童与家庭法》重塑了法院在公法案件中的功能。该法第 15 条规定,法院在审查照护计划时,需要考虑照护计划中关系儿童的永久性规定(Permanence Provisions),不需要考虑永久性规定以外的部分。所谓照护计划中的永久性规定,指涉及儿童抚养的长期计划的相关规定,如儿童与父母一方或其他家人或朋友生活在一起、收养或其他长期照护计划的内容。该规定使法院在案件审理过程中将审理重点放在涉及儿童最大利益的照护令的相关争议问题上。同时,这并不意味着立法阻止法院审查照护计划的具体细节。如果法院认为具体细节与保障儿童最大利益相关,那么法院仍然可以对这些问题作出严格审查。该规定的目的在于保障法院在大部分案件中不再过多审查照护计划的细节问题,使

---

① Family Justice Review Final Report (2011), p. 103.

② Ministry of Justice, Department of Education, The Government Response to the Family Justice Review: A System with Children and Families at Its Heart (2012), p. 54.

照护计划满足儿童需要的责任由地方机构履行。①

2014年4月发布的《家事公法纲要》,同样对地方机构提起诉讼申请时的证据材料作出规定,强调应在减少数量的同时提供更多分析性证据,以进一步确保法院确定争议问题并就其判决相关的问题作出分析。该修改对地方机构在抚养案件中提供的证据材料的质量作出要求,以保障法院审查范围的限制和效率的提升。

同时,为提升社会工作证据的一致性和质量的提升,儿童和家事法庭咨询支持服务署和儿童服务主管组织(Association of Directors of Children' Services)共同制定了一份社会工作证据模板,该模板由家事司法委员会发布,并在全国范围内适用。这份模板最初于2014年发布,发布的目的在于向法院提供明确的分析材料。该模板的使用率不断增长,并作为地方机构的工作模板和培训资料不断推广。之所以推广该模板,原因在于支持家事审判改革的推进,避免不必要的迟延问题,并补充《家事公法纲要》中规定的其他标准化形式。2016年英国对该模板作出审查和研究,在获得高度支持的同时也存在部分改进建议,相关机构作出反馈并修改原模板。一方面,随附指引简化并作为模板的一部分内容;另一方面,模板本身简化,并纳入两个相关的福利清单作为参考。该模板将在家事司法实践中不断修改完善,以推动地方机构向法院提供更明确的分析材料。②

另外,地方机构与当地司法机关之间进行定期交流的重要性已经在家事司法系统和相关培训中多次被强调,以完善修改后的《家事公法纲要》。新成立的地方家事司法委员会旨在将家事司法系统中核心机构的代表人物聚在一起,分享信息并讨论相关司法实践,推动地方家事司法运行效率的提升,解决家事司法系统中的审理迟延问题。2013年,为支持公法改革及《家事公法纲要》修改,政府资助地方家事司法委员会进行内部的跨领域培训。该培训将家事司法系统中所有的关键机构和利益相关者聚在一起,以确保其了解家事司法系统中存在的问题及解决方法。同时,共同工作指引指出,在最初的抚养诉讼中,当现有干预措施不足时,相关从业者应果断采取措施保护儿童。③

---

① Department for Education, Ministry of Justice, A Brighter Future for Family Justice (2014), p. 27.

② "Social Work Evidence Template" (SWET), http://adcs.org.uk/care/article/SWET, Jun. 18, 2017.

③ HM Government, Working Together to Safeguard Children: A Guide to Inter-agency Working to Safeguard and Promote the Welfare of Children (2015), p. 20.

### (二)相关判例推进

在修改相关立法与规则的同时,英国还通过一系列判例推动改革的推进。Re B(A Child)[2013]案和 Re B-S(Children)[2013] 案是具有代表性的两起判例,这两个判例界定了社会工作者和儿童监护人员检验他们的分析标准和向法院提交证据的方式。这两个案件并未修改相关法律,但其就照护计划的评估方面提供了新的司法倾向。①

1. Re B(A Child)[2013]案

Re B(A Child)[2013]案是英国最高法院审理的由儿童父母提起的关于照护令的上诉案。在最高法院强调收养是"最后的救济途径",仅在其他途径都无力解决时适用。同时,最高法院强调儿童的福利具有永久性,儿童的利益应包括由父母或更广泛意义上的家人抚养长大的内容,除非存在不可实现之原因。②

该案涉及《1989 年儿童法》第 31 条关于照护令适用标准的关于儿童未来的心理或精神损害风险问题及上诉法院在一审法院发布令状后所应发挥的功能问题。该案中的儿童自出生起便依据临时照护令未被亲生父母抚养。其母亲长期被继父虐待,且有不诚实和虚假指控的犯罪嫌疑,并被诊断为患有身体形式症。③ 2009 年她逃脱虐待,留下其 10 岁的女儿并与该案儿童的父亲生活在一起,后者曾因严重罪行服刑数年。在该案儿童被临时监护时期,父母经常看她并与其建立了良好关系。一审法院认为,鉴于儿童可能成长过程中模仿母亲的行为或受到母亲的不诚实等影响,由父母抚养儿童可能导致其接受不必要的医疗。为避免这些危险,应当有多学科方案监督支持。同时,其父母在与社会工作者和其他专业人员交流的过程中存在不诚实及操纵行为。因此,除判决收养的照护令外,一审法院认为没有别的方法可以预防儿童可能遭受的伤害。上诉法院维持原判,父母双方则均向最高法院起诉。最高法院以 4:1 多数通过,驳回上诉。

根据《1989 年儿童法》第 31 条第 2 款,确信有以下情形的,法院可以签发照护令:一是有关儿童正在遭受或可能遭受重大损害的;二是伤害或伤害的可能是由下列原因之一造成的,即若不签发命令,不可能合理地期待该儿童的父母为其提供或可能提供的照护,或者该儿童不受父母控制。④ 高等法院法官认为,该案

---

① Shefali Shah, *Key Changes to Family Justice*, London, Coram BAAF, 2016, p. 59.

② Re B(A Child)[2013] UKSC 33.

③ 身体形式症(Somatoform Disorders),一种以身体形式呈现心理问题的病症。

④ 参见《英国婚姻家庭制定法选集》,蒋月等译,法律出版社 2008 年版,第 161 页。

已符合该条件,即儿童存在受其母亲的身体形式症、情感障碍和父母的不诚实影响的伤害的风险。儿童父母对社会服务的不合规及阻挠的行为态度也是法官作出该判决所考虑的事实因素之一。法院认为,该案无法采取监督支持方案,故而判决收养的照护令。上诉法院虽然同样对该案件感到困扰,但最终仍判决驳回母亲的上诉,认为高等法院的判决不在"可能有合理分歧的范围"外。

首先,最高法院法官一直认为高等法院法官正确地判断了照护令的适用前提条件问题。其次,最高法院法官建立或确认了相关原则。(1)"可能性"(Likelihood)意味着"一种真实的可能性",但该可能性的发现需要建立在以均衡概率为基础的事实上。(2)法院解释"重大的"(Significant)伤害可能没有太大意义,但是伤害越重大,其发生的可能性越小。(3)鉴于该阶段对家庭生活未造成干扰,故而不涉及适用《欧洲人权公约》第 8 条判断是否适用照护令的前提条件问题。(4)在判断是否符合照护令适用的前提条件时,法官并未行使裁量权,而是作出价值判断或评估。(5)上诉法院判断的争议点在于一审法院的判决是否错误,并非判断判决是否超出法官裁量的范围。上诉法院必须考虑一审法官已经看过和听过现场证据的重大优势。最后,就照护令是否应发布的问题而言,除布伦达·黑尔法官外,大多数法官认为一审法官发布照护令是正确的。最高法院法官一致认为《欧洲人权公约》第 8 条应在决定作出阶段中适用,故而判决决定应具有适当性。为保障判决决定的适当性,在别无他法的情况下发出的照护令具有必要性。但是,法官在上诉法院应如何处理适当性问题上的观点不同,威尔逊爵士(Nicholas Wilson)、廖柏嘉和简嘉麒(Lord Clarke)3 位法官认为,上诉法院不需要对一审法院发出照护令是否具有适当性的问题作出实质性审查,也不需要判断该判决结果是否在合理分歧之外,只需要判断该判决是否错误。科尔爵士(Lord Kerr)和黑尔法官两位法官持相反观点,认为上诉法院应作出照护令决定是否具有适当性的判断,但他们强调适重视一审法院已经听取的现场证据的重要性。

然而,正如黑尔法官指出,该案同样带来了一个难题,即何时政府会因为儿童父母性格上存在的问题,而非身体虐待或忽视的原因剥夺父母的监护权?该案的特殊性在于尽管儿童的父母其自身可能存在诸多问题,但在做父母方面似乎有能力为儿童提供足够照顾。有观点认为,该案判决存在问题。一方面,该判决的作出完全基于未来的伤害。这些伤害仅是可能发生甚至不需要可能的条件,某些风险可能永远不会发生,但剥夺父母的监护权应当基于"真正的可能性"。另一方面,即使这些确定的伤害能够实现,那么剥夺父母的监护权是否为合适的举措?

一般来说,在自己的家庭长大比在"更好的"家庭中长大更重要。[①] 社会应包容多样化的抚养方式,这也包括那些存在不足或不一致的方式。[②] 相似观点均在于强调剥夺父母监护权一定程度上违反了人性,会对儿童及家庭造成持久的伤害。

2. Re B-S(Children)[2013]案

Re B-S(Children)[2013]案是由上诉法院约翰·戴森爵士(John Dyson)审理的上诉案,詹姆斯·孟比也参与了此案审理。詹姆斯·孟比在该案中援引了最高法院在 Re B(A Child)[2013]案中的判决,强调英国家事司法实践中分析有利于儿童的选择时存在明显的缺失,指出这种草率的做法应当停止,并强调需要以全球性、历史性和多面的角度对儿童的福利进行评估,考虑每种选择的的积极和消极因素。法院仅需要考虑具有现实意义的选择,而不是考虑所有的选择。同时,该案判决指出对选择的评估不应是线性过程,淘汰其他选择最终只剩下收养一项,而是应真实地分析每个选择的正反面。詹姆斯·孟比鼓励使用"资产负债表"(Balance Sheet)[③]的方式,对不同选择的潜在利益和损失进行列举并估计每种选择的利弊差异,以作出最佳选择。[④]

该案中两位儿童的母亲因反对一审法官拒绝允许其反对关于儿童的收养而提起上诉。詹姆斯·孟比庭长对欧洲人权法院(European Court of Human Rights)和最高法院的上述判例作出研究,这些判例都强调不经父母同意的收养决定是非常严酷的措施,该决定的作出需要最高级别的证据。根据《1989 年儿童法》和《2002 年收养与儿童法》的相关原则,法院在判断儿童抚养问题上应最大限度地采取不干预原则。同时,他从 Re B(A Child)[2013]案判决中提炼出三点内容:其一,尽管儿童的利益最重要,但让儿童生长在自然家庭中是儿童利益的重要内容之一;其二,有关法规规定法院在作出判决决定时"必须"考虑所有可能的选择;其三,法院对父母抚养儿童能力的评估应包括地方机构对父母抚养儿童所提供的支持。[⑤] 然后,他指出,材料分析和论证的不充足是收养案件中存在的普遍问题,受到诸多家事法官的关注,该问题由来已久,应及时制止该问题的扩大化。关于收养的照护计划在批准之前应满足两方面必要因素。一方面,该照护计划应

---

① Tessa Buchanan,"Case Comment:Re B(a child)[2013] UKSC 33",http://ukscblog.com/case-comment-in-the-matter-of-b-a-child-2013-uksc-33/,Jun. 19,2017.

② Re L(Care:Threshold Criteria)[2007] 1 FLR 2050.

③ Re A(Medical Treatment:Male Sterilisation)[2000] 1 FLR 549.

④ Re B-S(Children)[2013] EWCA Civ 1146.

⑤ Re B(A Child)[2013] UKSC 33.

有适当的证据,其中必须有关于是否应当收养的适当的分析。这对于符合Re B(A Child)[2013]案要求和《欧洲人权公约》第6条和第8条的规定是必要的。之前的"草率做法"必须停止,否则对儿童和儿童父母而言都会造成严重的影响。另一方面,必须有充分合理的判决。该判决中应包含适当的权益衡量和合适的分析。该分析应对所有的选择进行全面评估,而非线性分析。

同时,考虑家事司法审查以来英国推行家事审判改革,詹姆斯·孟比庭长指出该案判决与家事审判没有不兼容性。为解决案件审理迟延问题,英国在家事审判改革过程中引入了26周法定审限制度。然而,如果法院没有得到足够证据以至于案件无法在26周内审结时,法院必须将案件延期。非自愿的收养关系重大,对儿童及其父母有至关重要的影响,故而在这种情况下不能严格遵守僵硬的规定,而应以保障儿童的最大利益为基本出发点,保障法院作出符合儿童最大利益的判决结果。

在该案中,迈克法雷恩法官在批准允许上诉时受到马修·索普法官在Re W(Adoption:Set Aside and Leave to Oppose)[2010]案中使用的"极其罕见的情况"(Exceptionally Rare Circumstances)该词语的困扰。该案涉及在儿童已经被安置在一个潜在的收养家庭的情况下,法院考虑允许临时中断该安置时的判断标准问题。[①] 鉴于最高法院对Re B(A Child)[2013]案的判决,法院对申请撤销收养权的案件管辖权仅在儿童被领养10周后才可开始,该规定旨在为儿童的父母提供有意义的补救。同时,詹姆斯·孟比庭长对Re B(A Child)[2013]案中涉及的上诉法院在涉及申请撤销收养令的案件的功能问题作出探讨,一审法官是否错误适用了简单检测是评价性问题,不涉及法院裁量权问题。上诉法院在该类案件中考虑的问题应在于一审法官的判决是否存在错误。最终,鉴于该案的申请不符合批准的相关因素,最终该案判决驳回上诉。

在该案中,法院并不需要地方机构作进一步评估或重复相关信息。相反,法院希望地方机构将有用的信息作出适当分析并经过论证后得出结论。该分析必须以证据为基础,以案件事实为核心。地方机构应分析所有可能的选择,并提供经过充分论证、有证据支持的明确结论和建议。如果提交给法院的证据不充足,那么法院则会要求或指示进一步评估或独立专家报告。需要注意的是,这会延长案件审理实践,并在一定程度上导致最终判决决定作出的时间上的迟延。同时,社会工作者不需要列举所有的选择,而是所有现实可行的选择。在实践中,往往

---

① Re W(Adoption:Set Aside and Leave to Oppose)[2010] EWCA Civ 1535.

可能存在 2~3 个具有可行性的选择值得考虑。[①]

## 三、地方机构工作提升，法院重归司法

英国家事审判改革通过重塑家事法院的功能、提升地方机构的工作质量及改革法院及地方机构的关系等措施推动公法案件中的改革进展，在实践中取得了一定影响和效果。结合英国家事审判改革的整体环境和内容，就英国家事审判改革的发展方向而言，一方面，英国家事公法案件中法院的审判方式逐渐明确，地方机构仍应不断提升其工作质量；另一方面，重塑公法案件中法院的功能具有合理性，对明确法院与政府机构之间的责任区分和合作都具有重要意义。

### （一）法院审判方式逐渐明确，地方机构应提升工作质量

最高法院和上诉法院的两个判例对英国家事司法实践中的抚养诉讼产生了重要影响。Re B（A Child）[2013] 案实则对法院作出了提示，即应将儿童与父母或其他家人生活在一起作为儿童利益的一部分进行考虑。收养是最后的救济途径，必须在别无他法时才可适用，这就要求在申请收养令的案件中，社会工作者的分析必须能够显示出相较于让儿童与父母或其他家人保持长期联系，收养更有利于保障儿童的长期稳定成长。法院在作出收养判决前则必须保证对所有现实的选择进行了全面的利弊分析，这需要法院考虑是否有任何服务能够提供必要的帮助和支持、儿童生活在原生家庭中是否能够获得足够的保护以及家庭是否可能参与上述服务中。社会工作者应在提供的证据中适当说明相关服务是否能够提供、如何提供以及是否为儿童的父母所接受或使用。法院需要注意影响决定作出的相关资源的可用性。詹姆斯·孟比庭长在 Re B-S（Children）[2013] 案中指出，如果法官认为资源问题会影响儿童的照护计划，则必须询问地方机构的想法。一般来说，提供不能正确解决家庭问题的服务不值得。父母对持续干预的态度和对相关服务的使用状况会对儿童产生影响，故而应作为分析的一部分内容。

在这两个案件之后，父母反对法院发出收养令的诉讼申请增加，但需要注意的是，相关诉讼申请的成功需要基于切实的证据。同时，地方机构在考虑将儿童带离原生家庭时，应对所有现实可行的选择作出全面分析，并将儿童的长期利益作为关键的考虑因素。由两个判例所推动的相关变革实则对地方机构的工作提出了更严格的要求，在一定程度上可能导致申请安置令（Placement Order）或收养令的案件出现迟延的问题。同时，地方机构的工作很容易受到法院的影响，尤其

---

① Shefali Shah, *Key Changes to Family Justice*, London, Coram BAAF, 2016, pp. 61-62.

是最高法院和上诉法院。社会工作往往被媒体以负面词语描绘，这影响了社会工作者对他们自身工作的价值和判决决定的认知。因此，社会工作者害怕受到法院的严格审查或质疑，这可能导致在之后一段时间内，安置令或收养令适用的减少，但这种情形是不可持续的，因为安置令或收养令的作出必须基于对内容翔实的家庭评估的信任。①

尽管在复杂案件中法院希望地方机构出具最高质量的证据，但地方机构在实践中却存在缺乏确定性等问题。A and B v. Rotherham Metropolitan Borough Council [2014]案是谢菲尔德家事法院受理的一审案件，由高等法院家事法庭詹姆斯·霍尔曼(James Holman)法官主审。在该案中，鉴于儿童的母亲存在严重的毒品酒瘾方面的问题，儿童自 7 个月大时被潜在收养人抚养，在其 20 个月大时潜在收养人申请收养令，儿童的父亲建议由其妹妹(儿童的姑姑)抚养。在该案中，社会工作者和心理学家支持发布收养令，儿童监护人员和儿童服务局的相关人员反对发布收养令。关于儿童姑姑的独立社会工作评估结果积极，显示出儿童应交由其姑姑抚养。霍尔曼法官并没有采用“别无他法”的判断方法，而是基于儿童一生的利益考虑作出判决决定。他指出，将儿童交由其姑姑抚养相较而言更有利，故而驳回了收养申请，并撤销了之前的安置令。该案情节新颖，无论在如此晚的阶段反对收养令的发出是否是有意义的法律权利，该案关于收养者的补充结果具有一定讨论意义。② 而在 Re J and S(Children)[2014] 案中，詹姆斯·孟比庭长驳回了儿童父母关于反对发出收养令的申请，指出在已经作决定后儿童父母无法再更改申请，且该案中儿童父母无法向法院提供家庭情形已经发生显著变化的证据以证明反对收养的合理性，法院最终判决驳回了该申请。③

在 Re R(A Child)[2014] 案中，儿童母亲主张一审法院在照护和安置令审查中并未采取全球性、历史性的方式，法官错误地行使了自由裁量权，且违反了关于人权的相关法案。上诉法院迈克法雷恩法官指出，该案中的一审法官詹姆斯·孟比庭长并未采取线性分析方式，因为该案中仅有两个选择，故而应作为整体进行考虑。该案中仅存在一个问题，即儿童应由母亲抚养还是应被收养。由于母亲无法为儿童提供 24 小时的抚养支持，由母亲抚养并非现实的安置途径，故而法院只

---

① Kim Holt, *Contemporary Family Justice: Policy and Practice in Complex Child Protection Decisions*, London, Jessica Kingsley Publishers, 2016, pp. 81 – 83.

② A and B v. Rotherham Metropolitan Borough Council [2014] EWFC 47(Fam).

③ Re J and S(Children)[2014] EWFC 4.

能判决发布收养令。詹姆斯·孟比庭长在判决中讨论了 Re B-S(Children)[2013]案的广泛影响,并形容为“后 Re B-S 案景观”(Post-Re B-S Landscape)。他描述了该案之后出现的“神话和误解”,如收养是过去的事情,目前收养儿童的适用前提条件提高,该案是用来批评社会工作者和地方机构工作的论据,等等。因此,他强调,Re B-S(Children)[2013]案并不是打算改变相关法律,也没有改变相关法律。当收养符合儿童的最大利益时,地方机构应申请抚养令的发布,法院也应发布抚养令。在这种情况下,不应不顾一切代价将儿童留置在原生家庭中,反而会造成儿童利益的损害。①

因此,尽管抚养案件的数量存在降低的趋势,但这并不必然是积极案件管理和提升诉前程序效率的结果,可能在一定程度上是地方机构因害怕申请受到质疑而减少了诉诸法院的收养令申请的数量。② 在英国家事审判改革的推进过程中,如何保障公法案件中法院对案件的审理和地方机构的工作质量,是需要探索的重要问题。提升地方机构在抚养案件中提交的照护计划的质量,以保障法院对具有分析性的证据材料进行全球性、历史性、全面性的审查,符合法定审限规定和家事审判改革的目的,应成为家事审判进一步改革的发展方向。③

**(二)家事公法案件中法院功能重塑**

除提升地方机构的工作质量、增强法院与地方机构的关系外,保障家事公法案件中法院的审判功能的重塑同样是英国家事审判改革的重要内容。法院在审判过程中只审查照护计划中涉及儿童长期利益的核心内容,而非对照护计划的所有细节进行探讨,对照护计划进行不断修改和完善是地方机构的职责,而非法院。一方面,该改革在于推动地方机构提交更高质量的照护计划,保障法院审判效率的提升以解决家事审判中明显的案件审理迟延问题;另一方面,在于明确地方机构与法院的职责区分,重塑法院在家事公法案件中的功能。从重塑法院在家事公法案件中的功能来看,英国该改革合理且具有重要意义。

法院审判功能的定位,是司法系统中容易忽视的问题,却关系重大。司法的功能根据各种不同的理论会有不同划分,如司法的原初功能与衍生功能、司法的法理功能与社会功能等。司法的原初功能即纠纷解决,现代司法的衍生功能则包

---

① Re R(A Child)[2014] EWCA Civ 1625.

② Kim Holt, *Contemporary Family Justice: Policy and Practice in Complex Child Protection Decisions*, London, Jessica Kingsley Publishers, 2016, p. 93.

③ Sarah Blackmore, Jacqui Thomas, *Reforming Family Justice: A Guide to the Family Court and the Children and Families Act* 2014, London, Jordan Publishing Limited, 2014, p. 238.

括维护法律与规则创设、权利保障和权力制约以及政策推进和社会控制等功能。[①] 司法的法理功能，指司法活动本身所具有的诸如定分止争、辨别是非、维护权益等本体功能；司法的社会功能，则是司法活动所产生的客观社会效果层面上的功能，如缓解社会矛盾、推动法治秩序构建及引领社会风气等。[②] 从社会学的角度来看，法院的功能主要包括了纠纷解决、造法及社会控制三个方面。在英国家事司法领域，家事司法的功能在于解决家事纠纷和保障儿童的最大利益。

需要与功能作出明确区分的，是效果（Performance）一词。效果与功能存在显著差异，效果就性质而言是功能的副产品。一方面，功能具有必然性，效果则具有或然性；另一方面，法律系统的功能具有唯一性，但法的效果则呈现多样性。现代司法必须执行的法律功能即稳定规范性预期。[③] 就家事司法而言，区分家事司法的功能与家事司法的效果同样具有重要意义。英国的家事司法功能在于解决纠纷及稳定规范性预期，尤其是在涉及儿童的公法案件中，保障儿童最大利益是家事司法的首要原则。然而，如何保障地方机构出具的照护计划的各项细节内容的不断完善，尤其是在儿童的各项发展状况逐渐变化的过程中积极修改和改善，不在法院的功能和职责范围内。法院对照护计划的审查在于解决关于儿童长期发展的核心问题，产生的推动照护计划完善的后果构成家事司法的效果，这不是法院的本职功能。制订和不断修改照管计划是地方机构的职责，也依赖于地方机构的社会工作者在实践中不断修改和完善。因此，英国在家事公法案件中将法院的功能重归司法，不再审查不属于法院职责范围内的照护计划中国的各项细节内容，符合家事司法的功能要求，并能够明确法院和地方机构的职责区分和推进两者之间的合作，改革意义显著。

在现代社会中法院作为家事审判机构的同时，往往在整体性结构中发挥对法律事务的“联动”或“主动”作用，法院的非裁判功能推动了所谓“能动司法”的推进，司法能动主义普遍。然而，部分能动司法举措存在局限，法官在司法服务意识的指导下强烈关注社会价值而在一定程度上忽略规则至上的法治原则，超越能动司法的边界，影响司法的谦抑性。[④] 英国在此次改革过程中强调法院对照护计划

① 参见蒋红珍、李学尧：《论司法的原初与衍生功能》，载《法学论坛》2004年第2期。

② 参见孙笑侠、吴彦：《论司法的法理功能与社会功能》，载《中国法律评论》2016年第4期。

③ 参见陆宇峰：《走向“社会司法化”——一个“自创生”系统论的视角》，载《华东政法大学学报》2012年第3期。

④ 参见戾晶雯：《“社会问题司法化”背景下的司法价值选择及路径探索》，载《山东审判》2011年第1期。

审查内容的集中,体现了对司法谦抑性和能动司法边界的合理认识。

## 第五节　以家事法院为中心的组织结构优化

英国在此次改革中通过设立独立家事法院、增强家事司法领导力和连续性建设、改善法院与地方机构之间的关系、明确法院的功能定位等措施推动家事司法组织结构的专业化建设,本质上体现了英国家事司法系统以家事法院为中心的结构优化。英国家事司法组织机构改革以法院为中心,在持续推进的过程中实现家事司法系统内各组织机构的优化升级,可以成为英国家事司法组织机构改革的发展方向。

### 一、组织结构变革之性质

英国此次改革中关于组织结构的改革,本质上是以法院为中心的系统结构优化。结构优化是家事司法系统发展的必然选择,是关乎改革成败与否的关键内容,也是司法改革的长期着力点之一。

#### (一)结构优化是家事司法系统发展的必然选择

英国此次改革中对家事司法系统组织机构的改革,体现了家事司法系统在发展过程中,对系统的组织结构进行优化发展的必然选择。

系统结构是系统内部各个组成要素之间相互作用、相互联系的秩序或方式,体现了各个要素在空间上和时间上进行排列组合的具体形式。组织结构具有稳定性、开放性、相对性等特点,在系统运行过程中不断发展完善。作为完善系统结构的重要途径,结构优化旨在实现既定资源条件下组织结构的最优状态,以更好地保障系统功能的发挥。在组织、协调、运行和控制等系统优化过程中,组织机构的优化具有基础性作用,也构成了系统优化的必然选择。系统的组织结构与功能密切相关,一方面,一定的组织结构必须具有一定功能才具有意义;另一方面,一定的功能又必须依赖于一定的组织结构才能够产生。①

英国此次家事审判改革旨在解决家事司法运行中存在的诉讼迟延等问题,提升家事司法效率以更好地保障接近正义根本目标的实现,故而在此次家事司法系统所推动的优化改革过程中,组织机构改革构成了最具基础性和有效性的内容,是系统优化的重要途径。简化家事审判组织机构、密切家事司法系统内各组织机

---

① 参见刘祖云等:《组织社会学》,中国审计出版社、中国社会出版社2002年版,第251页。

构间的联系、发挥法院在家事司法系统中的主导作用，成为英国家事司法系统优化改革的有效途径，构成系统优化的必然选择。

**（二）组织结构变革关乎改革成败**

司法改革成功与否在很大程度上依赖于对司法系统组织结构的制度设计。将司法改革的核心议题集中在法院的角色定位和制度设计上是诸多国家在推进司法改革过程中的最后举措。其主要原因在于，普遍的理论价值认为，法院是法治社会建设的基石，审判独立是民主法治社会的精髓和关键所在。[①] 审判组织结构是司法权运行的载体，也是司法制度的核心，审判组织的结构形态和运行模式直接体现出一个国家司法制度的基本特点，构成司法制度各个组成部分的交融点。

在当代社会中，英国家事司法系统的组织构造和运作特点直接体现司法现代化的功能目标和原则理念，构成显著区别于传统司法制度的基本依据，也是司法权区别于其他国家权力运作的独特标志。在司法现代化目标下，审判组织呈现专门化、高效化的特征。一方面，在家事司法系统的内部组织构造上，现代司法的专业性体现在司法机关采用了科学合理的分工方式、精简组织机构和优化资源配置；另一方面，现代司法的高效性体现在司法系统通过合理的组织体制构建来减少司法活动的资源成本，并保障公民接近正义目标的实现，即更方便、有效地参与司法。

司法之所以为司法，不仅在于功能区别于立法和行政，还在于该功能的实现通过一种不同于立法和行政的组织机构来保障。司法系统的组织结构决定了组织中人员行为的基本指向和互动联系的方式。[②] 家事审判改革中关于组织结构的改革，反映了最具本质性的家事司法系统的变革，在整体改革中关系重大，是保障家事司法系统有效运行以实现系统功能的基础。故而，在家事审判改革过程中，组织结构制度方面的改革具有基础作用，关乎改革成败。

**（三）司法改革中的组织结构变革具有普遍性**

鉴于组织结构在系统中的关键作用，将组织结构改革作为核心内容的司法改革并不鲜见。从现代英国家事审判体制的不断变迁来看，从最初由新设立的离婚

① 参见涂云新、秦前红：《司法改革的组织和程序保障——论〈欧洲司法改革报告2011—2012〉对中国的借鉴和启示》，载《河南财经政法大学学报》2013年第6期。

② 参见张洪涛：《司法之所以为司法的组织结构依据——论中国法院改革的核心问题之所在》，载《现代法学》2010年第1期。

和婚姻诉讼法院审理离婚案件、20 世纪末期建立完整的三级家事审判体制到独立家事法院的设立，审判机构专业化建设的不断升级构成家事审判改革的核心内容和标志。在家事案件不同于普通民事争议的独特性、审判机构专业化的高效性、现代司法专业化高度发展的趋势等多重因素作用下，推动审判机构的专业化建设成为司法改革的核心内容。

设置专门的家事法院或家事法庭处理家事案件，是不同法律传统的国家和地区近半个世纪以来普遍认可的改革经验。德国、日本、西班牙等国家设有专门处理家事案件的独立家事法院，法国的家事案件由专门的家事法官负责审理，澳大利亚、新西兰等国家都设有专门处理家事争议的家事法庭或家事法院，美国也有设立独立家事法院的探索。为高效、合理、公平地解决家事正义，设置专门的家事法庭或家事法院，配备专职于家事争议处理的法官并提供更多专业辅助服务，是不少国家和地区司法改革的长期着力点之一。①

## 二、组织结构变革之特征

组织结构改革构成英国家事审判改革的基础性内容，无论是在家事司法审查中还是在改革具体推进过程中，组织结构的改革均构成英国此次家事审判改革的重要组成部分，并在英国家事司法系统不断发展的过程中逐渐完善。结合此次英国家事司法系统的组织结构改革过程及效果，英国此次组织结构制度方面的改革具有以下特征。

### （一）组织制度改革最具标志性

英国司法界之所以将此次改革称为英国历史上最具革命性的家事审判改革，很大程度上在于独立家事法院的设立。独立家事法院的设立是英国家事司法系统中具有标志性的重要变革，是英国实现家事审判机构专业化的重要标志和突破。英国司法界、政府及媒体普遍将此次家事审判改革冠以最具革命性的、划时代的、文化性质上的革命等赞美词汇，关键原因均在于独立家事法院的设立。可以说，英国建立独立家事法院的组织制度改革，构成英国家事司法系统改革的核心内容和典型标志，决定了此次审判改革的关键意义。

如前所述，组织结构方面的变革是决定司法改革成败与否的关键，英国此次家事审判改革说明了这一点。英国各界普遍将独立家事法院的设立作为此次改革的标志，组织结构的进一步优化是家事司法系统进一步改革的推进方向。设立

---

① 参见蒋月：《家事审判制：家事诉讼程序与家事法庭》，载《甘肃政法学院学报》2008 年第 1 期。

独立家事法院作为英国家事司法系统长期以来的改革目标,在此次改革中得以实现具有标志性意义。

### (二)组织机构改革背后的家事司法文化变革

在英国组织制度改革的背后是英国家事司法文化的转变。英国此次对组织制度的改革建立在家事司法文化改革的基础上。英国家事司法审查中强调转变家事司法文化以提升家事司法效率,在法院、地方机构、法官及其他司法工作人员等组织、人员及其行为上转变的同时,改变家事司法的文化,增强家事司法系统运行和各机构、工作人员的工作效率等同样构成家事审判改革的重要内容。[1] 增强法院在家事司法系统中的领导力和对公法案件中法院功能的重新定位,同样是对家事司法文化的改革与转变。独立家事法院设立等组织机构改革则构成家事司法系统在物质文化层面的改革成果。

詹姆斯·孟比庭长始终强调,此次改革是英国历史上最具有文化上的革命性质的家事审判改革,关注各项制度改革背后的家事司法文化转变。独立家事法院的设立和法院内部组织结构的专业化、统一化建设,反映了家事司法文化专业性、高效性的追求。法院功能的重新定位、法院与地方机构之间关系的改善也反映了在现代家事司法模式下如何保障司法权的运作和司法功能的实现。整体而言,在英国家事司法系统各项组织制度改革的背后,是更专业化、高效化、明确化的家事司法文化的转变。

### (三)组织制度改革强调系统的整体一致性

组织制度改革具有整体性和一致性,将家事司法系统中各个组织机构放在同一系统理论中进行考虑。英国此次关于组织制度方面的家事审判改革,强调对家事司法系统的整体关注,将法院及其他组织机构作为一个整体进行考虑,通过对各机构的改革及不同机构之间的协作关系、共同目标构建方面的改革推动家事司法系统作为一个系统的整体运行和发展。这也反映了英国此次家事审判改革的直接原因之一,即家事司法系统存在问题或甚至不能称之为系统,故而在改革过程中对组织机构的改革呈现整体性和一致性的特点。

这种整体一致性不仅体现在改善法院与地方机构之间的工作关系、密切家事司法系统内部各组织机构之间的练习,还体现在推动家事法院内部组织机构的协调一致,将外部整体性与内部整体性相结合,以实现对系统组织结构的优化。可以说,在组织制度改革中,家事司法系统的整体性最为彰显。

---

① Family Justice Review Interim Report (2011), pp. 74 – 75.

### (四)组织制度改革以法院为中心

英国家事司法系统在组织制度方面的改革集中体现在对法院的改革上。法院是家事审判机构,在家事司法系统中处于最核心的位置,在家事审判改革中着重对法院各方面的改革具有必要性。在英国家事审判改革过程中,独立家事法院的设立强调对法院组织机构的改革,法院领导力提升和司法连续性建设强调对法院工作的改革,法院功能的重新定位和改善法院与地方机构的关系则强调法院的功能和与法院外部机构的关系,同样注重改善法院的工作环境。组织制度的改革在很大程度上在于对家事法院进行改革。

作为司法系统最核心的机构,法院是司法权行使的载体,组织制度改革以法院为中心合理且必要。同时,鉴于地方机构、专家证人等家事司法系统中的其他机构或参与人员会受制于政府或行业协会等规范,故而在家事审判改革中着重解决其他组织机构与法院之间的工作协作问题,改革的核心内容应围绕以法院为中心的组织结构优化。

### (五)组织制度改革旨在实现家事司法专业化

英国在组织制度方面的家事审判改革,注重强调家事司法工作的专业性。英国的家事司法系统独立于民事司法系统,本身具有较强的专业性。独立家事法院的设立则推动了家事审判机构的专业化达到新的高度,对推动家事审判工作的专业化有重要意义。同时,英国家事审判改革过程中强调对家事司法领导力、连续性的建设,改善法院和地方机构在公法案件中的关系、提高地方机构工作质量等,均在于推动家事司法工作的专业化发展,形成适合家事司法系统运行和发展的专业性家事司法组织机构。

家事司法专业化主要体现在组织机构专业化、审判人员专业化及程序机制专业化三方面,其中,组织机构专业化构成了审判专业化的基础性内容。英国家事审判改革中对组织结构制度的改革不仅涉及审判组织机构,亦包括组织机构中法院的领导力提升等内容,对组织机构和审判人员的专业化提升均有关注。整体来看,英国通过推动组织机构专业化来提升司法效率,减少资源耗费。

## 三、家事司法系统结构优化的持续推进

从英国此次改革中组织结构层面的改革来看,此次改革本质上属于对家事司法系统组织结构的优化,以更好地促进家事司法系统功能的发挥。英国家事审判机构专业化建设已经达到一定高度,如何继续协调家事司法系统内部各组织机构的关系、保障家事司法系统组织结构的协调一致,仍需在家事司法运行与改革过

程中不断完善。

### (一)组织结构改革:家事司法系统组织结构的专业化升级

英国通过设立独立家事法院、增强家事司法的领导力和连续性、明确法院审判功能及改善法院与地方机构之间的关系等举措改革家事司法系统的组织结构,建立了前所未有的独立家事法院,推行了英国历史上最具革命性质的家事审判改革。英国在家事司法组织结构方面的改革,从法律系统发展角度来看,本质上是家事司法系统组织结构的优化。同时,鉴于此次改革以法院为中心,围绕独立家事法院的设立、法院的领导力建设、法院与地方机构的关系等内容,体现了法院作为家事司法系统的核心机构的地位。因此,英国关于组织结构的家事审判改革,是以法院为中心的系统结构优化。

英国家事司法系统组织结构的优化以专业化、高效化为目标。复杂的家事审判机构制约家事司法效率的提升、影响当事人诉讼活动的开展,家事司法系统内部组织机构之间缺乏一致目标和协作关系,在很大程度上影响家事司法工作的有序开展。无论是简化审判机构或是改善组织机构关系、提升司法领导力和连续性,改革的直接目的在于推进组织结构优化,以保障司法活动更专业、高效。因此,英国此次改革中关于组织结构的改革,本质上体现了英国家事司法系统在组织结构层面的专业化升级。

### (二)组织结构发展方向:家事司法系统优化的持续推进

尽管英国此次家事审判改革取得诸多成果,但英国家事司法系统的组织结构建设方面并非完美无缺,相反,改革中仍然残留并产生了诸多问题,有待在改革推进过程中不断完善。整体来看,英国家事司法系统的组织结构仍有待优化。

一方面,尽管英国家事审判机构的专业化已经达到了比较高的程度,但家事法院运行在各地效果不一,伦敦的效果最显著。如何保障各地家事法院的良好运作,实现家事审判机构在全国范围内的专业化、高效化,有待进一步推进。

另一方面,简化组织结构、密切组织联系的改革在于提升家事司法效率,保障当事人的诉讼参与,根本目的在于保障接近正义的目标实现。故而,在组织机构改革中,如何保障接近正义目标的彰显,确保儿童最大利益原则在家事司法活动中得到坚守,仍然有待于各组织机构工作的有序开展和协作配合。在组织机构进一步优化的过程中,保障接近正义目标与儿童最大利益原则的实现,应作为组织机构优化改革的根本出发点与落脚点。

# 第三章　案件管理制度之加强

积极案件管理是英国此次家事审判改革的重要内容。在组织制度改革的基础上,实行强有力的案件管理是提升家事司法效率的重要途径。在英国家事审判改革中,典型的案件管理改革体现在通过信息网络技术的适用和更新来提升家事案件管理和审判效率、限制专家的过度参与以提升家事公法案件的审判效率、在公法案件中引入26周法定审限制度以解决家事司法系统中最突出的诉讼迟延问题等。案件管理制度改革在英国此次家事审判改革过程中效果突出,但相关探索仍在进一步推进过程中。整体而言,积极案件管理的改革是管理型司法在英国家事司法中的强化与完善,体现了对抗制诉讼模式的不断改革与发展。

从结构上来看,本章第一节对积极案件管理制度改革作出整体概述,第二节、第三节、第四节分别就信息网络技术更新、限制专家参与、引入审限制度这三方面最核心的管理制度改革作出探究,第五节在探究积极案件管理的理论基础与特点的同时,主张此次积极案件管理是管理型司法在家事司法中的强化与完善。

## 第一节　积极案件管理:改革核心内容

案件管理改革是英国家事审判改革的重要内容,主要涉及法院对案件进行管理、控制审理期限等,在提升家事审判效率、保障家事司法系统运行方面有重要作用。实行积极的案件管理是提升法院工作效率的重要途径,也是21世纪现代司法发展的重要方向。英国将实行积极的案件管理作为家事审判改革的重要内容,通过信息网络技术更新增强家事案件管理能力和提升家事审判效率、限制专家在公法案件中的参与以减少案件审理迟延问题、引入26周法定审限制度解决诉讼迟延问题。英国在案件管理制度方面的各项改革以解决案件审理迟延问题为直接目标,并在实践中取得有效成果,相关改革仍在不断推进中。

## 一、案件管理问题之凸显

家事审判改革前,英国家事司法实践中法院的案件管理工作存在诸多问题,是导致家事司法迟延、资源耗费等问题的重要因素。实行强有力的案件管理以解决家事司法系统中存在的问题、保障家事司法连续性的推进势在必行,改革中的一系列探索为案件管理改革提供了基础。

### (一)家事案件管理问题不断凸显

家事审判改革前,英国家事司法实践中法院的案件管理工作存在诸多问题,典型体现在案件管理薄弱、各地案件管理力度不相一致两方面。

尽管连续几任高等法院家事法庭庭长相继发布了家事案件管理的指引,但在实践中,不同法院的案件管理水平存在显著差异。有关调查结果显示,英国整体范围内没有形成强有力的家事案件管理,被调查法院在专家参与时间、听审会的不同类型及召开时间等方面存在诸多差异,同时,地方机构在处理诉前程序清单时的参与程度亦有很大差异。改革前,英国家事司法系统无法实行强有力的案件管理工作,部分地区存在专家短缺问题,等待专家参与或作出报告的时间过长。

朱迪·梅森教授等人最近的调查研究显示,《家事公法纲要》中规定的四阶段工作机制在实践中并未得到良好践行,大多数案件耗费了更多时间,每个案件的平均开庭次数达到7次。普遍认为,《家事公法纲要》中规定的结构模式仅适用于简单案件,复杂案件并不适用。一方面,导致司法实践与法律规定之间存在矛盾;另一方面,导致很多案件被划入复杂案件之列,无法符合《家事公法纲要》规定的工作机制。尽管有不少人主张《家事公法纲要》中规定的四阶段工作机制不适合案件审理的实践需要,但司法部主导的调研显示,使用该四阶段机制的案件基本上能够避免诉讼迟延等问题的出现。

此外,还有一些其他因素可能导致出现案件管理薄弱问题。例如,不符合《家事公法纲要》关于司法连续性的预期;未遵守关于专家介入的实践指引的规定;未能为儿童设立合理的诉讼时间表；允许双方决定听审会的持续时间并多次召开听审会；在参与价值有限或无法提供有益于儿童发展的照管计划的情况下允许专家报告的适用或允许家庭成员的参与；等等。①

**（二）原有案件管理水平制约家事司法系统的运行**

家事审判改革前，英国家事司法运行过程中存在诉讼迟延、费用高昂等问题，制约家事司法系统的运行。其中，薄弱或者说缺乏一致性的案件管理被视为产生不必要的迟延和资源耗费的关键因素之一。改革前，英国家事司法系统缺乏强有力的法院管理。一方面，诸多案件需要法官加强管理以增强家事司法的工作效率；另一方面，很多案件需要法官在恰当时机“放手”。为全面解决案件中的所有争议问题，部分案件被滞留在法院中无法得到及时处理，造成了诉讼迟延、不确定性等问题，影响了儿童最大利益原则的实现。②

具体来看，家事审判改革前，英国家事司法系统中的信息网络技术水平较低，原有的信息技术水平限制家事案件管理和审判工作的效率，先进科技的发展在家事司法系统中未有效发挥作用，并导致各组织机构之间的信息技术水平存在较大差异，工作的协调一致性受到影响。同时，公法案件中专家参与过多，部分专家报告过于冗长或对解决争议问题帮助甚少，案件审理迟延和儿童最大利益无法得到有效维护。诉讼迟延问题在改革前的英国家事司法系统中过于凸显，在制约家事司法系统运行效率的同时使儿童长期处于不确定的等待判决结果的过程中，不利于保障儿童最大利益。整体而言，为解决家事案件审理迟延问题，英国实行积极的案件管理以提升家事司法系统的运行效率，构成此次改革的核心内容。

**（三）积极案件管理关系重大**

推进案件管理制度的改革，不仅在于缺乏强有力的案件管理制约家事司法运行效率和司法连续性的开展，也在于积极案件管理在家事司法实践中发挥的重要作用和效果。

一方面，严格的案件管理是实现家事司法连续性的必要条件。将同一案件中的案件管理法官限定在 1 ~ 2 名，保持案件管理的积极有效是家事司法连续性的要求。司法连续性在家事司法实践中既关系案件审判效率的保障，也关系司法公正的实现。实行强有力的案件管理，是实现家事司法连续性的重要保障。

另一方面，《家事公法纲要》的核心原则在于案件能够得到积极管理。积极

① Family Justice Review Interim Report (2011), p. 105.

② Family Justice Review Interim Report (2011), p. 104.

管理案件的责任归于法官。这是家事司法区别于一般民事司法的显著特点和法官角色定位。尽管在英国传统对抗制民事诉讼中,法官保持消极的中立位置,但是在家事案件中并非如此,法官作为案件的管理者,负责对案件进程的把控,起准调查的审判角色。同时,强大的案件管理不仅是实现家事司法连续性的必然途径,也贯穿于家事私法和公法诉讼的整体过程。

案件管理制度的改革构成英国家事审判改革的核心内容,直接指向家事司法效率,解决家事司法系统中最突出的审理迟延问题。故而,在此次改革过程中,案件管理制度的改革受到广泛关注,并仍在不断推进过程中。相较之下,组织制度改革强调对家事司法系统内组织机构及相互关系的变革,程序制度改革强调法院审理工作中的具体工作方式或机制的转变,案件管理改革主要针对案件管理工作机制的更新,并均以提升家事司法效率作为直接改革目标。

同时,管理制度的更新也是现代司法的必然探索。强调法院对案件的管理工作,通过案件管理法官对案件的审理时间作出规划和安排,符合现代司法的程序正义理念,并且能够推动法院工作的有序开展。无论是在家事司法系统还是其他部门法的司法实践中,增强法院的案件管理能力都是保障司法效率与实现司法现代化的重要途径。

**(四)案件管理改革的不断探索**

在之前的公法审查中,案件管理问题始终是反复讨论的主题。1996年,玛嘉烈·布芙(Dame Margaret Booth)大法官就如何提升法院的案件管理工作提出了一系列建议,该主题在2002年和2006年儿童抚养诉讼审查中都得到了回应。

2011年《家事司法审查中期报告》建议通过持续增加案件处理流程的资源支持司法机构实行强有力的案件管理。法院和裁判所事务管理服务局工作人员可以在业余时间或特定情况下提供资源支持,但随着工作人员数量的削减,可能该支援会存在问题。对案件处理流程的支援是法院和裁判所事务管理服务局为司法机关提供服务的必要内容之一。司法机关也需要在该过程中发挥积极作用,当法院和裁判所事务管理服务局无法有效提供支援时,双方应共同考虑如何最好地协助司法机关的工作。因此,在《家事司法审查最后报告》中,家事司法审查小组建议法院和裁判所事务管理服务局和司法机关应当共同审查并作出如何保持法院案件管理持续有效的计划。①

与此同时,中期报告建议在立法中引入强有力的案件管理,以加强家事公法

① Family Justice Review Final Report (2011), p. 71.

和私法案件中案件管理工作的开展。大多数人肯定该建议，认为案件管理原则的树立有利于保持司法连续性、提升司法公信力。但也有观点表示质疑，认为《家事诉讼规则》已包含大量关于案件管理的规定，增加立法规定不会在实践中发挥很大效果。案件管理改革的核心内容在于如何使案件管理制度在家事司法实践中良好运作。同时，强有力的案件管理和案件处理流程需要司法文化方面的改革、额外的司法培训以及跨领域的案件审查等途径加以强化支持。①

2012 年政府报告则对《家事司法审查最后报告》作出回应，指出司法学院已经提供关于案件管理的培训，进一步的积极案件管理、专家参与等方面的培训会在后续不断加强。有效的司法案件管理对迟延最小化至关重要，法院和裁判所事务管理服务局应为司法机关提供案件处理流程支援。法律服务委员会在开发新的案件管理系统，该系统旨在收集更多参与法律援助计划中的专家信息。② 关于英国此次家事审判改革成果的审查报告显示，法院和裁判所事务管理服务局已经和司法机关共同策划和完善涉及未成年人的家事公法和私法案件中的案件管理改革。这主要体现在对《2010 年家事诉讼规则》相关实践指引的修改上。新的《2014 年家事公法纲要》(PD12A)和新的儿童安置项目(PD12B)均在 2014 年 4 月 22 日得到修改完善。

## 二、技术与制度并重，强调司法效率

英国在改革过程中对积极案件管理作出了全面的规划，并着重在提升信息化水平、限制专家参与及引入法定审限制度三方面推行重点改革，旨在解决家事司法迟延问题。这在实践中取得显著效果，但也引发一定争议，尚存有待完善之处。

### (一)积极案件管理

根据英国修改后的《2010 年家事诉讼规则》，法院具有案件管理义务，并且应当积极地管理案件。积极案件管理(Active Case Management)包括：(1)设定时间表或以其他方式控制案件的进展情况；(2)在初期确定争议焦点和诉讼当事人；(3)迅速确定需要及不需要全面调查及审理的争议问题；(4)决定争议问题的解决顺序；(5)控制专家证据的使用；(6)鼓励当事人在适合时采用非诉纠纷解决方式解决纠纷；(7)帮助双方解决案件的全部或部分问题；(8)鼓励双方在诉讼时相

---

① Family Justice Review Final Report (2011), pp. 71 – 72.

② Ministry of Justice, Department of Education, The Government Response to the Family Justice Review: A System with Children and Families at Its Heart (2012), pp. 49, 56, 61.

互合作;(9)考虑采取特定步骤的可能利益与费用支出;(10)在同一场合处理尽可能多方面的事项;(11)利用科学技术;(12)作出指示,确保案件的迅速高效处理。

英国关于家事司法管理制度的改革,既涉及法院自身具体科学技术水平的提升、案件管理能力的增强,也涉及加强案件管理的细节处理或新的规则制度的引入。在英国加强案件管理的相关改革中,核心改革措施主要体现在三方面:一是在"互联网+"的时代背景下,通过信息网络技术的更新和适用提升案件管理和审判效率;二是限制公法案件中专家的参与以避免不必要的时间耗费;三是在公法案件中引入26周审限制度,严格限制案件审理期限以防止迟延现象的频发。

**(二)"互联网+"时代的数字化建设**

积极案件管理的核心改革内容之一是提升信息化水平以增强案件管理和审判效率。21世纪以来,信息技术的发展为家事审判提供了机遇和挑战,如何在"互联网+"时代提升家事司法的信息化水平是各国家事司法系统面临的普遍性问题。落后的信息网络技术限制了英国家事司法系统的运行效率,对审判工作开展和案件管理活动造成阻碍,影响了家事司法系统功能的发挥。随着"互联网+"时代信息网络技术的不断发展,提升家事司法的信息化水平成为积极案件管理改革的核心内容之一。自2011年家事司法审查以来,英国在家事审判改革过程中,一方面,通过数字化诉讼程序立法和试点提升数字化应用水平,推动诉讼程序无纸化建设;另一方面,探索在线法院建设,推进审判方式创新。

英国家事审判改革中的信息技术更新,旨在推进案件审判效率的提升及接近正义目标的实现,虽然在实践中取得了一定成果,但也备受争议。在"互联网+"时代,数字化应用和信息技术提升成为各国法院推进司法改革的重要途径和手段,但就信息技术更新的具体路径而言,需要根据家事审判的具体实践作出判断。将诉讼程序无纸化式的改良方式与在线法院建设式创新方式相结合,探讨"互联网+"时代家事司法数字化建设的多元化,不断解决信息化建设中出现的新问题,是英国家事司法信息化建设的发展方向。

**(三)限制专家参与家事司法**

积极案件管理的第二个核心改革措施即为限制专家在公法案件中的参与。专家参与司法过程是司法程序必不可少的环节,家事司法亦不例外。在家事司法实践中,专家往往通过出具意见或报告的方式提供证据材料,推动争议问题的解决。由于专家证人的过度参与、低质量的专家报告影响案件审理效率与司法公正的实现,英国自 2013 年起推行关于家事司法中专家参与的改革,限制对专家的使用,缩短专家报告的长度,提升专家参与的集中性,并不断通过相关指引和判例等推进,在取得了预期效果的同时也存在不少争议和问题。

专家参与家事司法基于认知共同体差异和司法公正的追求,但完善的专家参与制度有必要在实践中探索。限制专家参与的探索需要在家事审判改革过程中合理构建,如加强相关培训、提升行业自律、完善监督机制等,且需要将家事司法系统的未来发展纳入长远考虑的范围,从家事司法系统的长期发展角度合理推动专家参与机制的完善。

**(四)法定审限制度的引入**

积极案件管理的第三个关键改革体现在英国家事司法系统引入法定审限制度以解决案件审理迟延问题。审限制度关系到家事司法效率及家事正义的实现,构成家事司法制度的重要内容。在英国 2011 年的家事司法审查中,诉讼迟延问题最突出,自 2014 年以来英国在抚养等公法案件中实行 26 周案件审理法定期限,并通过立法及判例积极推行该制度,在实践中取得了一定效果,案件审期大为缩短。然而,对于如何维持迟延是否损害未成年人或其他当事人的权益、案件审限缩短与家事正义之间的平衡仍然存在一定争议。

在英国家事审判改革的推进过程中,如何对法定审限豁免适用与否的标准进行判决是需要通过规则细化或判例进一步明确的问题。同时,法定审限制度实施之后引发的家事司法实践中的诸多变化,也有待探究。缩短审限不是家事审判改革的最终目的,如何通过家事司法效率的提升保障接近正义根本目标的实现和儿童最大利益原则的维护,才是英国家事审判改革的根本目的。

**(五)其他改革措施**

改革前,英国家事司法运行中法院的案件管理有待加强,在改革过程中着重对科学技术水平的提升、限制专家参与、引入法定审限制度三方面关键程序内容或技术要素的改革,以提升家事司法效率。

此外,英国自 2014 年以来通过新的《家事公法纲要》和《儿童安置项目》对家事司法实践相关规则作出修改,强化法院的案件管理职能的发挥。同时,司法学院同样为家事法官提供案件管理能力方面的培训,以提升法官的案件管理水平。英国家事审判改革要求家事司法系统内所有关键机构及利益相关者都必须参与案件管理改革,推动各项工作的开展符合修改后的《家事公法纲要》等规则。法院、司法部及法院和裁判所事务管理服务局应合作签署相关规则,使各组织机构的信息技术水平达到法院和裁判所事务管理服务局的标准。积极的案件管理作为家事法院的重要职责,其内容也在立法中得到不断修改和丰富。

## 第二节 “互联网+”时代的信息化建设

互联网的迅速发展给法院的组织管理和审判方式的变革提供了技术支持,推动了司法现代化进程。在“互联网+”背景下,如何确定法院的适应性形态,提升法院的信息化水平,以应对数字化与信息化的浪潮,是备受关注的问题。自2011年起,英国实行家事审判改革,试图通过数字化应用解决家事审判中存在的案件管理及审判效率等问题,推进接近正义目标的实现,然而,在改革过程中也不乏对信息技术更新的争议与探讨。

### 一、“互联网+”时代的挑战与机遇

信息技术更新、数字化应用是英国家事审判改革的重要途径和方式,推进了英国家事审判方式和家事司法系统运行的完善,体现了21世纪的时代特色。英国之所以通过信息技术更新和数字化应用的途径推进家事审判改革,一方面,在于英国家事司法系统运行存在的缺陷和信息技术水平的落后;另一方面,则在于“互联网+”背景下提升家事司法改革中的数字化应用具有可行条件。所谓“互联网+”,即创新2.0下互联网发展的新业态、新形态,是传统行业发展的趋势及创新驱动的最佳选择。“互联网+”时代给传统行业带来了新的挑战,但同时也提供了工作方式转变和更新的契机和途径。

#### (一)英国家事审判改革的直接原因之一:信息技术落后制约审判工作

2011年以来,英国实行家事审判改革,一改之前家事审判变革的传统与保守,改革进程呈现创新与变革的特点,家事审判文化实则已发生巨大转变,英国高等法院家事法庭庭长詹姆斯·孟比甚至称之为“文化上的革命”。之所以提升信息化水平、更新家事审判中的信息技术与数字化应用,一方面,在于当时的信息技术制约家事审判工作的开展,导致家事司法系统运行中存在大量问题;另一方面,则出于维护家事司法系统中各机构工作协调一致的目的。

1. 原有信息技术水平制约案件管理与审判工作的效率

英国在2011年进行家事司法审查,对家事审判工作中存在的问题作出总结,检验进行家事审判改革的可行性。审查报告限制,英国家事审判中的案件管理制度存在问题,法院的各项文件仍然使用纸质材料传输,没有体现先进信息技术在司法实践中的价值。信息技术水平的落后,在一定程度上影响了家事审判工作的

效率,以致可能造成对当事人权益的损害。例如,在家事审判改革前,英国家事案件审理过程中的迟延现象非常普遍。2010 年,家事审判中公法案件的平均审限为 53 周,私法案件的平均审限在 32 周左右,复杂案件的审理实践更长。审理时间长达 3 年之久的涉及儿童的私法案件并不鲜见。① 随着家事案件的逐渐增多,诉讼迟延现象更明显,案件积压情况严重,在影响家事司法系统运行效率的同时,可能会给儿童等当事人造成损害,在一定程度上影响司法正义的实现。故而,提升审判的速度与效率始终备受关注,在 1985 年的民事司法审查中,大法官海尔什姆勋爵(Lord Hailsham,1907—2001 年)就曾明确强调,减少案件审理延期,提升法院工作效率。

信息技术对提升工作效率的作用不言而喻。在英国法律服务委员会(Legal Services Board)和法律服务消费者委员会(Legal Services Consumer Panel)共同发布了报告《服务提供方法比较:关于离婚的案例研究》。一方面,该报告通过将在线婚姻问题解决服务与传统婚姻问题解决服务方式对比,说明了在线服务相对而言更明显的优势:在线服务方式更清晰,通过了更多的选择,消费者可以负担法律服务费用,企业亦可扩大其业务规模。这说明了利用信息技术解决家事纠纷的优势。另一方面,该报告之所以认定在线服务更具优势,在于接受在线服务之后的纠纷诉诸司法的相对较少。这能够避免诉讼的时间与金钱耗费,从侧面反映家事审判中存在的案件审理期限较长、时间金钱成本较大等问题。②

2. 原有信息技术水平阻碍法院与相关机构的合作

在制约案件管理及审判工作效率的同时,与家事审判发展需求不相适应的信息技术水平在一定程度上阻碍了法院与相关机构之间的合作。在改革前,不同机构之间的信息技术系统各自运作,相互之间缺乏协作关系,这是英国家事司法系统存在的典型问题之一。家事司法系统中不同机构之间缺乏信任,一方面,会导致案件审理的延迟;另一方面,会影响对家事纠纷的有效解决。之所以出现家事司法系统中各部门之间缺乏信任的情形,一方面与相关规定不够明确有关,另一方面也存在不同机构间因信息技术水平差异引发的交流障碍。因此,英国家事审判改革在定位家事法院的功能、强化家事法院领导力的同时,开发一个应用于家事司法服务及更多机构中的集成的信息技术系统具有必要性。

---

① Family Justice Review Interim Report (2011), pp. 11, 47.

② Karen Troubridge, Graham Williams, Comparing Methods of Service Delivery: A Case Study on Divorce (Report of Findings) (2015), pp. 5 - 8, 11, 53.

3. 原有信息技术水平影响家事审判的目标与功能发挥

家事审判改革的根本目的在于发挥家事司法系统的功能。英国家事审判制度始终以儿童最大利益作为家事审判的基本原则，原有的信息技术水平在实现保护儿童最大利益方面存在不足。以监护权案件为例，原有信息技术在制约法院工作效率的同时，影响对儿童利益的保护。审判迟延关系重大、诉讼程序越长，部分未成年人获得新的家庭的机会越少，影响未成年人的成长，在一定程度上可能忽视了未成年人面临的危险，导致未成年人的焦虑与不信任感等增加，实则造成了对未成年人利益的损害。① 信息化水平的提升在保障效率以外，根本目的仍在于实现公平正义，保障家事审判功能的发挥，推动接近正义的实现。

**（二）“互联网＋”背景下信息技术更新具有可行性**

之所以在家事审判改革中提升信息化水平、更新信息技术系统，不仅在于改革的必要性，还在于其具有可行的条件与基础。英国家事审判改革中信息技术的更新具有广泛的基础，并有足够的技术和经费支撑，具有可行性。

《家事司法审查中期报告》对信息化水平提升途径作出了建议：实行电子起诉和材料传输，建立以澳大利亚家事法院的电子法庭为参考的电子法庭；扩大网络、电话及视频会议的适用，将之扩展至指示聆讯中；法院列表上网，方便家事司法服务局有效预定之后的听审。同时，该报告指出应当开发能够支持案件管理的信息技术系统。国家和地方相关机构、司法机关等应当能够及时接收关于案件运作过程中的重要信息，从而在对案件信息全面了解的基础上维持家事审判系统的有效运作，推动家事审判发展。②《家事司法审查最后报告》同样强调对开发一个应用于家事司法服务及更多家事司法机构中的集成的信息技术系统进行投资，并应当进行关于如何更好利用现有系统的审查。③

提升家事审判中的信息化水平，不仅出于法院系统对自身审判工作存在问题的反思与改进，也体现了改革家事审判的社会关注和呼声。审查报告中提出的关于开发新的信息技术系统以实现优化案件管理的问题，不无意外地获得了普遍支持。司法委员会（Justice Select Committee）反复强调数据收集对证据发现的重要作用，并对当时家事审判中数据收集方面的极大缺陷表示失望。关于家事司法审

---

① Carolyn Davies, Harriet Ward, *Safeguarding Children across Services: Messages from Research*, London, Jessica Kingsley Publishers, 2012, p. 79.

② See Family Justice Review Interim Report (2011), p. 79.

③ See Family Justice Review Final Report (2011), pp. 8 - 9.

查以来关于家事审判制度改革的总结报告——《家事司法的更好未来》指出，建立儿童和家事法庭咨询支持服务署和 HMCTS 共享的家事案件管理系统的工作正在推进过程中。业务分析员已经提出了高水准的业务要求，HMCTS 的信息技术优先化委员会（IT Prioritisation Board）也已同意将该项目提前至下一阶段；司法部的信息技术早已进入可行性测试阶段。① 政府部门亦对司法审查作出回应，接受设立在线信息中心等建议，为离婚案件提供在线服务，促进案件分流，减少法院资源消耗。②

同时，法院信息化水平的提升，离不开先进技术的支持。21 世纪以来，随着信息技术发展和"互联网 + "时代的到来，在家事审判中更多地适用信息技术具有可行性。一方面，英国信息技术发达，部分企业可以提供完成全数字化诉讼程序所需要的信息技术；另一方面，英国民事司法中实则已对在线纠纷解决机制进行了大量实践探索，在线法院的建设势在必行。英国将改革民事法院结构及司法程序作为重要任务，在线法院的建设作为重中之重，投入足够的经费及资源。因此，英国在家事审判改革中将信息技术更新和数字化建设作为实现审判方式和案件管理的重要途径，具有可行性。

## 二、诉讼程序数字化与在线法院建设

自 20 世纪 90 年代的"沃尔夫改革"以来，英国向"服务化"转型的司法工作、多样化来源的法官等均是英国司法改革中具有代表性的举措。③ 2006 年，英国皇家法院实务管理局制定的《司法工作发展战略》将构建更快捷、高效及经济的纠纷解决机制作为司法改革的战略性目标之一。④ 自 2011 年以来，英国推行家事审判改革，更新家事审判工作中的信息技术、提升家事审判中的信息化水平则成为推进家事司法系统更新的重要途径及方式。英国家事审判系统中的信息技术适用与更新，体现在关于诉讼程序数字化的法规修改、全数字化诉讼程序试点的运行以及在家事案件中适用在线法院的探索。

---

① See Department for Education, Ministry of Justice, A Brighter Future for Family Justice (2014), p. 36.

② Ministry of Justice, Department of Education, The Government Response to the Family Justice Review: A System with Children and Families at Its Heart (2012), p. 81.

③ John Sorabji, *English Civil Justice after the Woolf and Jackson Reforms: A Critical Analysis*, Cambridge, Cambridge University Press, 2014, pp. 4 – 5.

④ 参见龙飞、林娜：《国外司法改革的新发展（上）》，载《法制日报》2016 年 7 月 20 日，第 11 版。

### (一)立法与试点:诉讼程序数字化

在家事诉讼程序的相关法律规定中,国会也不断制定或修改相关规定以推动诉讼程序的数字化。《2015年家事诉讼程序(修订3号)规则》[The Family Procedure (Amendment No.3) Rules 2015]于2015年12月7日生效,该规则中主要引入了通过电子邮件向法院提交及发送文件的规定,与新的《实践指引5B》(PD5B)相呼应。该修改在《家事诉讼程序规则》中新增了第5.5条,其中规定,实践指引可以规定以电子邮件方式向法院提交及发送文件;将第6.23条中的"电子通信的其他形式"改为"电子邮件",将第6.26条中的"传真之外的电子方式"修改为"电子邮件"。《实践指引5B》即为关于"电子邮件方式进行文件通信与提交"的指导规定,该规定适用于除收养案件之外的家事案件。其第三章指出律师可以通过电子邮件或附件向法院作出申请,并对邮件的格式内容作出具体规定,如文件不超过50页、大小不超过10MB等标准,若不符相关规定则邮件不被法院接收。

全数字化诉讼程序,即诉讼程序无纸化,已经以试点的方式在英国家事法院中开始试行。2015年11月,西伦敦家事法院成为实行"全数字化"诉讼程序的首个试点法院。该电子法庭计划在整个诉讼程序过程中通过平板电脑与电子材料处理案件,通过诉讼程序的无纸化提升法院的工作效率,[①]该试点是在法律程序中首次尝试案件运行的全数字化。即使是在罗尔斯大厦,[②]法官仍然将电子资料与纸质材料并用,尚未达到全数字化。无纸化诉讼程序的适用取决于司法部门的接受程度。治安法官对该计划尤为支持,这便于他们尽早看到文件,并省去了来回法院的时间。全数字化计划是经过了成本效益分析的选择。一方面,旧的案件管理及程序运行存在问题、案件审理的迟延,影响公众的时间成本;另一方面,全数字化计划的适用可以减少法院审理案件的费用,若该计划得到普遍推行,则可以节约数百万英镑的费用。之所以进行全数字化应用试点,也是因为原有技术无法保障法院实现全数字化,而目前通过使用最新的数字数据室及文件捆绑系统等信息网络技术的适用,全数字化的案件管理及诉讼程序得以实现。

2016年10月,伦敦的瑟萨克区为伦敦中央家事法院成功引入了无纸化电子法庭技术,该过程法院与南伦敦法律合伙企业合作,从试点到正式上线仅用了约

---

① See Slater Heelis, "2016 Will be the Year of the Digital Courtroom", http://www.slaterheelis.co.uk/news/latest-news/2016-will-be-the-year-of-the-digital-courtroom/, Mar. 11, 2017.

② 罗尔斯大厦(Rolls Building),英格兰和威尔士的商事法院、大法官法庭、技术和建筑法院、知识产权法院目前都在该大厦办公,为伦敦著名的争议解决中心。

6周就开始了案件的审理工作,进入了数字化时代。法院通过数据室传输审判信息,不再使用过时或不可信的通讯员或DX纸系统。这种安全的数字传播彻底改变了儿童保障法律小组的运作。该技术确立了标准的运作方式,即律师通过齐尔法公司(Zylpha)将准备的材料转换成电子材料;其他人可以迅速地搜索或定位案件材料。此外,融合计划数据室的创建控制和简易性消除了与通讯员交涉或抓取DX的压力。尽管需要设置成本,但该途径实则节约了费用及时间。此外,伦敦中央家事法院还为法院的金融救济部门引入了一个当地电子起诉指引,该指引已作为试点计划提出,于2017年4月进行了审查。[①]

**(二)在线家事法院建设**

"互联网+"背景下的英国家事审判,以信息技术更新为途径推进审判方式与案件管理的更新,与司法系统整体的信息技术更新相一致。正如詹姆斯·孟比所言,将在线法院的所有优势应用在家事法院中,是法院现代化项目成功与否的关键。同时,其以在线离婚与在线继承案件审理为例,指出家事法院的全数字化发展方向会于2017年实现。可以说,在家事审判的信息技术更新方面,英国的一项重要探索体现在对在线法院的适用与探索上。

1. 在线法院的探索与构建

在线法院是英国目前正在探索的在线纠纷解决机制的重要组成部分。2014年4月25日,英国民事司法委员会成立了在线纠纷解决咨询小组,主要任务在于研究在线纠纷解决机制的发展状况,探讨在线纷解决机制在25,000英镑以下的民事诉讼中的可行性问题。该探索被视为英国纠纷解决机制的根本性发展。[②]

2015年2月,该小组发布了《低案值民事纠纷在线纠纷解决机制报告》,对在线法院的构建作出了设想。该报告主张建立以互联网作为基础的新型的法院服务机构,即在线法院。在线法院作为司法体制中的新机构,不会完全取代任何一个现存法院,管辖权也不同于实体法院。针对在线法院有权管辖的案件类型,当事人可以在在线法院和传统法院之间进行选择,出于成本及时间的考虑可能部分诉讼程序在在线法院中进行。之所以主张建立在线法院,在于在线纠纷解决机制可以为司法系统带来两大有益之处:一是降低法院系统成本,二是提高接近正义

① See "Paper-free Digital Courtroom Technology Introduced at the Central London Family Court", http://www.familylawweek.co.uk/site.aspx? i=ed166426, Jun. 26, 2017.

② See Steve Wilson et al., *English Legal System*, Oxford, Oxford University Press, 2016, p. 46.

的可能性。[①] 在线法院提供在线评估服务、在线辅助服务及在线法官三个层级的法院服务。

第一层级为在线评估,即帮助使用者评估其面临的问题并分门别类,使其了解自己的权益及权益实现的方式。[②] 该服务采用信息及诊断服务方式,不收取任何费用。该在线评估功能与其他相关在线法律服务平台共用或共享,如律师事务所或公益组织开发的免费系统可设在或链接至该系统中,引导使用者对各项在线系统进行选择。该阶段在于预防纠纷,采取信息化方式,并可以为当事人解决问题、避免进入法律程序等提供一定指导,在一定程度上促进了家事案件的分流。

第二层级为在线辅助服务。若第一层级未能解决纠纷,则使用者进入在线辅助服务层级。在线法院服务由经过培训并具有相关经验的辅助人员进行,可以查阅当事人的陈述及文件、提供调解、咨询或鼓励其协商和解等服务。在该过程中,辅助人员通过多种非诉纠纷解决机制或咨询技巧,采用纠问式的形式进行引导,在线辅助不具有约束力。在线辅助将非诉纠纷解决机制与早期纠纷解决机制相结合,在案件中实行过滤机制,即通过辅助人员公平有效地解决部分纠纷,该阶段不需要法官的介入,必要时可以借助电话会议等方式进行。该阶段的使用者需要支付一定的费用,但在很大程度上低于第三层级的费用。在线辅助服务实则目的在于控制纠纷,实行纠问式的方式,减少法官的工作负担,节约司法资源的消耗及当事人的诉讼费用支出。

第三层级为在线法官服务。该层级实则为法院提供了一种更有效的新型工作方式。在线法官为兼职或全职的司法人员,根据在线提交的文件等对案件部分或全部争议作出裁决。必要时,该阶段仍会适用电话会议方式等辅助支持。在线法官作出的裁决与传统法院法官作出的裁决具有相同的约束力和执行力。当事人需要支付一定的诉讼费用,但该费用相较传统方式而言较低。[③] 该层级为解决纠纷阶段,通过对抗制完成诉讼程序。

在线法院将三个层级放在同一个平台进行,且受同一个核心系统管理,数据及软件得以充分整合,从而帮助当事人在最早的时机解决问题,避免当事人隔阂

---

① Online Dispute Resolution Advisory Group, Online Dispute Resolution for Low Value Civil Claims (2015), p. 5.

② See Susan Blake et al., *A Practical Approach to Alternative Dispute Resolution*, Oxford, Oxford University Press, 2016, p. 77.

③ Online Dispute Resolution Advisory Group, Online Dispute Resolution for Low Value Civil Claims (2015), p. 20.

的加深及诉讼成本的花费,减少法院的运营成本。该报告将在线法院的受案范围限于标的额为 25,000 英镑以下的民事诉讼,并认为在线法院的管辖范围可以扩展至适宜的家事纠纷案件中。在线法院的探索,并非仅使现有法院服务数字化,而是提供更便捷、高效的司法服务新模式,在一定程度上借鉴了加拿大等国的在线法庭建设。① 同时,英国在线法院的构建,试图打造以预防或者控制纠纷为主的机制,将司法作为维护正义的最后一道防线,在提升法院工作效率的同时实现纠纷防控的作用,②在一定程度上具有"上医治未病"的效果。

2. 在线法院的争议与讨论

尽管英国将在线法院的建设作为司法改革的重要发展方向,但在实践中存在诸多关于构建在线法院的争议与讨论。2015 年 7 月,英国上诉法院的布里格斯大法官受首席大法官及案卷主事官的委托,调研民事法院结构及司法程序问题,为法院和裁判所事务管理服务局推行的司法改革提供支持。布里格斯大法官领导的研究小组于 2015 年 12 月发布了中期报告对法院重组方案,尤其是对"在线法院"的结构和建设作出强调。布里格斯大法官重视在线法院的重要作用,认为在线法院的建设是英国司法系统中的创新性举动,但在线法院的建设仍存诸多需要探究的问题。例如,在线法院的定位是否是一个能够自行制定规则的独立法院;在标的额上限为 25,000 英镑的受案范围内,是否还存在应当或不应当由在线法院管辖的具体案件适用标准;诉讼费用的具体设置与承担规则;是否所有的上诉案件都可以由巡回法官受理;等等。③

2016 年 7 月,布里格斯大法官发布了关于英国民事法院结构及司法程序问题调研的最后报告,指出在线法院是审查第二阶段中磋商和探讨最多的主题。关于在线法院,人们的反应截然不同,有诸如"它可能只是一个昂贵的灾难"[来自青年律师公会(The Young Bar)]的直接谴责,也有诸如理查德·萨斯坎德教授(Richard Susskind)的"我是英国最幸福的人"这样最热烈的欢迎,支持、怀疑或反对充斥其中。④ 总体而言,在线法院是一个新的、更具调查性的、没有律师参与的法院,该概念获得大多数人的支持。一部分被调查者表示完全理解该概念,认识

---

① See Susan Blake et al., *A Practical Approach to Alternative Dispute Resolution*, Oxford, Oxford University Press, 2016, p. 77.

② See Recap Probert, Maebh Harding, *Family and Succession Law in England and Wales*, Wolters Kluwer, 2015, p. 35.

③ Lord Justice Briggs, Civil Courts Structure Review: Interim Report (2015), p. 78.

④ Lord Justice Briggs, Civil Courts Structure Review: Final Report (2016), p. 36.

到在线法院能够提供足够的法律援助,具有巨大优势。

然而,关于在线法院的构建或适用,也存在一定争议或担忧。

第一,大多数人关于在线法院的担忧体现在那些不能或不便于使用电脑的人如何与法院进行沟通。该问题在在线纠纷解决咨询小组的报告中有所探讨。该报告指出,在线法院不会导致接近正义的新障碍,鉴于英国的互联网使用率达到78%,大多数公民都有使用政府信息或服务应用的经验,完全不能或不便于使用互联网的人只有极少数。同时,在在线法院适用初期,会有专门人员提供相应协助或帮助,以帮助不习惯或没有足够信心使用在线纠纷解决机制的使用者。① 因此,不断缩小不能使用在线法院服务的人群,而非延迟或阻止法院系统中的在线纠纷解决机制的适用,是英国司法改革推进的方向。

第二,有观点认为,与传统民事法院结构相比,在线法院为那些错误地低估自己诉讼请求重要性的人提供了次等正义。之所以有关于次等正义的担忧,在于通过在线法院处理纠纷减少了案件受到法官审理的可能性,案件处理模式较传统结构而言处于弱势地位,导致人们认为诉讼标的在25,000英镑以下的案件不如标的额更高的案件重要。该观点对在线法院的理解存在一定的误区。一方面,25,000英镑对普通个人或小企业而言具有重要性,鉴于聘请律师或诉讼代理人需要一定花费,适用在线法院中的程序实则不需要聘请律师或诉讼代理人,为该类案件的解决减少了费用支出,保障了当事人的利益;另一方面,在线法院并非完全通过非人工的方式进行,第二阶段的辅助服务即由辅助人员参与调解等工作,第三阶段则由在线法官对案件作出裁决,与实体法院的裁决具有同样的效力。② 然而,也有观点认为,无论是基于设计、经济结果或所选择的成本机制考虑,排除律师的参与会导致很多案件的不公正,因为这些案件并非在公平的环境中,同时会导致收费的非律师诉讼代理人(Mackenzie friends)③等增多,对处于弱势地位的诉讼当事人产生不利影响。

第三,有观点认为,在线法院的适用是在黑暗中进行的轻率尝试,没有可以借鉴的先例保障该探索的成功。诚然,在英国司法实践中在线纠纷解决机制的适用

① Online Dispute Resolution Advisory Group, Online Dispute Resolution for Low Value Civil Claims (2015), pp. 26 – 27.

② Lord Justice Briggs, Civil Courts Structure Review: Final Report (2016), pp. 37 – 38.

③ 非律师诉讼代理人(Mackenzie Friends)是非律师身份的诉讼参与人,可能是诉讼当事人的家人或朋友、慈善团体的人或不受监管的提供专业服务并收费的人。该类诉讼代理人的参与受到较严格的限制,其功能、规则限制等仍在相关机构的讨论咨询中。

是21世纪以来的创新性探索,但在线纠纷解决机制存在一定的实践与探索。例如,美国早在21世纪初就开始了对网络法院建设的探索,2001年密歇根国会通过《网络法院法》(The Cyber Court Act),2002年10月密歇根网络法院正式运行,试图通过信息技术对传统的审判方式进行改造,便利诉讼当事人的参与,降低诉讼成本。[①] 尽管最终该设想夭折,但美国对运用信息技术辅助司法的探索未曾停止。又如,加拿大同样在探索电子法庭建设,推动无纸化诉讼程序建设;澳大利亚法院同样进行了电子法庭建设,并取得了一定成果。[②] 另外,eBay网站上每年有约6000万件的纠纷通过在线方式进行解决;[③]2016年1月通过的《欧盟在线纠纷解决法案》[Regulation(EU)No. 524/2013]同样引导消费者与商家通过在线纠纷解决平台推动纠纷解决,该在线纠纷解决平台已于2016年2月起开始运行。[④] 2017年7月,新加坡家事司法法院开通了名为家事申请综合管理系统的新系统,个人保护令等案件的当事人可通过该网上平台进行申请,无须到法庭办理申请手续。

3. 家事案件适用在线法院处理尚存争议

尽管英国在家事司法审查中认识到信息技术水平改进的重要性,推进家事案件的在线纠纷解决的改革成为人们关于家事司法改革方向的共识,但在改革实践中存在一定争议。

其一,尽管詹姆斯·孟比法官强调未来家事审判在线进行,包括最后审理在内的部分程序实行全数字化,仅在最复杂的案件中适用传统的开庭审理过程,其他案件的庭审过程则通过比现在更先进的视频链接等技术进行。[⑤] 尽管这样看似效率较高,但有观点认为人们不应高兴过早。在此之前,詹姆斯·孟比曾指出,信息技术发生革命性变化,推动在线法院设立,才是法院现代化的本质所在。离婚案件处理相较而言是较简单的过程,若司法部能设立在线离婚系统,则说明在

---

① See Lucille M. Ponte, "Michigan Cyber Court: A Bold Experiment in the Development of the First Public Virtual Courthouse", *North Carolina Journal of Law & Technology*, Vol. 4, 2002.

② See Ros Macdonald, Anne Wallace, "Review of the Extent of Courtroom Technology in Australia", *William & Mary Bill of Rights Journal*, Vol. 12, 2004.

③ See Richard Susskind, Daniel Susskind, *The Future of the Professions: How Technology Will Transform the Work of Human Experts*, Oxford, Oxford University Press, 2015, p. 70.

④ See Pablo Cortés ed., *The New Regulatory Framework for Consumer Dispute Resolution*, Oxford, Oxford University Press, 2016, p. 5.

⑤ See James Munby, "The President's Address at the Annual Dinner of the Family Law Bar Association", *Family Law*, Vol. 46, 2016.

线法院建设具有很大可信度;反之,则麻烦重重。然而,就在线离婚系统而言,詹姆斯·孟比法官曾表示失望,因为既看不到其进度或整体时间表,也不能够看出其在司法系统现代化中所起的作用。因此,家事审判中的在线审判系统的建设,存在操作进度上的隐忧。

其二,在线法院在为公众提供法院审理服务的同时排除律师的参与,但这可能遭到律师协会的反对。针对在线法院构建,律师公会回应称,在线法院并非对法院系统面临的挑战的普遍性救济措施。正如英国律师公会前任主席史密瑟斯(Jonathan Smithers)指出,律师公会支持提供现代、高效及便利的民事纠纷解决服务的愿望,但新构想在实施前应经过全面测试。相关经验表明,改变司法系统的一部分可能会产生意想不到的结果。因此,在线法院的效果究竟如何、排除律师参与之后是否存在问题,值得商榷。有观点认为,在线离婚系统对纠纷解决来讲更高效;也有观点则通过对在线审理与当事人到庭审理对纠纷解决的不同影响进行比较,认为在线法院可能达不到开庭审理的效果。①

其三,纳入在线法院受案范围的家事案件类型,同样有待探讨。有观点认为,除家庭暴力外的家事私法案件均可以由在线法院受理。一方面,涉及儿童安置的纠纷是否能够适用该程序存在疑问,毕竟家事案件中时刻以儿童最大利益为基本原则,关于儿童安置的争议应当由法官当面审理更为适宜;另一方面,通过在线法院解决财产纠纷具有可行性,家事案件中涉及财产纠纷的案件与之具有相似性,除却离婚或民事伴侣关系解除中的财产纠纷外,其他形式的家事财产纠纷也可以适用在线法院的审理模式,如婚姻关系维系状态下的索赔、依据儿童法案相关规定的索赔或同居关系中的财产纠纷案件等。关于在线法院的建设在英国尚存一定讨论与争议,具体运行仍有待实施。

英国最高法院2016年度报告中列举了离婚和遗嘱案件的数字化应用问题。该报告指出,自2016年4月以来离婚和遗嘱案件的数字化建设已经取得明显进展。该计划旨在为案件当事人提供在线应用服务,将会是一个统一、独立且服务于所有的家事、民事以及裁判所审判的信息技术系统的一部分。② 2017年1月30日,英国司法部发布了关于在线离婚试点的实践指引,支持英国第一个在线离婚

① See "Divorce via Facetime? The Changing Face of Family Law in 2016", http://www.wilkes.co.uk/divorce-via-facetime-the-changing-face-of-family-law-in-2015/, Mar. 10 2017.

② 参见[英]托马斯勋爵:《英国最高法院2016年度报告(下)》,袁跃文译,载《人民法院报》2017年1月27日,第8版。

系统的试点运行。该试点是法院和裁判所事务管理服务局的在线服务系统，旨在通过评估对部分程序在线操作的新系统和方法来实现更大范围内的婚姻诉讼后期程序的在线服务。该试点的规模及持续时期仍有待观察，部分现场测试可能并不能准确反映公众的意见。

## 三、信息技术更新之必要性及路径选择

英国自2011年以来实行家事审判改革，通过信息化水平的提升推进家事审判系统的更新。从改革的进度及效果来看，一方面，案件审理迟延状况有所改善，信息化水平的提升在一定程度上推动了法院管理及案件审理工作的效率；另一方面，关于家事案件在线审理的改革仍处于探索过程中，目前尚无具体实施，但讨论与争议较多。英国家事审判改革中信息化水平提升的整体运行过程与效果，反映了“互联网+”时代中信息技术发展对家事审判制度的影响，也体现了21世纪家事审判改革的普遍发展方向，即提升信息化水平的探索与尝试。英国家事审判改革中信息技术适用与更新的背后，实则映射了“互联网+”时代家事审判改革的普适性问题：其一，提升信息化水平是否为“互联网+”时代家事审判改革的必由之路？其二，选择何种信息化水平提升的路径，推动“互联网+”时代的家事审判改革？

### （一）信息化水平提升：21世纪家事审判改革的必由之路？

在英国家事审判改革过程中，信息技术更新、数字化建设始终是家事司法系统的发展方向，民事司法改革亦是如此。构建数字化未来成为法院的发展目标，整合法院信息系统、推进在线纠纷解决机制构建也是目前英国司法改革的重点。[①] 相关改革推动信息化水平的提升，在发挥作用的同时尚存争议。各种因信息化水平提升而实现的家事审判创新层出不穷，但对科技手段的过度追求是否会导致忽视司法公正的初衷有待探讨。如果司法系统中信息技术的适用以司法公正为基础，那么我们可以发现其产生的提升效率或开支节省等利益是极有限的。[②]

---

① 参见刘子阳：《中英司法机关开展多层次务实合作 访英国最高法院院长廖柏嘉》，载《法制日报》2016年5月28日，第4版。

② See Arno R. Lodder, John Zeleznikow, *Enhanced Dispute Resolution Through the Use of Information Technology*, Cambridge, Cambridge University Press, 2010, p. 7.

1. 家事司法系统面临信息技术发展带来的挑战与机遇

21世纪以来,随着信息技术的迅速发展,家事司法系统面临挑战与机遇。

一方面,这种挑战体现在家事审判案件、审判方式及法院管理工作中。随着互联网等信息技术发展,经济社会的发展与思想观念发生转变,家庭关系及观念同样发生了一定的变化,这也引来学者关于新技术是否威胁家庭生活或导致离婚率提升的探讨。① 在信息化社会中,家庭解体的现象频发,引发关于社会稳定与发展的担忧。信息技术创新发展的利益驱动,衍生出更复杂的家事纠纷,加重了家事审判工作的负担。与此同时,家事审判及管理工作中信息技术水平较低,影响了家事案件的审理速度。另外,如何通过信息技术的适用提高管理工作效率、削减开支、改变传统的沟通方式、增强机构间的协调性,也是家事审判机构在管理工作中面临的难题。

另一方面,信息技术发展也为家事司法系统带来机遇。各国积极探索在线纠纷解决机制的构建,将网络及信息技术与纠纷解决方式相结合,在于该机制便利当事人的参与,及时有效解决纠纷,较传统方式而言更具优势。② 同时,在提升法院审判工作效率、节省经费开支方面,信息技术的适用具有推动作用。另外,信息技术的适用可以便利法院工作的进行,促进案件管理、工作流程等各项工作开展的高效化。

2. 信息技术与家事司法存在耦合关系

如何应对信息技术发展带来的挑战与机遇,取决于对信息技术与家事审判关系的正确认识。信息技术与家事司法的关系的背后,是科技与法律的关系,两者存在耦合的基础。法律塑造科技的同时,科技同样塑造法律。科技与司法是两个不同的系统,两者具有显著的别异性。然而,两者相互影响、交互作用,存在耦合的基础。一方面,科技能够推动司法模式的发展与变革,先进科技推动司法认知的正确性的增强,推动司法公正的追求;同时,审判方式及法院管理工作中的科技应用能够促进司法效益的实现。另一方面,科技能够改变的是人的状态而非本质,③故而科技活动又受到司法的规范和约束,司法对科技争议解决、科技观念引导等形成保障。信息技术与家事司法的关系亦是如此。

---

① See Robert Kraut, et al. eds., *Computers, Phones, and the Internet: Domesticating Information Technology*, Oxford, Oxford University Press, 2006, p. 51.

② See Marta Poblet ed., *Mobile Technologies for Conflict Management: Online Dispute Resolution, Governance, Participation*, Berlin, Springer, 2011, p. 128.

③ 参见王璐、曾华锋:《增强技术的伦理反思》,载《科学技术哲学研究》2013年第3期。

3. 信息化水平提升:家事审判改革的必由之路

信息技术与家事司法两个系统之间的有效互动,是形成耦合关系的基本形式,即两个系统之间平等对话,并基于交互性相互理解。也正是这种耦合关系,决定了不会出现一方彻底支配另一方的存在模式或原则,同时,双方都应以积极的态度寻求对方的支持。因此,从信息技术与家事司法的耦合关系来看,将信息技术与家事审判相协调,通过信息化水平的提升来推动家事司法系统的更新,形成更有效的家事司法问题解决的新体系,是家事审判发展的必由之路。在面临信息技术发展带来大量社会变化的 21 世纪,如何应对新的挑战和机遇,实现家事司法系统的更新、提升信息化水平是不可避免的。

**(二)家事审判改革中信息化水平提升的路径选择**

在家事审判改革中如何提升信息化水平,实现信息技术更新的目标,坚持司法公正的基本追求,是值得探讨的问题,这也是英国家事审判改革中反映的问题。信息技术的更新并不必然导致家事审判改革的成果收获,很多其他领域的信息技术项目都未实现项目目标,司法领域的改革同样存在困难。[①] 因此,如何在信息技术迅速发展的时代,探究出适合家事审判发展的适应方式至关重要。

1. 信息技术推动家事审判改革的方式:改良或创新

通过信息技术的适用与更新推动家事审判改革的途径可以归纳为两种,即改良或创新。所谓改良方式,即在原有的工作实务中引入信息技术,从而取代或加强法院系统的工作。这种方式是以信息技术作为工具的系统取代了以纸质文件作为工具的系统,通过提升工作效率来完善家事司法系统运作,就本质而言并未改变基础程序或进程,仅实现了传统法院工作机制的系统化与现代化。该种方式改革力度较小,所受阻力也相对较小,但相应地,也存在最终效果不理想的问题。英国家事审判改革中的全数字化诉讼程序的试点运行与探索即属于该类方式。

所谓创新方式,是提供全新的服务,创设区别于传统审判工作机制的新方式。这种方式并非只对现有法院审判系统的电脑化,或仅是在法院工作中运用一些先进的信息技术,而是形成全新的法院审判工作机制与模式,将信息技术与法院审理全面融合的一种新时代的法院工作形态。[②] 在线法院或在线纠纷解决机制的构建即为典型代表。通过视频链接的方式进行庭审或在线跟进庭审过程的方式

---

① See Dory Reiling, *Technology for Justice: How Information Technology Can Support Judicial Reform*, Leiden, Leiden University Press, 2009, p. 61.

② 参见周孜予等:《网络法院:互联网时代的审判模式》,载《法律适用》2014 年第 6 期。

并非在线法院的本质。就其本质而言,在线法院的构建在于形成新的法院形式使之成为在线服务的一种新的类型。创新方式是目前各国家事司法系统不断探索的内容,也成为21世纪以来各国信息化水平提升的重要发展方向,但从具体实践效果来看,仍然有待观察。

2. 家事审判改革中信息化水平提升的路径选择

在家事审判改革实践中,选择何种信息技术更新的方式推进改革进程关系改革的成功与否。改良与创新的方式各具优劣之处,前者阻力小且效果也不够突出;后者从长远来看更具影响力,但在实践中难度较大。英国家事审判改革的进程与效果说明了这一点。英国对两种方式作出探讨,认为改良方式已经不能够实现满足成本效益要求、推动家事审判工作开展的需要,必须通过根本性的变革才能够实现家事司法系统的发展。① 因此,改革实践的重点在于对家事案件的在线法院模式探索上,并始终将数字化未来作为发展的目标。但需要指出的是,至今该探索仍然存在理论及实践中的争议,试点效果仍待探究。但不可否认的是,在信息技术迅速发展的21世纪,探究以信息技术为基础的新的家事审判模式,是不可阻挡的发展趋向。

与此同时,英国家事审判改革中并非完全放弃改良方式,修改电子邮件相关的诉讼规则、试行全数据化诉讼程序的探索,是改良现有法院审判工作与管理方式的重要体现。该类信息化水平提升的方式在实践中取得一定效果,法院审判工作迟延现象有所转变,工作效率有所提升。在创新方式在探索与争议中艰难前行的同时,通过改良方式推进现有家事审判工作的开展与提升,具有现实意义和可行基础。因此,从英国的家事审判改革实践分析来看,信息化水平提升的路径,并非改良抑或创新两者非此即彼的择一性问题,而是可以在一定程度上结合形成改革路径的探索。

**(三)英国家事审判改革中的数字化应用之经验**

尽管英国最高法院院长廖柏嘉曾谦虚地指出,在法院信息化建设方面英国落后于中国,但从英国家事审判改革实践来看,一方面,在信息技术适用与更新方面作出了大量具有创新性的探索;另一方面,反映出关于家事审判改革信息化水平提升的普遍性问题或经验,体现了英国家事审判改革的特点。

其一,吸收与借鉴智慧法院建设的现有成果。作为司法改革的重要组成部分,家事审判改革可以吸收与借鉴智慧法院建设的现有成果。综观英国家事审判

---

① See Family Justice Review Final Report (2011), p. 107.

改革,在线法院的建设等均为民事司法改革的重要内容,家事审判机构在民事司法改革的背景下积极吸收与借鉴,形成关于家事案件审判改革的探索。因此,家事审判改革的推进,必然与司法改革的整体环境相一致,吸收和借鉴法院整体现代化建设与发展的成果。

其二,客观认识提升信息化水平的作用与可行性。信息技术对家事审判改革具有重要作用,但应保持对信息技术与家事审判改革的关系的客观认识,推动信息技术与家事审判改革的耦合互动。英国家事审判改革强调信息技术的重要作用,重视在线法院建设的发展方向,但实践中尚存关于在线法院建设的争议或探讨,并在实践中存在一定的实施难度。在利用信息技术推进家事审判改革的过程中,一方面,应当正确认识信息技术的作用,调动信息技术的积极影响;另一方面,则应客观地进行可行性分析。同时,信息网络技术并非仅是推动家事身旁改革的工具或资源,信息技术的发展是家事审判改革影响因素之一,也构成家事审判改革目标或任务的具体组成部分。[①] 因此,正确认识信息化水平提升促进而非局限于促进家事审判改革的作用,具有重要意义。

其三,坚持家事审判改革的原则和目标。信息技术的适用与更新,是解决家事审判工作中存在的问题、提高家事审判及管理工作的效率、推动司法公正实现的途径和方式,也是家事司法系统与信息技术耦合互动、有效交流的方式。在家事审判改革过程中,对信息化水平提升的强调实则始终应以司法公正的根本目标和原则为基础,而非单纯追求科技水平的进步或工作效率的提升。英国家事审判改革中对信息技术更新的探索,一方面,始终以保障儿童最大利益原则为基础,推动接近正义目标的实现;另一方面,在实践中也存在是否影响司法公正目标实现的争议或探讨,在一定程度上与家事审判改革的最初目标有所偏离。该问题为司法改革中的普遍性问题,即改革措施与司法改革的根本目标或原则的坚守之间的关系。

其四,信息化水平提升的方式并非一种,如何确定适宜的家事审判改革路径则需要探讨。英国家事审判改革致力于探究创新式的在线法院,但在实践中将改良与创新相结合,从而在取得一定成果的同时,积极探索创新式信息技术更新的实践。整体而言,该种改革路径的选择符合改革实践与成本效益。

---

① 参见[美]弥尔顿·L.穆勒:《网络与国家 互联网治理的全球政治学》,周程等译,上海交通大学出版社2015年版,第15页。

# 第三节　专家参与制度之改革

出于多元化社会的专业化分工和科学、公正司法的需求,专家系统介入司法实践成为司法程序中不可或缺的重要环节,家事司法亦不例外。英国家事司法中专家证人的参与过度、专家报告质量偏低等“专家问题”成为制约家事司法效率的重要因素。自2011年以来英国实行家事审判改革,通过修改法案规则和判例的方式规范家事司法中的专家参与,在取得显著效果的同时也引发了不少争议。家事司法中专家的参与必不可少,但如何实现专家系统介入家事司法的功能、保障家事司法公正与效率的平衡,需要对专家参与家事司法进行合理定位和制度构建。

## 一、“专家问题”制约家事司法

专家参与家事司法在英国具有历史传统和实践基础,但专家证人制度的固有缺陷在家事司法中亦逐渐凸显。“专家问题”的凸显导致英国家事司法运行中的诉讼迟延问题突出,影响家事正义的实现。为解决诉讼迟延问题,英国在此次改革中引入了法定审限制度,实行积极的案件管理,专家参与制度的改革在一定程度上也是实行法定审限制度和积极案件管理的必然结果。

### (一)专家证人制度的法律传统和固有缺陷

作为审判中的一类重要参与人员,专家是通过经验或教育等方式获得在某一领域中普通人所不具备的知识或能力的人。在英国家事司法实践中,“专家”是指在家事诉讼中提供专家证据的人。专家证据即诸如医生、精神病专家、建筑师、药物学家等具有专业知识或技能的人,依其技能或知识对案件中的相关问题提供的意见证据。专家并不一定是专业领域的权威,但应具备一定的专业资格和经验。专家意见仅在能够帮助法官或陪审员解决争议问题的情况下才可被采纳为证据。① 在英国家事司法实践中,儿童及成年人精神科医生、心理学家和独立的社会工作者往往通过提供专家证据的方式参与家事审判。选择专家的一般过程是由诉讼一方提交相关材料向法院申请,法院作出是否允许专家介入的决定,并向专家作出指示。

专家证人制度是英美法系当事人对抗制诉讼模式的典型体现。专家证人的

① 参见薛波主编,潘汉典总审定:《元照英美法词典》,北京大学出版社2013年版,第515页。

概念起源于英国,19 世纪后专家证人的出庭质证成为英国诉讼活动中不可缺少的组成部分。英国重视司法程序中专家参与的作用,认为在审判中需要特定科学或特殊技能帮助时向相关学科或特定专业的人求助是值得称道之事。[①] 专家证人制度对协助法官及陪审团查明案情、公正审判起积极作用,但该制度也存在固有缺陷。沃尔夫勋爵在 1996 年《英国司法审查中期报告》中指出,诉讼产生不必要费用的原因在于失控的证据开示和失控的专家证人。专家参与在增加了诉讼费用支出同时,专家报告准备时间、证据开示及对专家证人交叉询问时间的延长很大程度上导致了诉讼延迟问题,影响司法公正的实现和法院诉讼活动的有效开展。[②]

**(二)"专家问题"突出,案件审理迟延**

英国高等法院家事法庭庭长詹姆斯·孟比曾指出,"专家问题"是导致英国必须实行家事审判改革的关键因素。[③] 改革之前,法院有将专家证据限制在"解决诉讼所要求的合理范围内"的义务。但长期以来,在处理涉及儿童的案件(主要是家事公法案件,家事私法案件也不断增多)的过程中,法官在当事人双方同意的情况下允许专家介入的做法逐渐成为惯例。这导致家事案件中专家介入的现象越来越普遍。专家出具的报告越来越长,200 多页的专家报告并不鲜见,这在一定程度上影响了法院审理案件所需要的时间。[④] 相关研究发现,1996 年家事公法案件中专家介入所占比例为 80%,1999 年为 87%,2003 年升至 89%,2008 年则为 91%左右。专家介入比例不断增长,家事案件亦在近年来越来越普遍,专家在家事公法案件中的参与不断增加。与此同时,英国家事司法系统缺乏对专家参与的监督和审查机构,对作证专家的资质检验等也急需加强。专家出具的报告往往过于冗长,缺乏针对争议问题的集中阐述,这些报告在家事司法实践中发挥的作用有限。在数量增加的同时,专家报告的质量和专家的资质等都存在问题,这引发了诸多批评和改革呼声。

所谓家事审判中的"专家问题"并非在于专家自身,而是出自法院对专家证人的使用上。改革之前英国的家事审判过多依赖专家证据,在司法实践中产生了

---

① 参见杨天潼、尤萌:《英国专家证人出庭质证实务推介》,载《中国司法鉴定》2016 年第 2 期。

② 参见邓晓霞:《论英美法系专家证人制度的基础与缺陷——兼论我国引入专家证人制度的障碍》,载《中国刑事法杂志》2009 年第 11 期。

③ See James Munby,"View from The President's Chambers",*Family Law*,Vol. 43,2013.

④ See Sarah Blackmore,Jacqui Thomas,*Reforming Family Justice:A Guide to the Family Court and the Children and Families Act* 2014,London,Jordan Publishing Limited,2014,p. 175.

不利影响。最突出的不利后果在于数量过多、内容冗长的专家报告一定程度上导致诉讼迟延，法院在确定及审查专家证据的过程中往往需要耗费大量时间。专家介入情况与案件审理时长有关联，1/3左右的6个月内审结的案件中没有或仅有1名专家介入，一半以上的有5名甚至更多专家参与的案件审理时间超过18个月，这反映出在保障专家参与和控制案件审限之间很难形成平衡。同时，当事人往往重视通过专家介入等方式来保障公正审判和人权，但过多不必要的专家证据、冗长繁杂的专家报告影响法院审理家事案件的时间表，造成诉讼迟延现象，法院不能针对争议问题作出明确回应。案件审理迟延就本质而言会影响未成年人利益的实现：一方面，等待判决的时间延长，会导致未成年人长期处于不确定状态，影响未成年人的心理健康；另一方面，诉讼迟延会影响未成年人与监护人的关系，可能制约未成年人的未来发展。①

同时，家事审判过多地依赖专家证据，一方面，会导致家事司法系统的费用支出过多，纳税人利益受损；另一方面，地方机构在家事司法实践中往往不再自行出具报告，而是依赖于专家出具相关报告，由此，逐渐失去工作积极性和熟练度，造成家事司法系统在运行过程中的诸多问题。因此，英国家事司法实践中“专家问题”的突出，在一定程度上影响了家事司法系统的运行和家事司法公正的实现。

**（三）改革必要性：配合相关改革制度，实行积极案件管理**

英国家事司法系统此次对专家参与的改革，一方面，在于英国家事司法系统中存在的“专家问题”；另一方面，在于该改革对推动家事司法领域其他改革措施和实行积极的案件管理具有重要意义。

其一，专家参与的改革在一定程度上在于配合此次家事审判改革中重点引入的法定审限制度。为解决家事司法系统中存在的迟延现象，英国在抚养诉讼中引入了26周审限制度，将案件审理期限控制在26周以内。基于审限缩短，相应地，抚养诉讼中各项工作程序所用时间亦会缩短，专家报告审查时间即在其列。②

其二，专家参与改革也是法院推进案件积极管理的重要内容。鉴于英国家事司法系统中不完善的案件管理也是导致诉讼迟延的重要原因，英国此次改革重视法院的案件管理工作，通过积极的案件管理来提升家事司法的效率。对专家参与

---

① See Carolyn Davies, Harriet Ward, Safeguarding Children Across Services: Messages from Research onIdentifying and Responding to Child Maltreatment (2011), pp. 9 – 10.

② See James Munby, “View from The President’s Chambers: Expert Evidence”, *Family Law*, Vol. 43, 2013.

的相关考量和指示均发生在案件管理过程中,故而,专家参与改革也是法院推进积极案件管理的重要体现。

其三,提升专家证据的质量有利于保障家事司法公正和维护当事人利益。专家证据在家事司法实践中发挥重要作用。一方面,专家证据对保障家事案件的公正审判有重要作用。例如,关于抚养能力的评估是判断是否将儿童的监护权转移给亲生父母的核心证据。另一方面,在抚养诉讼中,专家证据可以在一定程度上增强儿童的父母对判决结果的接受程度。与地方机构的意见相比,儿童的父母可能更容易接受由独立的专家出具的报告,专家的参与便于儿童父母与法院之间建立更易合作的关系,保障儿童最大利益的实现。

**(四)专家介入改革的可行性**

对专家证人参与家事司法实践的改革,自2011年家事司法审查以来具有一定基础。《家事司法审查中期报告》指出,英国家事司法实践中应减少对专家的依赖,减少不必要的评估。法官应当有权力要求专家报告实行更明确和严格的标准。多学科团队向法院出具专家报告的做法优势突出。家事司法服务部门应负责对专家资格的审查,并与地方法官紧密合作,保障专家证据的质量。同时,关于专家作证的最低限度标准应该向专家说明等。[①] 2011年9月发布的《家事司法审查最后报告》同样强调在委托专家介入时应考虑对儿童福利的影响,仅在具有必要性时才可委托专家介入。独立社会工作者仅在特殊状况下才可参与,同时,应当建立家事司法中专家证人参与的标准,并可以试点多学科团队的专家证人参与项目。另外,专家证人的付酬机制等有待改革。[②]

2012年,政府报告对《家事司法审查最后报告》中提出的关于专家证人的改革基本表示赞同。立法将修改《2010年家事诉讼规则》及相关指引。政府支持修改规则及指引的进一步探究,以及进一步研究专家报告的质量和引入新的案件管理系统。同时,政府同意多学科团队试点项目的运行,注重提升专家证据的质量以减少案件审理迟延现象。[③] 2013年12月,政府引入了新规定,民事诉讼、刑事诉讼及家事诉讼中的专家薪酬均减少了20%。同时,政府决定暂且不探索多学

---

① Family Justice Review Interim Report (2011), pp. 130 – 132.

② Family Justice Review Final Report (2011), pp. 18 – 19.

③ Ministry of Justice, Department of Education, The Government Response to the Family Justice Review: A System with Children and Families at Its Heart (2012), pp. 60 – 62.

科团队试点项目，并委托了考文垂大学对家事审判中的专家使用情况作出研究。①

## 二、限制专家参与，缩短专家报告

英国关于专家参与的改革自2013年以来逐渐推进。一方面，英国各项规则及法案中涉及专家证据的部分纷纷作出了修改。2013年1月31日，《2010年家事诉讼规则》第1部分和第25部分的修改。与此同时，英国适用了实践指引25A至25F，其中，实践指引25A、25B、25C涉及最核心的内容。2013年5月16日，司法部和家事司法理事会公布了关于"英国家事法院专家证人标准"(Standards for Expert Witnesses in the Family Courts in England and Wales)草案的咨询文件。2013年7月1日，修改后的《家事公法纲要》生效。同时，《2014年儿童与家庭法》第13节中关于抚养案件中控制专家参与及评估部分也作出了修订。另一方面，英国法院通过一系列判例对专家参与问题的判断标准等作出阐释论证，推进改革的深入。就改革内容而言，专家参与家事司法实践的改革主要体现在三个方面：一是减少专家的使用；二是在需要专家介入的案件中采取更集中的方式；三是缩短专家报告的长度。

### (一)减少专家介入："必要性"标准的判断

2013年起生效的《2012年家事诉讼规则(修改)(第5号)》[The Family Procedure(Amendment)(No.5)Rules 2012]对《2010年家事诉讼规则》第25部分专家证据适用作出了修改。该规则将"控制专家证据的适用"增加到包括设置案件时间表在内的积极的案件管理的具体要求中，并在《家事诉讼规则》第25.4条第3款规定，未经法院允许，当事人一方不得以任何形式在法庭上提交专家证据。同时，对该规则第25.1条作出了明显修改："专家证据限于法院认为有必要协助法院解决纠纷时适用。"改革之前，专家证据的适用标准在于专家证据是否"被合理要求"，修改后的"必要性"判断标准更严格。

在Re TG(A Child)[2013]案中，主审法官詹姆斯·孟比庭长对减少专家使用的新规定作出了评析。该案是儿童父亲申请专家参与的上诉案，其上诉申请被驳回。一方面，詹姆斯·孟比庭长指出新的"必要性"标准比修改之前的标准更严格，为专家参与设置了一定障碍；另一方面，无论适用新规则还是旧规则，案件

---

① Department for Education, Ministry of Justice, A Brighter Future for Family Justice (2014), pp. 6, 38.

管理法官都需要结合案件具体情况作出判断。在判断是否需要适用专家证据时，案件管理法官需要保持开放的态度，既要警惕"坏科学"(Bad Science)带来的风险，又要警惕一些不熟悉问题领域或观点新颖的专家提供的报告可能存在出错的风险。[①] 因此，法官必须谨记马克·海德里(Mark Hedley)法官所言，即在每个涉及有争议的病因学引起重大损害的案例中，法官都必须考虑是否存在未知的原因。[②]

对"必要性"标准的判断，詹姆斯·孟比庭长在 Re H-L(AChild)[2013]案中有所阐述。该案是儿童的母亲对法院拒绝 3 名专家医疗证人参与提起上诉的抚养诉讼。詹姆斯·孟比庭长在该案中对判断专家证据是否适用的"必要性"标准作出了界定。他指出，"necessary"是一个简单的英文单词，该词在家庭法中是一种比较普遍的表达方式，尤其是在强调其发挥作用的法律条款中，如《欧洲人权公约》第 8 条规定的"隐私权"中大量使用了该词汇。Re P(Placement Orders. Parental Consent)[2008] 案中法院指出，该词有"不可或缺的"之意，也有"有用的"、"合理的"或"可取的"之意。同时，该词有命令式的内涵，更强调存在被要求的含义，而非仅是选择性、合理性或可取性。[③] 他认为，该解释适用于《家事诉讼规则》第 25.1 条中"必要性"一词的含义。[④]

因此，案件管理法官在每个案件中都必须考虑申请专家报告适用的原因。该专家证据的必要性、如何补充已有信息以及是否已有专家给出相同信息等都是需要考虑的重要因素。詹姆斯·孟比认为，社会工作者及儿童和家事法庭咨询支持服务署的工作人员可被认定为专家之列，故而每个抚养诉讼中至少存在两名专家，即一名社会工作者及一名儿童监护人员。从严格意义上来说，社会工作者并非《家事诉讼规则》第 25.1 条中规定的专家。但在家事司法实践中，社会工作者的能力往往被低估，他们逐渐失去工作动力并经常借助于专家而非自行出具报告，这也导致此次改革强调将社会工作者定位为值得信赖的专业人士。[⑤] 普遍来说，随着对专家参与的限制，社会工作者或儿童监护人员就诸如同胞子女是否应在一起生活等问题的判断可以提供他们的"专家"意见，仅在必要时才委托专家

---

① Re TG(A Child)[2013] EWCA Civ 5.

② Re R(Care Proceedings:Causation)[2011] EWHC 1715(Fam),[2011] 2 FLR 1384.

③ Re P(Placement Orders. Parental Consent)[2008] EWCA Civ 535,[2008] 2 FLR 625.

④ Re H-L(A Child)[2013] EWCA Civ 655.

⑤ See James Munby,"View from The President's Chambers:Expert Evidence",*Family Law*,Vol. 43,2013.

介入。①

詹姆斯·孟比曾指出,案件管理法官在面对希望专家参与的申请时,应当给出3位专家参与具有必要性的理由。② 进而,他判断专家参与必要性问题列举了两方面需要考虑的内容。一方面,判断案件中专家协助是否有必要性;另一方面,如果专家协助具有必要性,是否在社会工作者或儿童和家事法庭咨询支持服务署的工作人员之外还需要其他专家?对这两个问题的判断需要考虑案件涉及的福利问题及家事司法的公正与高效。需要注意的是,除非审理案件的法官认为具有必要性,否则案件管理法官不能直接命令在案件审理过程中使用专家报告。③

**(二)专家介入更为集中:强有力的案件管理**

除部分案件不再使用专家外,在允许专家参与的案件中,此次改革强调专家介入应通过更集中的方式进行。专家参与的改革需要得到案件管理法官的有力支持,法官和强有力的案件管理都极重要。强有力的案件管理需要专家及时提交报告,且报告应当更集中。

2013年7月生效的《家事公法纲要》、修改后的《2010年家事诉讼规则》及《2014年儿童与家庭法》均积极推动家事案件管理的高效、公正,其中控制专家证据的适用被列为"积极案件管理"的内容之一。两份新的实践指引对专家参与方式改革作出了重要规定,即《实践指引36C—试点方案:〈1989年儿童法〉第4部分下的抚养、监护及其他诉讼》和《实践指引12A:抚养、监护及第4部分其他诉讼:案件管理指引》,即《家事公法纲要》。

在抚养诉讼或涉及儿童的诉讼中,未经法院允许,当事人不能引入专家证据或让儿童接受医疗或心理检查。此次改革将首次听审重命名为案件管理听审会,在该听审会中法官会确定案件的诉讼进程时间表、决定是否适用专家证据并在诉讼第二阶段对专家证据给出合适指导。在案件管理听审会过程中确定专家参与的妥当安排,是案件管理法官最重要的职责之一。也即,专家参与与否的确定应在召开案件管理听审会时完成,而非听审会之后的诉讼阶段。修改后的《家事公法纲要》规定地方机构在提交诉讼申请表的同时应附上社会工作声明,该声明中应包括所有必需的证据、评估的详细资料及地方机构的案件管理建议。

① See Shefali Shah, *Key Changes to Family Justice*, London, CoramBAAF, 2016, p. 55.

② See James Munby, "View from The President's Chambers", *Family Law*, Vol. 43, 2013.

③ See James Munby, "View from The President's Chambers: Expert Evidence", *Family Law*, Vol. 43, 2013.

同时,当事人申请专家参与的申请书中应包含以下内容:在现实可行范围内拟邀专家的名字、专家证据所涉及的争议焦点、专家证据是否能从单一共聘专家[①]处获得等。案件管理法官对专家参与必要性的审查应持探索及质疑的立场,并非双方一致同意即可通过,而是需要结合一系列因素作出综合考量。法院在判断是否通过该申请时,需要考量的一系列因素包括:所有专家参与、检查或评估可能对儿童福利产生的所有影响;专家证据涉及的案件争议焦点;法院要求专家回答的问题;其他专家证据的可用性;是否存在其他人可以就该专家证据所涉事宜提供证据;通过该申请对诉讼时间表、审理期限和诉讼活动开展的影响;专家证据的费用支出;等等。

对专家介入的集中要求和严格考量,是积极案件管理的重要内容,也构成案件管理法官的重要任务,在司法实践中备受重视。在 Re F(A Child)[2013]案中,一审法院法官在所有当事人都同意的情况下拒绝引入专家证人出具专家报告,当事人不满该案件管理决定提起上诉,上诉法院依据对“必要性”标准的判断和专家介入的相关法案规则,驳回上诉。[②] 家事审判改革后,案件管理法官在专家参与问题上不再保持一贯的中立角色,而是鼓励并要求当事人就专家参与必要性的申请给出强有力的解释。[③]

**(三)缩短专家报告的长度**

缩短专家报告的长度,是专家参与改革的重要内容。在改革前,专家报告的内容往往太长,存在不必要的内容并造成大量时间耗费,影响家事审判的效率。之所以出现专家报告过于冗长的现象,主要存在两方面的原因。一方面,很多案件中专家会被问及大量不必要或重复的问题;另一方面,很多专家报告内容过长、包含太多的历史和事实陈述。故而,在家事审判改革过程中,一方面,《实践指引 25C》第 3.11(b)条规定,专家需要回答的问题都应遵守一定规则,即属于专家擅长的领域范围内,不存在不必要或不相关的细节,题目数量保持在一个可控的范围之内,且题目应当明确、直接和集中;另一方面,詹姆斯·孟比庭长号召缩短专家报告内容,避免不必要的冗长,强调专家报告的明确、集中和分析性,但专家报告仍然需要以证据作为基础。

---

① “单一共聘专家”(Single Joint Expert),是指家事诉讼中代表两个或两个以上当事人(包括申请人)出具专家证据的人。

② Re F(A Child)[2013] EWCA Civ 656.

③ See James Munby, “View from The President's Chambers: Expert Evidence”, *Family Law*, Vol. 43, 2013.

《实践指引25B》对专家报告中专家意见的内容作出了规定:详细说明专家的资质和经验;一份包括案情介绍、取证程序、报告结论及简要解释的声明;陈述检验或测试的参与人及是否在专家的监督下完成;回答专家需要回答的问题和争议焦点涉及的问题等。家事管理法官需要采取适当措施鼓励专家遵守《实践指引25B》中的相关规则。尽管没有关于专家报告具体长度的规定,但法官可以在家事审判中作出专家报告不超过25页或不超过50页等类似的具体要求,以保障专家报告的内容限于必要性范围内,切实保障案件审理的及时、高效。

在IA(A Child)[2013]案中,法官对专家报告长度作出了探讨。该案中的一位专家在出具报告前收到的要求是将报告限制在10~12页。尽管他认同该要求,确认知悉关于家事审判中专家报告的相关改革,但专家最终提供的报告长达35页,其中有冗长的医疗背景资料和大量未被要求报告的内容,且很多内容前后重复。高等法院家事法庭法官安娜·鲍芙蕾(Anna Pauffley)指出,现代司法已经不能接受这种内容过多、费用昂贵的专家报告形式。专家应当提供符合要求的具体内容,而非作出类似于“儿科概述”这样的简介。这种昂贵又内容全面的专家报告在家事司法实践中效果一般,很难有显著作用。①

在Re CtL and CmL(Children)(Welfare Hearing:Expert Report)[2013]案中,一位青少年精神科医生出具了一份长达75页的报告,然而,他得到的指示是将报告长度限定在10页内。该报告包含了非常细致的关于各项访谈、会见及学校年龄评估等具体内容,然而,从第55页起该专家才开始回应他需要回答的问题。同时,他用9页纸的结论来描述“类型C附加策略”,并详细列举了各种细节及细节反映出的儿童与父母、祖父母及寄养父母之间的互动模式等。在他的报告中,只有3页在庭审过程中被认为是具有重要意义的证据,即关于儿童未来安置需求的内容。该专家的报告过于冗长,其中大量涉及儿童父母的分手原因等细节对案件审理没有任何意义。安娜·鲍芙蕾法官询问该专家是否知晓家事司法系统正在进行的专家参与改革。该专家表示知晓,但并未按照要求制作报告。同时,该专家报告的内容与提出的建议不一致,其所提出的建议不具有可持续性,报告内容存在明显缺陷。该专家报告存在的问题甚至导致安娜·鲍芙蕾法官认为在之后的审判中她会对专家的参与保持警惕。②

---

① IA(A Child)[2013] EWHC 2499(Fam).

② Re CtL and CmL (Welfare Hearing:Expert Report)[2013] EWHC 2134(Fam).

## 三、专家证人参与制度之合理构建

英国关于专家参与制度的改革在实践中效果显著，专家证人的参与大大减少，在一定程度上推动了案件审期的缩短和积极案件管理的推行。然而，实践中也存在不少担忧或争议。家事司法中专家系统的介入并不可少，无论是基于认知共同体差异的原因和司法公众的追求，域外诸多国家同样注重完善专家参与相关制度构建，反映了重视专家参与的理念。如何构建合理的专家参与制度，保障家事司法实践中专家参与的有效性，实现家事司法系统的长远发展，应当成为英国家事司法系统需要考虑的重要问题之一。

### （一）预期效果基本实现，存在部分争议担忧

英国专家参与制度的改革，整体上实现了改革预期的直接效果，当然也存在一定争议。考文垂大学受英国司法部相关机构委托对家事审判中的专家使用情况作出探究，并于 2015 年发布了研究报告。整体而言，新的诉讼规则及指引生效后，英国家事司法实践中专家的参与度下降。例如，2012 年 9 月家事司法中出现了 201 起委托专家参与的案件，2013 年 9 月仅为 97 起。尽管很多专家感觉专家证据在家事司法实践中的适用不再频繁，但司法界普遍认为该改变对家事司法中专家证据适用时间、方式等方面的发展具有促进作用。案件有待解决的争议问题和证据的形式是判断专家证据必要性与否的重要因素。在家事司法实践中，专家证据必要性与否的判断并非由法院独立作出，而往往由法院与当事人及其律师合作判断。在判断专家参与的必要性时，专家的能力、水平和经验等因素为法官所重视。一般来说，专科医生或药物学专家的参与往往被认为具有必要性，这主要因为他们的专业性体现在法院之外。相较之下，法官认为精神病学家、心理学家及独立社会工作者参与的必要性程度较低，主要因为该类证据基本上可以由地方机构的社会工作评估来完成，故而自家事审判改革以来，该类专家的参与逐渐减少。

尽管家事司法系统对该转变持乐观态度，但也存在类似于社会工作者需要提供其专业范围以外证据的质疑。社会工作者主张如果经过附加培训和支持，他们可以出具符合质量要求的证据，以推动家事司法的高效公正。同时，对专家参与的限制可能导致实践中可使用的专家证人减少，这也成为关于该改革的担忧之一。鉴于专家参与的时间和费用都受到了限制，部分专家可能不愿意参与家事司法活动。这可能会导致能够聘请的诸如儿科、神经科或放射科医生等的专科医生数量较少，在这种情况下监控可委任的专家证人数量具有重要作用。

### (二)专家参与:认知共同体差异和司法公正的必然要求

家事司法实践中的专家介入是家事司法程序必不可少的重要内容。随着多元化的现代社会的发展,专家参与司法活动越来越多,产生了借助专家意见解决社会问题的机制即专家系统。有学者指出,专家参与的价值在于专家和法官两者之间的认知共同体差异。专家系统在特定专业知识方面的可靠性,决定了专家系统在实现科学、全面的社会管理方面的巨大作用,在司法过程中专家作为"技术理性"代言人的参与在提供关键信息的同时对法官权威具有弥补作用。[①] 专家在家事司法过程的参与,尤其是家事案件中专家的参与,在交叉询问和对抗制模式中更显重要,是实现司法公正的重要保障。

由此,保障家事司法中专家的高效有序参与需要家事司法系统的关切。无论是英美法系的专家证人、大陆法系的技术顾问或技术专家、美国的法庭之友、日本的诉讼辅助人以及我国的专家辅助人等,都以专业知识和技能对专门性问题作出解释说明,推动司法程序的推进和争议问题的解决。自沃尔夫改革以来就备受关注的诉讼迟延问题,21世纪以来英国家事司法运行中的问题仍显严重,引发英国对专家参与的限制和规范。这并非旨在限制专家在家事司法中功能的发挥,相反,在于通过健全专家参与方式和标准以保障专家参与的高效有序。因此,英国对专家参与的改革有重要意义,但进一步的探索完善有待加强。

### (三)完善专家参与制度:合理构建与长远考虑

"专家问题"是引发英国家事审判改革的关键因素,英国一系列规则修改与判例推动了专家证人参与的改革,基本上实现了预期效果,专家参与骤减,案件审期缩短,案件管理向积极的方向发展,但实践中也存在对专家参与问题的担忧或争议。从家事司法系统的长远发展来看,合理构建家事司法中的专家参与制度,对专家参与家事司法作长远考虑,符合英国家事司法规律的发展方向。

其一,加强对社会工作者及儿童和家事法庭咨询支持服务署工作人员的相关培训和支持。英国家事审判改革过程中强调重塑社会工作者及儿童和家事法庭咨询支持服务署工作人员的专业地位,增加法院对他们出具报告的采信程度。这样,一方面,可以减少专家的参与,防止诉讼迟延及过多费用支出;另一方面,可以增强社会工作者及儿童和家事法庭咨询支持服务署工作人员的工作能力与对工作的熟练程度,在一定程度上解决原有的缺乏工作动力及目标等问题。增加对地

---

① 参见彭峰:《"越位"的专家与"隐身"的法官——专家参与在司法过程中的合理定位》,载《法学评论》2015年第4期。

方机构的社会工作者和儿童和家事法庭咨询支持服务署工作人员的专业培训和技术、资源等支持,对保障其出具高质量的报告有重要作用。诸多社会工作者提出该建议,其作为下一步改革的措施具有必要性。

其二,提升专家证据质量,增强行业自律及合作。为提升专家证据质量,一方面,家事法院可以通过发布更明确的规则指引或判例的方式作出指导,引导专家在家事审判中提供高质量的专家证据;另一方面,专家所在领域的行业组织可以通过加强指导等方式规范和引导专家参与家事司法的行为,并且司法系统可以与行业组织合作,推动专家证据质量的提升。例如,英国心理学家协会和家事司法理事会于 2016 年发布了研究报告《在英国家事法院作为专家证人的心理学家:标准,能力和期待》。该指引对家事司法中专家作证的标准和要求作出说明,强调心理学家等专家参与家事司法的“必要性”标准和需经法院许可的要求。并且,该指引强调专家证人的首要职责应是向法院提交客观公正的证据,专家证人的公正性具有至关重要的性质。①

其三,加强对专家可用性和专家作证的监督。部分关于专家参与改革的担忧在于家事司法实践中可使用的专家证人逐渐减少,影响家事司法活动的开展。法院应当考虑控制专家参与、减少专家证人薪酬对专家参与的积极性、可行性的影响,并对专家可用性作出监督或探究,保障家事司法中专家证人的参与。同时,就专家证人在家事司法实践中的作证行为、专家出具报告的内容及可用性等问题,法院还需进一步加强指导与监督,以保证专家报告的规范性和解决争议问题的可行性,提升专家证据的质量,保障专家证人参与的高效有序。

其四,家事司法实践中专家参与制度的改革还需从长远发展角度考虑作出合理构建。此次专家参与改革的直接目的在于限制专家参与,解决家事司法系统中存在的诉讼迟延及费用支出过多等问题,整体上实现了预期效果。然而,值得注意的是,英国家事审判改革的本质目的在于推动家事司法系统的更新与发展,保障公正审判和接近正义的实现,故而专家参与的改革不应仅着眼于解决现有问题,还在于推动各项制度的长期发展。现阶段限制专家证人参与具有必要性,从长远角度来看,构建合理的专家证人参与制度,保障家事司法实践中专家参与的合理性和有效性,是英国家事审判改革进一步推进过程中应当考虑的问题。

---

① The British Psychological Society, Family Justice Council, Psychologists as Expert Witnesses in the Family Courts in England and Wales: Standards, Competencies and Expectation (2016), p. 13.

## 第四节 法定审限制度之引入

审限制度关系案件审判效率与公平正义的实现,是司法制度的重要组成部分。在英国2011年家事司法审查中,案件审理迟延现象作为家事司法系统运行中最突出的问题,受到广泛关注。为解决诉讼迟延问题,保障对家事案件当事人尤其是儿童的权益保护,英国进行了家事审判改革,在更新信息技术、提升案件审判效率的同时,自2014年以来在抚养等案件中实行26周的案件审理法定期限,通过立法及先例积极推进该制度,取得了一定效果,案件审期大为缩短。然而,迟延是否必然损害儿童及其他当事人的利益,案件审理期限缩短与家事司法正义之间是否能够维持平衡,存在一定争议。

### 一、诉讼迟延严重

英国在20世纪末期形成了较完善的现代家事审判制度,进入21世纪以来,家事案件数量增多且更复杂,家事司法系统运行呈现大量问题,引起了英国对改革家事审判制度、完善家事司法系统运行的重视。从本质上说,英国家事审判改革的原因在于推进家事司法系统的革新与完善,从而发挥家事司法系统的功能,即保障家事正义的实现。究其具体原因,日益普遍的诉讼迟延现象及其危害则是英国家事审判改革的直接原因。

#### (一)迟延现象愈演愈烈,未成年人利益受损

在英国家事审判实践中,尽管立法明确禁止迟延,但该问题一直存在,尤其是在监护和抚养案件中更突出。[①] 在家事审判改革前,英国家事案件审理过程中的迟延现象非常普遍。公法案件中的迟延现象最突出。2010年,家事审判中公法案件的平均审限为53周:其中,郡法院平均审限为57周,治安法院中的家事程序法庭的平均审理期限则为46周。私法案件中同样存在迟延问题。2010年,私法案件的平均审限在32周左右,复杂案件的审理实践更长。审理时间长达3年之久的涉及儿童的私法案件并不鲜见。

诉讼迟延现象从本质上来看,会影响儿童的利益,这也是英国家事司法系统一直致力于解决诉讼迟延问题的根本原因。2011年家事司法审查中期报告明确指出,在儿童成长过程中,稳定的环境是极关键的因素。然而,诉讼程序会导致儿

---

① See Kate Standley, Paula Davies, *Family Law*, London, Palgrave Macmillan, 2013, p. 268.

童数月甚至数年处于不确定的环境中，与寄养父母生活在一起、在居家护理机构中长大或与还未解决纠纷的父母一方生活。同时，出庭同样会给儿童造成压力，案件审理的时间越长，该压力越大。①

另外，诉讼迟延影响家事司法系统的运行效率，造成案件积压，导致家事司法系统在运作过程中存在问题，影响家事审判工作的开展。因此，诉讼迟延现象既是家事司法系统运行中存在的问题，影响家事司法系统的功能的发挥和目标的实现，又在一定程度上阻碍家事司法系统的持续发展与运行，故而在家事司法审查中被列为最突出的问题，构成家事司法改革最直接的原因。

**（二）试点运行探索：26 周法定审限具有可行性**

鉴于家事审理迟延现象的严重性，英国 2011 年家事司法审查将其列为家事司法系统存在的首要问题，并就诉讼迟延的状况及危害进行界定和咨询，相关机构的报告和学者研究同样证实了这一点。针对该审查报告，政府相关文件亦强调该问题的严重性，指出"不迟延"应该是审理案件的原则之一。② 英国家事司法审查报告中作出了通过立法规定设立审限限制、法官必须设立案件时间表、修改《公法案件审理纲要》相关规定等建议，政府报告及国会对该问题作出确定性回应。自英国 2011 年家事司法审查提出 26 周法定审限的建议至 2014 年立法规定之间，英国部分机构对 26 周法定审限通过试点运行方式进行了探索。试点运行的成功也为英国家事审判改革中推行 26 周法定期限提供了信心与可资借鉴之处。

2012 年，三试验区抚养程序试点（Tri-borough Care Proceedings Pilot）项目开展，该试点选在伦敦的哈默史密斯—富勒姆区、肯辛顿—切尔西区及威斯敏斯特市，三者均为伦敦的自治市。该项目由东安格利亚大学的儿童与家庭研究中心发起，2012 年 4 月至 2013 年 3 月，通过与 3 个自治市的法院和儿童和家事法庭咨询支持服务署合作进行为期 1 年的试验，旨在将抚养程序的审限控制在 26 周内。

该试点研究报告显示，前 9 个月的平均审限在 27 周左右，与之前的 49 周相比大为提速。除家庭毒品和酒精法庭的案件外，其他家事案件的平均审限为 26 周。其中，涉及独生子女的案件平均审限在 25 周左右，非独生子女案件平均审限约为 32 周。有半数以上的案件审理期限超过 26 周，但这不意味着失败，而是出于儿童福利和司法公正所作出的弹性变动，且审期的缩短并不以诉前程序的迟延

---

① Family Justice Review Interim Report (2011), p. 46.

② Ministry of Justice, Department of Education, The Government Response to the Family Justice Review: A System with Children and Families at Its Heart (2012), p. 6.

为代价。同时,该试点研究报告总结了一些关键发现:案件管理者、各机构(当地机构、儿童和家事法庭咨询支持服务署和法院)之间的协作与领导力、明确的时间表及首次听审时监护人可以参与等因素既是试点运行成功的关键,也决定了未来的发展。①

总体而言,该试点探索取得的成果是积极的:一方面,该试点是新规定实施前对限制审期的探索,彼时尚未有关于专家证据时间限制等规定;另一方面,该试点中呈现的部分原则和观念为其他机构所吸收借鉴。同时,对审限保留一定的弹性是必要的。诚然如此,但在大部分案件中,迟延并不必要,对案件的全面审理并非要求重复评估或徒增时间。根据该试点的运行可以发现,当地机构在诉讼之前的工作以及诉前程序对案件的公正审理关系重大,而在审限受到限制的情况下,好的法律意见显得极为重要。②

该试点的运行成功引起关注与仿效,随后,伦敦的卡姆登镇和伊斯灵顿区又于 2013 年 1 月起合作开展了双试验区抚养程序计划(Bi-Borough Care Proceedings Project),该项目同样旨在避免迟延,将案件审理期限缩短至 26 周内。该项目的调研样本为 2013 年 1 月至 12 月的 135 个抚养案件,并于 2014 年发布了调研报告。该项目统计案件的平均审期为 25.5 周,远低于前一年的 59 周;监管令和特别监护令(Supervision Orders)数量增加,74% 的儿童仍与父母生活在一起或生活在更宽泛意义上的家庭中。③ 调研案件显示,尽早确认儿童的父亲或家庭成员在缩短审限的情况下具有必要性,同时也存在较大压力。此外,缩短审限是否导致家庭成员对审判结果的接受存在压力,是否导致社会工作者需要加快评估完成的速度等也是人们担忧的问题。④

## 二、26 周法定审限:立法规定与判例指导

为解决案件审理迟延问题、保障儿童的利益,英国家事审判改革中明确规定

① Chris Beckett, Jonathan Dickens, Sue Bailey, Report of the Evaluation of the Tri-borough Care Proceedings Pilot (2013), pp. 2 – 5.

② Jonathan Dickens, "Care Proceedings in 26 Weeks: Justice, Speed and Thoroughness", *Family Law*, Vol. 44, 2014.

③ See Sarah Rothera, Mary Ryan, Bi-Borough Care Proceedings Project Evaluation Report (2014), pp. 1 – 3.

④ See Sarah Rothera, Mary Ryan, "Placements with Relatives and Friends: What are the Implications of the 26 – week Timescale in Care Proceedings?", *Family Law*, Vol. 44, 2014.

了抚养案件26周审限规定,并在判例中作出指引与探索。同时,英国家事审判改革中通过一系列配套制度规定的设置,推动案件在26周的法定审限内审结。

**(一)立法与相关规则中的明确规定**

防止迟延并非此次英国家事审判改革的新原则,其一直是英国家事司法的基本内容,2014年的新规定只是对该内容进行了典型强调和重视。《2014年儿童与家庭法》第一次以立法的方式确立了具体的案件审期。该法第14节专门规定了抚养、监护其他家事诉讼中的时间限制和时间表,对《1989年儿童法》中的相关内容作出修改。该法将《1989年儿童法》第32节第1条增加了a款内容:"对申请的处理不应延迟;并且任何案件自开始之日至得到结果应控制在26周内。"法院在根据第1条a款制定时间表、修改已经制定的时间表或延长时间表时,都必须特别顾及两方面:一是制定、修改或延长该时间表对申请关乎的儿童的福利所产生的影响;二是制定、修改或延长该时间表对诉讼程序所产生的影响。但是,延长时间表的情形仅限于法院认为延长对公正解决案件而言具有必要性,且法院必须遵循以下指引:延长并非常态;延长被视为要求特别的证明。同时,该法第14节第8条规定每次延长的时间不能超过8周。此外,该法规定大法官可以根据规定修改第1条a款第2项或第8条中规定的具体的时间限制,法院规则可以规定法院何时行使延长审限等权力。该法亦将《1989年儿童法》、《2002年收养和儿童法》(Adoption and Children Act 2002)中涉及法院的任务部分作出修改,增加了"制定时间表并对完善该时间表作出指导"一项。

修改后的《2010年家事诉讼法规》同样作出相关规定。修改后的第12节第22条规定,除却第4部分程序外的公法案件中,法院应在切实可行范围内制定时间或修订时间表,以便立即处理该申请,并在26周内审结。而第4部分程序则根据修改后的《1989年儿童与家庭法》,指出应当立即制定时间表,并在26周内审结案件。

2014年4月,英国的《公法案件审理纲要》进行修改,修改后的纲要对26周的时间表作出了具体规划。该纲要的原则在于:为涉及儿童的诉讼设置时间表,以记录儿童人生中的重要时间点;为诉讼程序设置时间表,防止迟延,将审限控制在26周内;将案件分配给适宜的法官,每个案件结果由一位地区法院法官和一位法官的法律顾问作出;司法连续性,即每个案件由一位案件管理法官负责案件从开始到结束的案件管理工作,并被分配给家事法院中负责"法官"工作的案件管理者;积极案件管理,行使法官的案件管理权力;案件管理和程序标准的一致性;等等。该纲要将家事司法程序划分为5个阶段:(1)当地机构的审前工作;(2)第一阶段:诉讼提起和分配,该阶段在前两天内完成;(3)第二阶段:案件管理听审,该阶段在第12~18天内完成;(4)第三阶段:争议解决听审(Issue Resolution Hearing,该阶段也可以作出最后一次听审);(5)最后一次听审(Final Hearing),该阶段在第26周或更早。同时,该纲要对每个阶段的具体工作任务、案件走向等作出明确规定。

在2014年以来的家事审判改革中,为实现26周审限的目标,英国通过一系列配套规定推动审限的缩短:确保案件被分配给正确的级别的法官;确保审判连续性,如同一个案件从始至终由同一位法官审理;简化程序,减少听审次数,尤其是在争议解决听审会的最后一次听审前。同时,改革还希望当地机构更好地准备申请书,并在诉讼程序中减少聘请专家的数量。这些措施的实施,都为缩短审限提供可能性。同时,在法定审限的管理中,英国家事司法系统采用了"热图"方法论。家事法院通过指定若干法官根据他们在案件管理系统中输入的数据判断是否符合26周法定审限的要求。同时,这些数据也用来确认那些不受26周法定审限约束的案件是否确实存在合理的理由。①

26周法定审限并非孤立的审限制度,为将案件审理时间控制在法理规定的范围内,实则需要法院、当地机构、专家等家事司法系统中相关机构在时间表上的通力合作。英国家事审判改革过程中通过信息技术更新等途径加强法院的案件管理能力,增强法院和法官在家事司法系统中的关键地位和作用,将公法案件中照管计划的审理范围限定在当地机构提供的核心内容方面,均在一定程度上加快了案件审理的进程,缩短了案件的审理期限。

**(二)判例中的运用与解释**

除相关立法外,英国家事司法系统通过一系列判例明确制止诉讼迟延现象,并对26周审限的法律规定作出必要的解释与说明,对司法实践中如何运用审限制度作出了探索。

1. Re S(A Child)[2014]案:26周审限的指导性先例

Re S(A Child)[2014]案是典型的关于26周法定审限的判例。该案由英国高等法院家事法庭庭长詹姆斯·孟比审理,通过引入《2014年儿童与家庭法》中的相关规定,将原本一件典型的郡法院案件上升为由高等法院家事法庭庭长作出

---

① 参见[英]托马斯勋爵:《英国法院年度工作报告(2015)》,蒋惠岭等译,载传送门网:https://chuansongme.com/n/1495913651923,2020年3月9日最后访问。

的具有广泛指导意义的判例。①

在该案中,S是一位精神存在问题、患有焦虑症和智商较低的妇女的第4个孩子,生于2013年10月。到最后一次听审时,诉讼程序已经运行了约5个月,法院获得了当地机构关于该母亲的抚养评估及心理专家评估,当地机构根据法院审判后发出的特别监护令(Special Guardianship Order)对其进行安置,母亲则因不满该安置提起上诉,申请进行住民评估(Residential Assessment),而该评估可能需要花费6~12周的时间,二审法院最终判决驳回上诉。该案的争议焦点体现在两方面:一是关于专家评估问题,二是26周审限问题。②

关于专家评估,根据相关立法规定和先例,仅在法院认为对协助法院公正审理案件具有必要性时才可进行相关评估,本案中的必要性并不充足。就26周审限问题,法院指出该程序已经持续约5个月的时间,而《2014年儿童与家庭法》规定了26周审期的限制。该法规定,仅在法院认为延长审限有利于法院公正审理案件时才可突破26周的审限限制,同时,法院在修改时间表时需要考虑修改对儿童福利和诉讼程序产生的影响。法院在程序开始和程序过程中均应考虑延长审理时间对儿童的影响。该案中没有充分理由延长期限,更无法证明该必要性。

首先,在判决书中,詹姆斯·孟比法官强调了26周审限作为强制性规定的性质。他在援引相关立法后指出,除修改后的《1989年儿童法》第32节第5条规定的例外情况外,26周审限是必须遵循的强制性规定。他重申了自己在2013年发表的讲话中的观点:"我的信息是明确且不妥协的:该期限可以满足,必须满足,并且将会满足。记住,26周是一个截止日期,而非目标;是最大值,而非平均值。所以很多案件需要在少于26周的期限内审理完毕。"③

其次,他对该法第32节第5条规定的例外情况延长期限作了探讨。詹姆斯·孟比法官援引了其在先例Re B-S(Children)[2013]中的论证:"我们不认为遵守我们的要求,即法规中即将规定的抚养案件必须在26周内审结,可能会给实务人员和法官施加重负。从每个抚养案件一开始就施行强有力的案件管理是改革成功的关键。案件管理法官必须明智地确保其给出的计划符合任务要求并能够得到遵行。但与当地机构关于收养的计划相比,后者更重要。""尽管如此,如

---

① See Rebecca Bailey-Harris, "Re S. (parenting assessment)", *Family Law*, Vol. 44, 2014.

② Re S(A Child)[2014] EWCC B44(Fam).

③ James Munby, "View from the President's Chambers: The Process of Reform", *Family Law*, Vol. 43, 2013.

果法院没有我们所证明的证据，不足以来决定这些问题，那么即使案件审理已经超过26周，也必须延期。如果提交给法院的建议时不同意收养，则问题性质严重，涉及利益重大，如果严格遵守僵硬的时间表作出决定，则可能会被推翻。”①该先例中所确定的判断标准，较该法第32节第5条的规定，更具有普遍适用性。同时，他引用了自己在2013年评价毒品和酒精家事法庭工作时阐述的观点：“我们必须始终记得《公法实施纲要》是实现正义和儿童及其家庭最大利益的手段。但其绝对不是也不能够成为约束，如果严格遵循不灵活的时间表，则会使司法正义受到威胁。”②另外，他还援引了2014年的Re NL(A child)(Appeal:Interim Care Order:Facts and Reasons)[2014]案中法官安娜·鲍芙蕾的判决：“正义绝不能牺牲在速度的祭坛上。”(Justice must never be sacrificed upon the altar of speed.)③通过先例和观点的引用，詹姆斯·孟比强调了26周审限并非僵硬规定，仍需以案件的公正审判作为基本出发点。他分析了《2014年儿童与家庭法》中的例外规定，指出突破26周审限的具体条件，即法院认为确有必要，且该突破并非常态以及需要具体的理由。

再次，他论证了适用第32节第5条的例外规定的情形。詹姆斯·孟比指出，有三种情形可以构成第32节第5条规定的“确有必要”。其一，从案件开始或较早阶段就被认为不能在26周内公正审结的案件。根据经验，有四类案件必然属于该类型：(1)涉及最复杂的医学证据，需要指定单独的事实裁断审理的重大案件；④(2)家庭毒品和酗酒法院的案件；(3)需要去国外调查或评估的具有国际因素的案件；(4)父母的残疾需要特别评估或措施的案件。⑤其二，尽管实行了强有力的案件管理，但改变诉讼程序性质的不可控因素出现太晚，以至于26周内案件无法审结，例如，(1)指控遗弃或心理伤害的抚养案件中随后出现了性侵害的指控；(2)准抚养人死亡、重病或被监禁而导致意外“脱轨”的案件；(3)现实中可担任抚养人的家庭成员较晚出现；等等。其三，一方或多方败诉，导致不能在26周

① Re B-S(Children)(Adoption Order:Leave to Oppose)[2013] EWCA Civ 1146,[2014] 1 WLR 563.

② James Munby, “View from the President's Chambers: The Process of Reform: Changing Cultures”, *Family law*, Vol. 43, 2013.

③ Re NL(A child)(Appeal:Interim Care Order:Facts and Reasons)[2014] EWHC 270(Fam).

④ Re S(Split Hearing)[2014] EWCA Civ 25,[2014] 2 FLR(forthcoming).

⑤ Re C(A Child)[2014] EWCA Civ 128.

内公正审结的案件。① 同时,他再次强调,仅在确有必要时才可以突破26周审限。

最后,结合该案案情,詹姆斯·孟比法官指出,上诉人的申请不具合理性,更不能证明存在第32节第5条的确有必要的情形。一方面,基于各项证据及历史记录,S的母亲不能在限定时间内完成改变;另一方面,案件的进一步迟延会对儿童产生不利影响,S所需要的恰恰与迟延相反。詹姆斯·孟比法官在该案中对26周法定审限的强制性规定性质作出了强调,对确有必要延长审限的情形作出了列举式解释,从而对审限制度的适用作出了具有指导意义的阐释,也为之后家事审判实践中对该制度的把握有所约束和借鉴。

2. 审限制度不断推进的其他判例

除Re S(A Child)[2014]案外,英国家事司法实践中亦有不少判例涉及审限制度的适用和说明,推动审限制度在司法实践中不断推进。

早在Re B-S(Children)[2013]案中,大法官迈克法雷恩谈及法规中即将规定的26周法定审限与家事审判改革,认为家事审判改革成功与否关键取决于是否存在强有力的案件管理。同时,他也指出如果法院没有收集到用以定案的证据,无法对争议焦点作出判断,即使超过26周法定审限,法院也必须延期,而不应该遵守僵硬的时间限制。

2015年的Re T(Children)[2015]案涉及10名儿童的抚养问题,最后一次庭审在2014年9月26日,但直至2015年3月17日一审法官才作出判决。其中一名儿童的父亲提起上诉。该案的核心问题在于,一审法官在最后一次听审至判决作出的这段时间内未及时更新相关信息是否有错。二审法院最终判决允许上诉,交由一审法官重申。法院指出,如果存在延迟,则法院作出的判决结果可能有所不同。在某些情况下时间的流逝可能不会或很少产生影响,如精神健康、上瘾或其他棘手的长期问题。但在该案中,年幼儿童是否能跟父母生活在一起是现实的、开放的问题,也是案件的核心问题。法官有必要从各方获得最新证据,以作出有利于儿童福利的判决。同时,大法官迈克法雷恩对26周审限规定作出了探讨。他指出,第32节规定的26周审限的核心原则在于那些必须在26周内审结的案件,法官应当优先书写判决书。这些案件中涉及10名儿童,每名儿童的事实问题和各项因素均有不同,案件审期是否迟延应当结合具体情况作出判断。该案中最后一次听审至判决作出的数月时间,法官没有及时更新相关机构和父母等各处提

---

① In re B-S(Children)(Adoption Order: Leave to Oppose)[2013] EWCA Civ 1146, [2014] 1 WLR 563.

供的证据,违反了26周审限的规定。①

在M-F(Children)[2014]案中,当地机构申请上诉,认为一审法官为获得一份附加报告将案件延期10周的做法违反了《2014年儿童与家庭法》的相关规定及先例Re S(A Child)[2014]案的内容。詹姆斯·孟比法官认为一审法官已经尽到注意义务,考虑案件所有相关因素,26周的法定审限在确有必要时可以突破。同时,他指出,一审法官和律师在探讨迟延时都使用了"有目的的"(Purposeful)一词,"有计划、有目的的迟延"(Planned and Purposeful Delay)长期以来在法律中占据重要地位,②但近年来,其仅仅是在讨论迟延时作为一个证明迟延不合理的标签。在适用修改后的《1989年儿童法》第32节第5条进行判断时,如果使用该词可能会产生误导。对于确有必要的延期来说,可能有计划的、有目的的迟延存在合理性。但这并不是说,在允许延期的判断中,一个必要条件就是一个充分条件。因此,他建议该词尽管有一定历史,但最好不要使用。③ 但同时,他也指出,这并不意味着他不同意Re S(Children)[2014]案中女法官茱莉娅·马楚尔(Julia Macur)所言:"家事法院中将会面临很多情况发生重大改变的情形,证据很少或者时间很晚,从儿童福利角度出发需要延长时间表。该种情况下的延期并非出于主观期待,往往是不可避免的后果。但有的案件中也存在'有目的的'迟延的情形。这需要结合具体案件作出分析。"④

在U(Children)[2015]案中,一审法官拒绝了儿童父亲的延期及重审的申请,父亲提起上诉。二审法院在审限问题上引用了《2014年儿童与家庭法》关于26周法定审限的规定,并指出,至法官于2014年12月收到延期的申请时,诉讼程序已经进行了19个月,安置令也已发出5个月之久。即使允许延期,在2015年2月或3月之前案件也无法得到进一步审理,会给儿童造成实质性的迟延。通过权衡各方面因素,法官认为下次审理不能被搁置,延期申请未予准许。⑤

自明确规定了审限制度以来,英国家事司法实践在推动26法定审限遵行的同时,对延长审限的必要性作出探索与解释,以家事审判改革中的儿童最大利益原则为指导,试图推进抚养等案件的尽快审结,保障当事人权益。

---

① Re T(Children)[2015] EWCA Civ 606.

② C v. Solihull Metropolitan Borough Council [1993] 1 FLR 290,304.

③ M-F(Children)[2014] EWCA Civ 99.

④ Re S(Children)[2014] EWCA Civ 135.

⑤ U(Children)[2015] EWCA Civ 334.

## 三、审限制度之效果与完善

英国自2014年实行审限制度以来，尽管案件平均审期尚未达到26周内，但已明显缩短，家事审判改革的效果显著。然而，学者和司法实务人员关于26周法定审限的规定存在一定争议。英国的审限制度，一方面，仍然需要配套规则和制度的不断完善；另一方面，需要家事司法系统中各机构的配合。

### （一）审理期间明显缩短

自家事审判改革以来，英国家事案件的审理期限大幅度缩短，防止迟延的目标在一定程度上得到实现。英国最高法院2015年报告指出，该规定实施以来，抚养案件的平均审理期限在2015年第二季度达到29周以下，且有55.7%的案件审理时间少于26周。该报告将案件审理期限的大幅缩短归因于国家和地方层面强有力的司法管理以及儿童和家事法庭咨询支持服务署、司法部、教育部及儿童事务理事会等单位的有效合作。未成年人案件的审理期限规定为26周；其他类型的家事案件，如家庭毒品和酗酒法院审理的案件，从司法正义和未成年人利益的角度出发，必要时审限不受26周限制。① 2016年最高法院报告则指出，2016年家事公法案件的平均审理时间稳定在27周，60%的案件在26周内审结，相比2015年同期的55.7%有所上升。②

以朱迪·梅森教授为主导的布里斯托大学和东安格利大学的部分学者成立了调研小组，对家事审判改革前后抚养案件审理期限问题作出对比，并发布了第一阶段的报告成果。该项目仔细调研了2014～2015年英国的373件抚养案件，并得出一定调研结果。调研样本的平均审限为26.62周，尽管不是总能够符合26周的审限，但缩短审限的目标已经基本实现。③ 英国教育部于2016年发布的司法审查报告《家事司法审查：不同当地机构中的抚养申请有何区别》（Family Justice Review：How Care Applications Vary in Different LAs）主要对26周审限规定之后当地机构的相关工作作出调研。该报告显示，为实现26周审限的规定，当地机构

---

① 参见［英］托马斯勋爵：《英国法院年度工作报告（2015）》，蒋惠岭等译，载传送门网：https://chuansongme.com/n/1495913651923，2017年3月9日最后访问。

② 参见［英］托马斯勋爵：《英国最高法院2016年度报告（下）》，袁跃文译，载《人民法院报》2017年1月27日，第8版。

③ See Judith Masson et al.，"How is the PLO working? What Is Its Impact on Court Process and Outcome? The Outcomes of Care Proceedings for Children before and After Care Proceedings Reform Study Interim Report"，http://www.familylawweek.co.uk/site.aspx?i=ed176043，Mar. 16，2017.

给予了大力支持。尽管有些案件中未达到 26 周审限的要求,但案件审限均有缩短。同时,当地机构与儿童和家事法庭咨询支持服务署及法院达成较好的合作,法院系统的领导作用在实现 26 周审限中发挥关键作用。

整体而言,自审限制度实行以来,英国家事案件的审理期限大为缩短,尽管平均审限尚未达到 26 周内,但整体而言已大幅缩短。

**(二)制度有待完善**

尽管英国家事审判改革中缩短审限、减少迟延的目标已经取得了一定成果,但这并不意味着审限制度并非健全完善。在英国家事审判改革中,尽管审限制度已经在立法和实践中不断完善,审理期限有所缩短,但与家事审判改革的目标之间仍然存在一定距离。

其一,26 周审限是否能够实现,在司法实践中存在困难。一方面,英国司法资源并未增强,但家事案件数量仍在大幅增长,这必然还是会对案件审期产生负面影响,成为家事法院面临的"明确且迫在眉睫的危机";[①]另一方面,司法实践中关于审限制度的适用仍然缺乏更具体、明确的判断标准,正如有学者指出,部分争议认为该规定很难实现,且部分复杂案件需要更长的审理期限,因此,需要法院如何解释延长期限的条件即"确有必要"仍然有待观察。[②] 朱迪・梅森教授也就 Re B-S [2013]案指出,该案中反对收养决定的上诉申请得到准许,法院在为社会工作制定规则中的作用得到彰显,在一定程度上鼓励人们对当地机构的相关决定提出质疑,但这会导致 26 周内完成抚养诉讼程序存在难度。[③]

其二,审限制度实施后引发部分变化,有待观察及探究。例如,朱迪・梅森教授主导的调研报告也反映及提出了审限制度实行后呈现的一系列问题:法院发出的照护令和安置令减少,特别监护令和监管令的数量则有所增加,但该法庭命令的变化可能意味着更多或更少的儿童得到了符合其最大利益的案件处理结果;治安法院审理的案件数量从 2009 ~ 2010 年的 60% 左右下降至 2014 ~ 2015 年的 20% 左右,在家事案件不断增加的情况下,其他法官的压力更加重了;就诉讼程序具体运行过程来看,仅在 1/3 的案件中实现了审判连续性,超过 1/4 的案件由 3

① 参见[英]托马斯勋爵:《英国最高法院 2016 年度报告(下)》,袁跃文译,载《人民法院报》2017 年 1 月 27 日,第 8 版。

② See Susan Heenan, Anna Heenan, *Family Law Concentrate: Law Revision and Study Guide*, Oxford, Oxford University Press, 2015, p. 133.

③ See Judith Masson, "The Quality of Care Proceedings Reform", *Journal of Social Welfare and Family Law*, Vol. 36, 2014.

个甚至更多的法官进行审理。①

其三,审限缩短并非目的,仅仅追求审限缩短存在局限。26 周法定审限的规定在英国存在数量与质量之争。有观点指出,目标并非价值。目标只衡量结果的其中一面,而非全景。如果只根据法院相关数据作出判断,则容易发生危险。一方面,是皮洛士式胜利(Pyrrhic Victory)。② 26 周法定审限的规定,实则是人为的、以律师为中心的规定。尽管该法定审限有目的在于防止不必要的迟延对未成年人造成的损害,但如果恪守僵硬的规定,可能会使律师以案件时间限制为借口不尽全力,此时当事人为法院数据做出的贡献是太过惨重。另一方面,人们对该规定的解读可能产生误解,认为只要有个结果,就比正确的结果重要。部分案件之所以审期时间超过 26 周,并非由于法院工作效率问题,而是案件的复杂性所致。③

其四,迟延现象并非仅靠缩短审限就能解决,审限制度的实现也有待完善。一方面,就解决家事司法系统中存在的案件审理迟延问题而言,缩短审限的强制性规定并非唯一解决途径,案件管理效率的提升、信息技术更新等均是解决迟延问题的有效途径,迟延问题与缩短审限并非一对一的关系。迟延现象并非仅靠限制审限就能解决,还需要通过证据的审理等过程的完善来实现。正如英国最高法院 2016 年报告中指出,应找寻具有创新性的问题解决方式,家庭毒品和酗酒法院、法院主导的调解会议及暂停程序等则构成了试点类型的方法。另一方面,为保障 26 周审限制度能够实现,实则部分关键因素有待把握:一是明确、体系完善的诉前程序及能够检测诉讼进程的具有质量保障的评估和报告;二是通过家庭团体会议(Family Group Conference)或家庭会议或其他方式,尽早确认父母或可作为抚养人的家庭成员;三是对作为准抚养人的家庭成员进行高效及时的评估;四是通过积极沟通和战略层面的合作关系加强司法领导力;五是形成稳定的、得到良好支援的、训练有素的工作团队;六是当地机构、法院、儿童和家事法庭咨询支持服务署、私人职业律师等通力合作,努力实现 26 周审限的规定。

---

① See Judith Masson et al., "How is the PLO working? What Is Its Impact on Court Process and Outcome? The Outcomes of Care Proceedings for Children before and After Care Proceedings Reform Study Interim Report", http://www.familylawweek.co.uk/site.aspx? i = ed176043, Mar. 16, 2017.

② 西方谚语,意为代价高昂之胜利,在中文语境则称为惨胜。

③ See Natasha Watson, "Achieving Justice in No More Than 26 Weeks: The Role of the Local Authority (In Child Care Proceedings)", *Family Law*, Vol. 44, 2014.

## 第五节 管理型司法的强化与完善

案件管理改革构成英国此次家事审判改革的核心内容,直接指向家事司法系统存在的诉讼迟延等问题,以提升家事司法效率为基本目标,在实践中不断推进。究其本质,实现强有力的案件管理是英美法系对抗制诉讼模式下管理型司法不断加强的体现,也是英国家事司法系统进一步发展完善的重要内容。

### 一、案件管理改革深究

英国积极推进家事司法中案件管理制度的改革,本质上在于英美法系对抗制诉讼模式下管理型司法的不断强化,反映了英国家事司法系统对接近正义根本目标的追求,体现了程序正义和司法效率的价值追求。

#### (一)根本原因:对抗制诉讼模式的必然选择

案件管理,又称司法流程管理(Judicial Caseflow Management)是20世纪70年代以来发达国家为从根本上解决民事司法中的“迟延”或“堵塞”问题而推行的司法改革措施。英美法系的“管理型司法”和大陆法系的“集中化审理”构成该概念的主要内涵,并推动了世界范围内的“案件管理运动”(Case Management Movement)。①

在英国以自由主义为核心的传统对抗制诉讼模式中,法官保持高度中立,当事人及其律师则主导着诉讼进程和范围,在很大程度上造成了诉讼成本过高、案件审理迟延、诉讼程序复杂化、强者优势等弊病的凸显。由于诉讼活动取决于当事人的对抗,诉讼所需耗费的时间和经费很难预计,这种不确定性导致接近正义的司法目标很难实现。庞德(Roscoe Pound,1870—1964年)早在1906年就已指出,当事人主义对抗制诉讼模式存在的迟延、不确定性和昂贵的弊病,是公众对司法不满的主要原因。

21世纪以来,英国家事司法运行中的诉讼迟延、费用高昂等问题突出,通过完善法院的案件管理工作来提升家事司法效率成为在坚持英国诉讼模式基础上的改革探索。通过加强法院的案件管理工作的途径以提升司法系统的运行效率、缓解诉讼迟延问题,从本质上来说是英国对抗制诉讼模式下提升司法效率的必然途径之一,也即在不改变诉讼模式的情况下,需要通过加强法院的案件管理来弥

① 参见王福华:《民事案件管理制度评析》,载《法学论坛》2008年第2期。

补原诉讼模式存在的弊端,这也是英国司法系统自沃尔夫改革以来通行的做法之一。因此,从制度背景角度来看,英国此次家事审判改革中将完善法院的案件管理作为改革的重要内容,旨在解决诉讼迟延等直接问题,是在沃尔夫改革等实践基础上对原有审判模式的不断修改与完善。

**(二)制度背景:管理型司法的不断完善**

英国家事司法系统对积极案件管理的改革,建立在一系列管理制度改革的基础之上。为解决对抗制诉讼模式的弊端,英国自1875年以来多次进行司法改革,简化诉讼手续、调整法院结构,但诉讼程序仍十分复杂,制约当事人诉讼活动的开展。1991年,英国最高司法当局发现本国的民事诉讼制度已经成为复杂、昂贵、不便、难以使用的制度,唯有厉行改革才能摆脱困境,故成立专门委员会提出改革方案。①

1995年,沃尔夫勋爵提交了中期报告,指出英国民事诉讼体制存在诉讼成本过高、诉讼迟延、当事人太不对等、诉讼的不确定性及诉讼制度凌乱且缺乏整体性等弊端。英国民事诉讼制度过于对抗化以致很多案件由当事人而非法院控制。1996年7月,沃尔夫勋爵提交了以《接近正义》为名的最终报告,即《沃尔夫报告》,指出司法改革的首要目标在于实现司法公正,应建立统一的诉讼规则、推动非诉纠纷解决机制的适用、简化诉讼程序、实施法院控制的案件管理以及提升诉讼效率和减少诉讼成本。法院应对所有的诉讼案件实行统一管理,并改变之前由当事人控制案件时间表及费用的做法。改革强调将主动权从当事人转移到法院手里,实施由法院负责的案件管理制度,通过严格确定案件审理时间表、严格的司法控制及案件管理制度来使法院实施案件管理成为秩序。随着1999年新《民事诉讼规则》的生效,英国此次改革取得显著效果,并对其他国家的司法改革产生重要影响。在此次改革中,实施法院控制的案件管理体现了法官控制和主导诉讼地位的强调,加强了对抗制模式下职权主义因素,旨在建立更快捷、更简便、更公正的现代民事司法体系,实现"司法公正"的首要目标。②

沃尔夫改革中实施的由法院负责的案件管理制度,奠定了英国民事司法中案件管理制度的基础。2011年以来,英国在家事审判改革中实行积极的案件管理,旨在在原有的案件管理制度基础上,强化及进一步调动法院的案件管理的主动性,推进管理型司法在家事司法系统中的进一步完善。

① 参见《〈伍尔夫报告〉与英国司法改革》,载《人民法院报》2001年9月10日,第B1版。
② 参见龙飞:《重温"沃尔夫改革"历程》,载《人民法院报》2015年9月18日,第8版。

### (三)法理基础:接近正义原则的追求

英国此次家事审判改革中对积极案件管理的重视与强调是对原有的案件管理制度的不断加强与完善,改革背后的基本理念在于对接近正义原则的追求。案件管理制度设置的基础在于便利当事人诉讼活动的开展,迅速有效地解决纠纷,实现接近正义的司法根本原则。然而,在对抗制诉讼模式下家事司法存在的诸多弊端很大程度上影响了当事人接近正义的实现,为此,法院通过加强案件管理来实现对司法资源的再分配具有重要意义。

发达国家将接近正义作为加强案件管理的出发点和衡量案件管理效果的标准。在该目标下根据整体性原则和均衡性原则进行技术调整,构成案件管理制度的法理基础。一方面,整体性原则强调在保障司法公正的同时减少诉讼成本,将司法系统的所有资源和案件作为整体来看待,通过合理的分配机制实现对司法资源的有效利用,以保障司法资源管理和再分配的正当性以及当事人参与司法活动的效率;另一方面,均衡性原则作为比例原则的子原则,又称狭义比例原则,要求公权力采用行为手段而增进的公共利益与造成的损害之间应当成比例。解决争议的程序与案件的价值、复杂性和重要程度成比例,法院需要考虑司法资源的分配与可能的效益,按照一定标准将不同类型的案件进行专业化处理,通过限制专家介入、合理规范案件审理期限等途径实现解决纠纷与节约诉讼时间及成本之间的平衡。①

积极案件管理强调法官对诉讼程序的把控,广泛、具体的案件管理措施强化了法官在诉讼过程中的地位和作用,将司法资源、司法程序与规则等各方面因素整合成系统化的制度体系,在提升审判效率的同时保障案件的审判质量,促进了当事人接近正义目标的实现。

### (四)价值基础:程序正义与效率价值

英国此次家事审判改革强调通过积极的案件管理等途径来解决司法系统中存在的诉讼迟延、费用高昂等问题,这建立在追求司法效率与程序正义的价值基础上。

程序正义是英美法系的法律传统,主张正义要以人们看得见的方式实现,强调裁判过程或诉讼程序中的正义,与裁判结果或实体结论相对应。自亚里士多德以来各种关于正义的学说纷纷出现,但分配的正义、矫正的正义等观点重在强调实体正义。罗尔斯(John Rawls,1921—2002年)在其1971年的著作《正义论》中分析了程序正义的三种形态,即纯粹的程序正义、完善的程序正义及不完善的程

---

① 参见王福华:《民事案件管理制度评析》,载《法学论坛》2008年第2期。

序正义,其中,纯粹的程序正义观念可以用来设计社会系统。在陪审制及当事人主义、先例制度和衡平法的发展三方面因素影响下,英美法系的程序正义观念出现并得到不断发展。①

程序正义主要包括决策者的中立性、程序主体的参与性、参与者的平等性、程序的透明性、程序自治和及时终结性等基本要素。案件管理制度的推行,在保障法官的中立地位、诉讼程序的透明和案件及时审判方面发挥了重要作用。

同时,积极案件管理体现了家事司法系统关于司法效率的价值追求。司法效率强调的是司法资源如何进行配置的问题,是司法公正的基本构成要素。在司法资源稀缺或受限的情况下,追求效率会成为司法系统为实现接近正义的根本目标所必然选择的道路。审判是否及时关系当事人的公正审判权能否得到实现,家事案件更关乎未成年人的心理保护和未来发展,案件管理是提升司法效率的可行之道。在法官主宰诉讼程序的同时,调动一定的司法资源服务于审判活动的开展,以推动案件的及时审结。② 作为现代司法的基本要素,效率价值的追求是实行案件管理制度的基本目标。

## 二、案件管理改革之特点

案件管理制度是英国此次家事审判改革的核心内容,直接针对家事司法系统中存在的诉讼迟延问题,并注重对法院案件管理职能发挥的推动和保障。结合英国家事审判改革中积极案件管理的具体改革举措来看,此次积极案件管理改革呈现如下规律或特色。

### (一)注重科学技术因素对案件管理整体的效果

英国在此次案件管理改革过程中,注重发挥科学技术因素的推动作用,重视信息技术更新对家事司法效率的提升和案件管理工作的推进作用。英国在发挥法院的案件管理职能过程中,无论是在家事司法审查中还是在之后改革的具体推进过程中,都注重提升信息化水平对提高案件管理效率的重要意义,强调加强数字化信息技术的应用和家事司法程序中的无纸化、在线法院建设等,通过案件管理各程序及相关各机构的信息化建设以提高案件管理及审判工作的整体效率。

随着互联网的迅速发展,将网络技术与家事司法系统相结合的改革方式已经

---

① 参见[日]谷口安平:《程序的正义与诉讼》,王亚新、刘荣军译,中国政法大学出版社 1996 年版,第 4 ~5 页。

② 参见刘练军:《司法效率的性质》,载《浙江社会科学》2011 年第 11 期。

普遍成为各国司法系统推进改革的重要内容。将网络信息技术的发展应用在家事司法实践中,通过家事司法中各项程序运作、案件管理所用技术的现代化推动家事司法效率的提升,成为家事司法系统改革发展的必然选择。

### (二)案件管理改革注重从细节入手

英国在此次改革中,对案件管理制度的改革更注重细节。相较于设立独立家事法院等改革措施,英国在管理制度方面的改革注重从细节入手。在限制专家参与的改革中对专家报告的标准长度、参与必要性与否的判断作出细致探究,公法案件中26周审限制度的引入、《家事公法纲要》对案件审理时间表的具体安排作出的指引等都是非常具体细致的改革措施,针对公法案件的具体问题作出改革规定,在实践中实现了预期效果,对家事审判改革目标的实现有重要的推动作用。

从英国家事司法系统的发展来看,自1857年以来英国逐渐形成独立、专业的家事司法体系,并在20世纪末期已经形成了规范化、专业化、系统化的家事司法系统,并在实践中不断发展和完善。自2011年家事司法审查以来的家事审判改革,是家事司法系统在运行过程中针对外界需求和自身缺陷不断完善的重要途径,更多地体现了对原有制度的增强或完善,从细节入手的改革特征也体现了这一点。

### (三)改革措施具有针对性

从案件管理制度的相关改革来看,积极案件管理的改革直接针对家事司法中存在的具体问题。这些具体的改革措施直接针对英国家事审判改革的直接目标,即解决家事司法系统中最突出的案件审理迟延问题,提升家事司法系统的运行效率。英国在管理制度方面的改革直面案件审理迟延问题,通过限制专家参与、提升案件管理能力、法定审限的约束等具体措施的适用以解决案件审理迟延问题,对案件审理迟延问题的直接解决具有重要作用。

改革措施的针对性,也是案件管理改革从细节入手的必然结果。鉴于管理型司法在英国家事司法运行过程中已经具有实践基础和历史发展,此次改革重点在于强化法院案件管理的积极性,增强法院在案件管理方面的能力,实现强有力的案件管理,故而,审限制度的引入、案件时间表的具体规划、专家报告内容长度的限制等改革直接针对案件管理中的突出问题,旨在解决案件管理中制约司法效率的直接问题,以推动改革直接目标的实现。

### (四)借鉴民事司法改革及域外经验成果

英国在案件管理改革中借鉴和吸收了民事司法改革及其他国家相关改革的经验和成果。例如,在线法院的建设在很大程度上对民事审判的相关改革作出借鉴,并对澳大利亚等国家的电子法院建设经验作出借鉴。2011年家事司法审查小组对澳大利亚的案件管理作出考察，强调了对澳大利亚案件管理制度的借鉴。澳大利亚立法强调对法院案件管理的强烈关注，旨在减少家事诉讼程序中的对抗制因素，其案件管理的基本原则为：其一，法院在诉讼过程中需要考虑有关儿童的需要和有关诉讼程序的决定可能会对儿童产生的影响；其二，法院应积极指导、控制和管理诉讼行为；其三，诉讼程序中应保障儿童免受家庭暴力、虐待或遗弃及诉讼当事人免受家庭暴力；其四，诉讼程序应尽可能以促进双方合作和以儿童抚养为中心的方式进行；其五，诉讼程序应尽可能减少迟延和正式性。尽管澳大利亚关于家事案件管理的上述规定主要适用于家事私法案件中，但在英国改革实践中，公法和私法案件中的案件管理改革在很大程度上借鉴了备受英国推崇的澳大利亚案件管理模式。

对民事司法改革的成果及经验的借鉴能够在很大程度上便利家事审判改革的推进，并为家事司法系统的发展提供有力的推动力；对国外相关改革实践的借鉴和参考可在一定程度上对英国管理制度改革的缺陷和发展方向形成深入认识，有利于进一步改革的推进。

## 三、管理型司法的强化与完善

英国家事审判改革中的积极案件管理，本质上是家事司法系统对沃尔夫改革以来的管理型司法的强化与完善，在强化案件管理的同时，健全案件管理相关制度是英国家事审判改革进一步推进的发展方向。

### （一）管理型司法在家事司法系统中的强化与完善

积极案件管理构成英国此次家事审判改革的核心内容之一，通过案件管理具体细节的规范与完善来推动案件管理整体效率的提升和诉讼迟延等问题的解决，本质上在于家事诉讼中管理型司法理念的不断强化。基于传统当事人主义弊端所产生的管理型司法，在英国民事诉讼中具有良好基础，家事诉讼中管理型司法的重要性更突出。一方面，法院需要在审判过程中以未成年人最大利益为基本原则，推动家事案件的及时审结以减少对未成年人未来成长的不利影响；另一方面，家事司法中法官的案件管理对纠纷解决方式的选择、诉讼程序的开展具有关键影响，强有力的案件管理是保障家事案件得到公正及时处理的关键环节。

英国此次改革中对积极案件管理的重视，也体现了管理型司法在英国家事司法运行中的重要作用。推动管理型司法在家事诉讼中的不断发展和完善，构成了英国家事司法系统在运行过程中的重要改革内容和发展方向。

### (二)加强案件管理的普遍趋势与发展方向

加强案件管理并非英国家事司法系统的独特做法,无论是英美法系在民事司法中加强管理型司法建设,还是大陆法系的集中化审理,加强法院的案件管理工作是诸多国家推进司法系统改革发展的重要探索。在构建强有力的案件管理的同时,英国家事司法系统在改革推进过程中实则需要对案件管理改革的发展方向和趋势进行总体把握,并在改革过程中健全相关制度因素的发展,以保障积极案件管理在家事司法中积极效果的发挥。整体来看,英国家事司法系统在推进改革过程中,如下方面可以成为加强案件管理的发展方向或普遍趋势。

其一,吸收和借鉴先进的管理学理念。在积极案件管理制度的构建和完善中,吸收和借鉴管理学中的先进理念具有重要意义,如对扁平化管理理念或集约化管理模式的研究参考,在一定程度上可以为案件管理制度的完善提供理论上的支持。例如,新加坡法院在司法改革中引入了"持续改善"(Kaizen)的管理理念,该理念源自日本,指逐渐、连续地增加改善。① 适用"持续改善"管理理念的体现之一在于保释等待时间的缩短,从1个工作日变为1个小时,减少了当事人的等待时间。需要注意的是,对先进管理学理念或相关规律的借鉴参考不能偏离接近正义这一家事司法根本目标的追求,需要将管理学理念与接近正义、程序正义等家事司法原则相融合,形成和谐发展的案件管理制度。

其二,避免司法资源分配的形式化平等。在案件管理阶段,案件管理法官通过为案件选择审理或调解等不同途径的处理方式实现案件分流,并判断是否需要专家参与等问题,涉及对司法资源分配的权衡问题。之所以通过案件管理对司法资源进行分配,在于实现司法资源的有效利用,即实质上的平等分配,从而形成最有效的资源配置方式。这意味着,在司法资源配置过程中需要避免形式化的平等,而应根据合理的案件管理制度形成错落有致的资源分配方式。②

其三,在加强数字化建设的同时,注意避免网络信息技术带来的不利影响。在"互联网+"时代加强数字化建设是推进法院加强案件管理的有利因素,但需要注意的是,一方面,目前英国家事审判中的信息化建设尚存争议,尤其是在线家事法院建设的推进受到阻碍,仍需要在不断探索中形成完善可靠的制度;另一方

---

① 参见[日]今井正明:《改善:日本企业成功的奥秘》,周亮、战凤梅译,机械工业出版社2010年版,第1~2页。

② 参见张敬博:《程序正义应是检察机关案件管理工作的目标》,载《中国刑事法杂志》2012年第4期。

面,数字化建设带来的负面影响,如工作人员工作积极性的降低等问题应当是家事司法系统在改革中应当注意到的内容,并通过健全的制度减少负面影响,以充分发挥先进科学技术在推动家事审判改革中的积极作用。

其四,案件管理的职责由家事法院的法官行使,对诉讼流程、审限制度、专家参与衡量的权衡由法官负责,故而案件流程管理制度体现了对案件管理法官在案件管理工作中的行为作出的约束。但需要注意的是,家事司法效率的提升不仅在于增强法院效率,还在于对当事人、诉讼代理人等其他诉讼主体的提效导向。[①]因此,在推进案件管理改革中,提升当事人及其诉讼代理人等诉讼主体的诉讼参与行为的效率,保障地方机构、社会工作者参与的有效性,同样应成为案件管理的重要内容,也是推进法官对案件进行管理的重要因素。

---

① 参见张胜:《民事诉讼制度改革之新视角——以案件管理与集中化审理为中心》,载《山西大学学报》(哲学社会科学版)2009年第6期。

# 第四章　家事司法程序机制之完善

除组织制度、案件管理外，英国家事审判改革中的另一重要内容在于程序制度改革，即关于家事审判具体程序、相关机制或审判方式的改革。该方面改革直接涉及法院对家事纠纷的处理及家事案件审理的具体过程，通过对具体问题的解决或具体制度的更新提升家事司法效率，保障儿童最大利益原则的维护和家事司法正义的实现。保障儿童在家事审判中的程序参与及出庭作证、构建多元调解机制并扩大调解等非诉纠纷解决机制的适用等改革，在一定程度上对家事司法机制和程序方式等作出变革，取得效果的同时也存在不少争议，在推进司法公正的过程中体现了家事司法的特殊性。

从结构来看，本章第一节对程序机制改革的背景和内容作出整体概述，第二节、第三节分别就保障儿童程序参与、调解机制改革两方面具体改革作出探讨，第四节对程序机制改革的理论基础、特点及发展方向作出研究，并将英国此次改革中的程序机制完善界定为融合家事司法特殊性的对司法公正之追求。

## 第一节　程序机制关系司法公正

程序制度改革是除组织制度、案件管理制度外英国家事审判改革的重要组成部分。程序制度改革既涉及家事审判具体程序或方式的改革，也涉及与审判程序相关的制度或机制的改革。结合英国此次家事审判改革的具体内容来看,英国在程序制度方面的改革集中体现在保障儿童程序参与、扩大调解机制适用等方面。英国家事司法程序制度方面的改革在实践中效果突出,但存在一定争议,整体而言,还应在司法实践中不断推进。

## 一、司法公正之重要保障

程序制度改革是英国家事审判改革的重要内容,关系家事司法过程中具体程序、方式或机制的构建与更新。在英国此次家事审判改革过程中,程序制度改革作为改革的重要内容,仍在不断推进过程中。

### (一)程序机制尚不完善

之所以改革程序制度,是因为英国家事司法系统在运行过程中还存在儿童程序参与缺失、非诉纠纷解决机制有待完善、家事透明度低等问题,家事司法程序机制的构建尚存诸多问题。

家事审判改革前,英国家事司法系统存在的突出问题之一在于未成年人不了解家事诉讼程序进展,部分未成年人的意见在诉讼进程中没有得到充分表达。与此同时,英国家事司法系统中的非诉纠纷解决机制尚存诸多发展空间,调解等非诉纠纷解决机制的适用并不充分。尽管非诉纠纷解决机制的适用为家事司法系统所提倡,但具体制度构建尚存不足。

尽管由法院解决家事纠纷具有判决结果客观中立、考虑未成年人最大利益的安全空间、提供法律保护、权威事实调查等优势,但家事司法中存在的程序复杂与官僚主义、运行缓慢不灵活、对抗程序会增加冲突等问题,会导致损害未成年人利益的诉讼迟延、案件审理复杂困难等矛盾的出现。[①] 英国自1857年以来不断调整和改革家事司法各项程序机制,但至此次改革前尚存诸多有待改进之处。

### (二)家事司法公正和儿童最大利益受损

改革前,英国家事审判程序机制中存在的儿童参与缺失、非诉纠纷解决机制尚待发展等问题,影响了家事正义的实现和家事司法公信力的维护,在一定程度上限制了儿童最大利益原则和当事人接近正义目标的实现。

保障未成年人在诉讼程序中的参与关系法官对儿童最大利益的判断,部分未成年人迫切希望参与诉讼进程或知晓对他们的人生发展有重大影响的判决作出的过程,但英国家事司法中关于倾听未成年人声音和保障未成年人出庭作证的规

---

① Family Justice Review Interim Report (2011), p. 115.

则制度并不完善,制约了司法实践中未成年人的参与,在一定程度上影响儿童最大利益的实现,引起了改革中主张倾听儿童声音的呼声。重视对调解等非诉纠纷解决机制的适用是英国家事司法系统在程序机制中的重要内容,但在改革前,家庭团体会议的适用尚不充足,调解机制也不具有普遍的适用效果。尽管很多当事人希望通过调解等非诉纠纷解决机制解决争议,但非诉纠纷解决机制的适用并未成为常态,部分案件仍未通过最适宜的途径解决。

**(三)程序机制关系接近正义的实现**

就程序制度与组织制度和案件管理制度的关系而言,审判程序、方式等建立在家事司法系统的各项组织机构制度基础上,一般涉及案件管理之后的审理或纠纷解决阶段。程序制度的更新关系家事审判工作的具体运行和家事正义的实现,在家事审判改革中具有重要作用。家事程序制度的完善主要在于推动家事审判工作的更好开展,在原有基础上推动家事司法系统实现更高效、公正的改革。

相较组织制度、案件管理制度改革,程序机制方面的改革主要解决家事司法公正问题,对家事司法效率的关切相对而言居于次席。司法正义包括实体正义和程序正义,程序正义的实现有待于合理的程序保障。程序保障对程序正义功能的发挥具有重要作用。一方面,科学的程序本身具有对案件的事实进行反思性整合的能力;另一方面,科学程序本身就具有限制恣意和防止案外干扰的功能。① 程序保障这两方面的功能或价值体现了程序制度合理构建的意义,即关系家事司法正义的实现。

**(四)程序机制改革的可行探索**

自1857年英国家事司法系统逐渐独立以来,英国家事司法系统不断推动家事司法程序机制的专业化完善。《家事司法审查中期报告》列举了家事司法程序机制存在的问题,提出了保障儿童程序参与与出庭作证、扩大调解等非诉纠纷解决机制适用、增强裁判文书上网公开以提升家事司法透明度等基本改革措施。②《家事司法审查最后报告》指出,中期报告中的大部分建议得到了支持,并将具体化的改革措施作出列举,如保障未成年人获取案件信息和表达想法的方式与负责机构、调解信息评估会议的具体适用状况、提升家事审判透明度的有效途径等,并指出公法案件中应当谨慎适用正式调解。③

---

① 参见章武生:《程序保障:司法公正实现的关键》,载《中国法学》2003年第1期。

② Family Justice Review Interim Report (2011), p. 19.

③ Family Justice Review Final Report (2011), pp. 129 - 130.

2012 年,政府报告对家事司法审查小组的改革建议作出回应,基本上持支持态度,通过新成立的家事司法委员会等机构保障最后报告中所列举的改革措施的推行,并对保障儿童的程序参与等作出承诺。① 2014 年关于家事司法改革成果审查的报告显示,协调的家事纠纷解决机制构建在此次改革中非常突出,司法部与家事调解委员会合作推动调解机制的完善,未成年人的程序参与已经在实践中获得政府的多重支持。② 在英国此次改革中,程序机制的完善具有可行性。

## 二、程序机制之具体改革

程序制度改革是除组织制度、案件管理制度改革外的另一重要改革内容,既涉及审判程序中的相关制度或审判方式的改革,也涉及与审判相关的非诉纠纷解决机制适用、审判公开等问题。程序制度改革关系家事司法正义的实现和儿童最大利益原则的维护,在家事审判改革中具有重要作用。此次英国家事审判改革中,关于程序制度的改革主要体现在以下方面:一是倾听儿童声音,保障儿童在家事诉讼程序中的参与及儿童出庭作证;二是改革调解机制,构建多元调解机制并扩大调解等非诉纠纷解决机制的适用。

### (一)倾听儿童声音,保障儿童的程序参与及出庭作证

倾听儿童声音、保障儿童在家事诉讼程序中的参与及出庭作证是英国此次家事审判改革的重要内容之一。儿童最大利益原则是各国家事司法实践中的基本原则,保障儿童在家事司法实践中的参与则是实现儿童最大利益原则的重要途径。然而,改革前儿童在家事司法实践中的程序参与缺失,未成年人对涉及自身利益的诉讼程序知之甚少,部分案件中法官无法准确知晓未成年人的想法或愿望,影响法官对儿童最大利益的判断。自 2011 年家事司法审查以来,英国强调倾听儿童声音、保障儿童在家事诉讼程序中的参与,重视儿童最大利益原则在程序机制构建与完善中的作用,推动家事诉讼中儿童程序参与的强化。一方面,英国相继出台相关文件对儿童程序参与及作证问题作出规制,各项准则和判例对该问题作出探讨,确保未成年人与法官的直接交流;另一方面,英国积极推动儿童在家事诉讼中出庭作证,促进儿童程序参与程度的深化。

---

① Ministry of Justice, Department of Education, The Government Response to the Family Justice Review: A System with Children and Families at Its Heart (2012), pp. 34 – 36.

② Department for Education, Ministry of Justice, A Brighter Future for Family Justice (2014), pp. 19, 39.

保障儿童在家事诉讼中的程序参与既是保障儿童最大利益的重要表现,也是实现公正审判的重要途径。但在改革推进过程中,保障儿童程序参与存在一定争议,英国现有的改革尚存较大发展空间。保障儿童在家事诉讼过程中的参与,尤其是直接与法官沟通或出庭作证,是英国此次改革的重要内容,也是不少国家实现儿童最大利益原则的重要途径。儿童的直接参与并非不应或无法实现,而应当构建健全的儿童程序参与制度。

**(二)改革调解机制,扩大非诉纠纷解决机制适用**

改革调解机制、扩大调解等非诉纠纷解决机制的适用是英国此次改革中对程序机制进行改革完善的重要举措。鉴于家事纠纷的特殊性,调解在家事司法实践中具有独特优势,是家事纠纷解决的有效途径。在家事争议解决过程中适用调解机制,可以有效避免司法途径的缺陷并提高纠纷解决的效率,还可以减少当事人之间的冲突对立,相较司法而言更具灵活性。扩大调解机制在家事纠纷解决中的适用是各国家事审判改革的基本内容之一。英国在此次改革过程中,一方面,在私法案件中推行调解信息评估会议的强制适用;另一方面,通过扩大调解机制的适用范围等推动调解机制的发展,以解决家事司法系统中存在的诉讼迟延等问题。同时,英国家事司法审查还对公法案件中调解机制的适用作出探讨,尽管尚未在改革过程中形成深入探索,但可作为进一步的发展方向尝试探索。

尽管此次改革强调调解信息评估会议在家事私法案件中的强制适用,但该机制目前在实践中的推进效果有待商榷。从调解机制的进一步完善来看,一方面,调解机制的适用应进行合理的功能定位,法院应鼓励而非强制当事人适用调解等非诉纠纷解决机制;另一方面,对其他国家或地区的非诉纠纷解决机制适用的借鉴参考,在英国此次改革中已有所体现,持续的经验借鉴有待推进。

**(三)其他程序机制改进**

此外,家事司法青少年委员会通过一系列改革措施维护家事诉讼中未成年人的利益,在英国家事司法审查及家事审判改革中也始终强调将其成功经验在全国范围内推广。该委员会的职责在于确保家事司法委员会的工作始终以儿童为中心。同时,英国注重加强私法案件中关于儿童父母职责的信息提供和强化工作,为儿童父母提供有关儿童抚养等方面的信息。在2011年的家事司法审查报告中曾明确提出法院和裁判所事务管理服务局和司法机构应根据案件复杂程度设置案件追踪系统,该建议为政府报告认可。并且,政府报告指出尤其在家事私法案件中,该追踪系统的作用会更突出。

同时,英国家事审判改革过程中不断推进协作法(Collaborative Law)、和解等非诉纠纷解决机制的适用,配合调解机制构成非诉纠纷解决机制的多元方式,推动家事案件的非诉纠纷解决机制的完善,保障家事纠纷解决的高效合理性。

## 第二节　倾听儿童声音

儿童最大利益原则是国际公约和各国家事司法实践的基本原则之一,保障家事诉讼中儿童的程序参与是儿童最大利益原则的典型体现。英国自2011年家事司法审查以来实行家事审判改革,在英国家事审判改革过程中,儿童最大利益原则贯穿于改革整体过程,典型体现在家事诉讼程序中儿童的直接参与及出庭作证。尽管儿童的年龄及理解能力等影响儿童在家事诉讼程序中的参与,但家事诉讼中儿童程序参与具有必要性。保障儿童的程序参与既是儿童最大利益原则的重要体现,也是实行公正审判的重要途径。

### 一、儿童参与缺失

所谓儿童参与,即儿童自由并且自愿参与表达观点、作出决策或实施行动以实现及保护儿童权益。[①] 英国家事审判改革过程中推进儿童在家事诉讼中的参与,倾听儿童的声音,一方面,其问题在于家事司法系统中存在儿童参与缺失问题,儿童不知诉讼进程,且儿童的意见在诉讼进程中没有得到充分表达。另一方面,儿童程序参与的缺失影响案件的公正审判及儿童最大利益原则的实现,保障儿童最大利益既是英国家事审判的首要原则,保障儿童的程序参与亦是国际公约及条约的重要规定。英国2011年家事司法审查中明确提出了关于儿童程序参与的问题,并在一系列指引、判例及改革报告中不断推进,以解决存在的问题及维护儿童利益。

#### (一)家事审判中缺少儿童参与

家事审判改革前,英国家事司法系统运行中存在大量问题。典型问题之一在于儿童不了解家事诉讼程序进展,且部分儿童不知道其感受是否被法官听取。

一方面,鉴于家事司法系统内部机构设置的繁杂等原因,当事人对诉讼程序进程往往存在诸多困惑,儿童更是如此。从2011年家事司法审查的结果来看,当事人往往对家事诉讼的相关程序存在困惑,不了解案件的进展速度及诉讼程序开展对自己一生的影响,故而在家事诉讼中的参与度存在缺失,私法案件中该问题

---

① 参见吴鹏飞:《儿童权利一般理论研究》,中国政法大学出版社2013年版,第169页。

非常明显。[①] 相比成年人,未成年人对诉讼程序进展了解更少、参与度更低。

另一方面,儿童的意见在诉讼过程中没有能够得到足够的听取。在司法实践中,多数儿童希望他们的想法能够被法官听到。根据欧洲一项调查,82% 参与调研的儿童表示能够听取他们的想法很重要,而在选择被听取想法的方式时,绝大多数儿童认为直接与作决定的人交谈最重要。在家事诉讼中,部分儿童迫切希望旁听或参与家事诉讼进程,以知悉可能对其人生有重大影响的判决结果及原因。[②]

尽管儿童希望在诉讼过程中表达自己的感受或意见,但在家事司法实践中,儿童表达意见的权利却未能得到保障。其一,鉴于儿童和家事法庭咨询支持服务署的工作人员会与儿童进行交谈,但根据资料反馈来看,部分儿童对其表示不信任,认为儿童和家事法庭咨询支持服务署的工作人员可能会告诉父母一些不该说的事情,导致父母与儿童之间关系的紧张。其二,从法院角度来看,法官不太希望儿童参与家事诉讼中,这是因为儿童年纪太小而缺乏真正的独立意见,其想法可能受到与之长期生活的家长的影响等原因导致如何确定儿童的真实想法存在困难。

儿童声音不常得到听取的问题,不仅出现在家事审判中,还在家事司法系统各领域普遍存在,如地方机构相关决定的作出,家事纠纷的调解或和解等其他解决方式。在英国涉及儿童的诉讼程序中,一方面,在皇家法院审理的涉及儿童的案件中儿童鲜有出庭作证机会,儿童的感受和想法往往是通过监护人、社会工作者等向法院表达;另一方面,在典型的家事私法案件中,如果儿童并非一方当事人,则法院往往只会听取父母的意见,从而使儿童最大利益原则的真正实现存疑。

### (二)儿童参与关系重大

家事诉讼中儿童程序参与的缺失,影响家事法官对儿童的意见或感受的关注及重视,可能影响案件的公正审判或儿童最大利益原则的实现。同时,保障儿童在诉讼程序中参与在国际公约及国内立法中有明确规定,是各国的共识。儿童的程序参与,既关系儿童最大利益的维护,亦关系案件的公正审理。

其一,家事诉讼中的儿童参与关系儿童最大利益原则的坚守。儿童最大利益原则是英国家事诉讼中的首要原则,体现在英国家事诉讼的各方面。保障儿童在

---

① Family Justice Review Interim Report (2011), p. 49.

② See James Munby, "Unheard Voices: The Involvement of Children and Vulnerable People in the Family Justice System", *Family Law*, Vol. 45, 2015.

家事诉讼中的程序参与,告知儿童相关诉讼进展信息并听取儿童的想法与感受,能够在一定程度上推动案件的审理充分考虑儿童的想法,实现儿童的最大利益。儿童具有知晓案件进展状况和表达感受与想法的权利。同时,为减少未来可能存在的风险或损害,及早让儿童理解对其人生有重大影响的事件体现了儿童最大利益原则。法院不应将儿童视为家事诉讼中的客体。相反,儿童既可以是事实的证人,也是关涉儿童未来的判决结果作出过程的重要参与者。①

其二,保障儿童在家事诉讼程序中的参与,不仅关系儿童最大利益原则的坚守,同样在于推动案件的公正审判与司法正义的实现。部分家事案件中儿童作证对判决结果有重要影响,对儿童的感受和想法的充分考虑能够在一定程度上保障儿童的最大利益,也即实现家事司法系统的目标,即接近正义。同时,充分考虑儿童的想法,保障儿童对诉讼程序的知情权,亦是推动公正审判的重要途径。

其三,保障儿童的程序参与符合国际社会共识及国内法律规定。1990 年生效的《联合国儿童权利公约》第 12 条规定:"缔约国应确保有主见能力的儿童有权对影响到其本人的一切事项自由发表自己的意见,对儿童的意见应按照其年龄和成熟程度给以适当的看待。为此目的,儿童特别应有机会在影响到儿童的任何司法和行政诉讼中,以符合国家法律的诉讼规则的方式,直接或通过代表或适当机构陈述意见。"尽管《联合国儿童权利公约》不直接自动具有国内法效力,但英国《1989 年儿童法》中早已规定了对儿童权利的保护。该法第 1 节"儿童福利"中规定,法院在家事案件判决决定作出等情形中,应当考虑可查明的儿童的感受及想法(鉴于其年龄和理解能力)等。

**(三)儿童参与的可行性探索**

2011 年《家事司法审查中期报告》主张建立家事司法服务局,其核心运行原则在于保障儿童的利益。应当根据年龄的不同,给予儿童及年轻人适宜的程序进展信息。同时,家事司法服务局应当发挥确保儿童及年轻人的声音被听到的功能。儿童及年轻人应该尽早参与案件,通过菜单式选项选择他们希望表达自己观点的方式。②

《家事司法审查最后报告》指出,《家事司法中期报告》中的主张得到了普遍支持。部分反馈认为,听取儿童声音的具体方式应该作出更详细的建议,应根据儿童的年纪和理解能力来确定儿童表达心声的合适方式。部分观点则强调,倾听

① See Brenda Hale, "Listening to Children: Are We Nearly There Yet?", *Family Law*, Vol. 46, 2016.

② Family Justice Review Interim Report (2011), p. 7.

儿童声音并不意味着让儿童处于决定者的位置,案件的解决需要法官以儿童最大利益为原则作出决定。同时,有观点指出,尽管听取儿童的声音极为重要,但完全理解儿童的想法需要一定的时间和能力。也有观点认为,这可能加重儿童的烦恼,他们可能会被父母或其他人员操纵,影响他们的心理健康。因此,包括法官在内的实务人员的能力培训和对儿童发展的理解力提升,应当在全国范围内推动。另外,对《联合国儿童权利公约》的重视也获得普遍认可,并有观点指出应在英国国内立法中进一步推进。如《2011年威尔士儿童及青少年权利评估》,将《联合国儿童权利公约》的规定变为威尔士内部的法律,在不取代任何原有法律的基础上,推动威尔士儿童和家事法庭咨询支持服务署工作人员等相关部门在涉及儿童的决定中更多地考虑了《联合国儿童权利公约》。

因此,《家事司法审查最后报告》指出:(1)家事司法服务局应保障在公法或私法案件中,儿童及青少年应当获得与其年龄相适应的案件情况信息;(2)儿童及青少年在诉讼中应尽早表达其想法,通过菜单式选项选择希望的表达方式;(3)家事司法服务局在儿童及青少年工作中起主导作用,并保障以儿童为中心的家事司法实践的连贯性,监督儿童意见表达的研究分析的最新进展;(4)家事司法服务局中应设立青少年委员会,审理公法及私法案件中的问题,并直接向家事司法服务局报告;(5)英国政府应密切监控《2011年威尔士儿童及青少年权利评估》的运行效果。①

针对家事司法审查报告提出的建议,政府报告基本上表示支持。保障儿童获知诉讼相关信息很重要,同时,如何减少涉案儿童的心理压力则需要完整的体系改革。保障儿童意见的表达是家事司法系统改革的重要原则之一,也是《1989年儿童法》及儿童和家事法庭咨询支持服务署和威尔士儿童和家事法庭咨询支持服务署的工作原则。政府会在工作中考虑儿童的想法和感受,并帮助专业人员提升其能力。同时,政府新成立的家事司法委员会保障《家事司法审查最后报告》中列举的相关改革措施的实施和运行,推动未成年人权利保障工作的开展与完善。② 根据2014年政府发布的关于家事司法审查后的变革的文件,家事司法青少年委员会制定了有利于儿童的术语表,帮助家事法院顾问在诉讼程序之初就提供有利于儿童的信息;政府作出承诺,10岁以上的儿童或青少年可以有向法官表述

---

① Family Justice Review Final Report (2011), pp. 45 – 48.

② Ministry of Justice, Department of Education, The Government Response to the Family Justice Review: A System with Children and Families at Its Heart (2012), pp. 34 – 36.

其感受和观点的权利。同时,家事司法青少年委员会保障家事司法委员会的工作,以儿童为中心。①

在英国家事审判改革过程中,更多地倾听儿童声音和保障儿童直接参与成为普遍共识。例如,儿童事务专员办公室(Office of the Children's Commissioner, OCC)针对数名儿童作出调研,发现在家事司法系统中他们希望看到如下进展:成年人应当理解儿童在家事司法进程的每个阶段中所面临的所有压力;应当以有利于儿童的语言和方式告知儿童关于家事司法进程的信息;未成年人应当有自己特定的计划,列明他们喜欢的表述观点及想法的方式。又如,欧内斯特·瑞德法官也强调,应保障儿童理解诉讼进程及表达自我感受。②

## 二、保障儿童参与,推动儿童作证

英国对家事诉讼中儿童参与问题的探究,可以通过两个方面进行梳理。一方面,自 2010 年以来英国出台了相关文件涉及儿童程序参与及作证问题;同时,最高法院等法院作出的相关判例也对该问题作出了具体探索,当然,相关判例主要是具有涉外因素的案件。另一方面,2011 年英国家事司法审查中提出了倾听儿童声音、保障儿童参与的相关建议,家事审判改革中亦不断推进该儿童利益保护的重要措施,相关工作组的报告即为例证。

### (一)家事诉讼中法官会见儿童的准则与判例

家事诉讼中儿童程序参与的重要体现在于法官会见儿童。英国家事审判中的法官会见儿童的改革,一方面,通过相关准则文件作出规定;另一方面,则通过判例不断推进。

1. 法官会见儿童相关准则

早在 2010 年 4 月,英国家事司法理事会发布了《法官会见家事诉讼涉案儿童准则》。该准则由家事司法理事会制定,并经高等法院家事法庭通过。该准则的目的在于鼓励法官让未成年人在对其人生有重要决定作用的家事诉讼中有更多投入,并保障儿童有机会使法官完全理解自己的想法与感受,了解法官工作任务的性质。

该准则规定,儿童的律师或儿童和家事法庭咨询支持服务署工作人员应咨询

---

① Department for Education, Ministry of Justice, A Brighter Future for Family Justice (2014), p. 19.

② See Sarah Blackmore, Jacqui Thomas, *Reforming Family Justice: A Guide to the Family Court and the Children and Families Act* 2014, London, Jordan Publishing Limited, 2014, p. 50.

儿童是否需要会见法官,若需要则从儿童角度阐释会见的原因,并对会见是否有利于儿童的最大利益作出建议。在决定会见是否具有必要性时,儿童的生理年龄具有参考而非唯一决定作用。部分7岁甚至更小的儿童亦能明确表达其想法。若儿童想要见到法官而法官认为会见并不合适,则法官应对儿童作出书面解释。若法官决定会见儿童,则需在考虑过各方陈述的情况下斟酌以下因素:会见的目的和预期内容;会见应安排在诉讼进行或结束后的哪个阶段;会见的地点;确定负责为儿童准备会见的人员(通常是儿童和家事法庭咨询支持服务署工作人员);参加会见的人员,法官不能单独会见儿童;会见时间,会见时间的确定及传达给儿童;等等。同时,该准则明确指出,法官会见儿童的目的不在于收集证据。收集证据是儿童和家事法庭咨询支持服务署工作人员的职责。会见的目的在于使儿童理解诉讼程序的进展,以及使其确信法官理解他们。①

该准则在对法官会见儿童的具体条件作出规定的同时,强调法官会见儿童的目的并非在于收集证据,并对法官会见儿童的内容等作出建议。需要注意的是,尽管该准则详细规定了法官会见儿童,但相关实践仍属特例。②

2. 法官会见儿童判例:会见不涉及证据收集

Re KP(A Child)[2014]案则是典型的涉及该准则的判例。该案是一位母亲不服一审法院判决提起的上诉案。该案中的13岁儿童一直与父母生活在马耳他,直至其母亲错误地将其带至英国。儿童父亲依据《海牙公约》提起诉讼,希望将该儿童带回马耳他。该儿童在与儿童和家事法庭咨询支持服务署工作人员面谈时用负面词汇描述了马耳他,并表示拒绝返回。该工作人员关心其拒绝的坚定性,故认为不应判决其回国。随后,该儿童与一审法官茱蒂丝·帕克(Judith Parker)在法庭见面,法官在其判决书中描绘了该会见内容。她发现儿童感到困惑,且其拒绝回国不存在合理理由。于是,该法官判令儿童回国。儿童的母亲提起上诉,主要基于法官使用了自己获取的证据而非儿童和家事法庭咨询支持服务署工作人员提供的清晰一致的证据,明显违反了家事司法理事会于2010年4月发布的《法官会见家事诉讼涉案儿童准则》。二审判决允许上诉,撤销回国令,并

① See Family Justice Council, "Guidelines for Judges Meeting Children Who are Subject to Family Proceedings", https://fnf.org.uk/phocadownload/downloads/guidelines_for_judges_meeting_children.pdf, Oct. 10, 2017.

② See Marie Connolly, Judith Masson, "Private and Public Voices: Does Family Group Conferencing Privilege The Voice of Children and Families in Child Welfare?", *Journal of Social Welfare and Family Law*, Vol. 36, 2014.

将该案交由高等法院家事法庭的其他法官重审。①

该案中,上诉法院大法官摩尔－比克(Lord Justice Moore-Bick)在其精致详细的判决书中,对2010年尼古拉斯·沃尔发布的有关准则以及2012年由家事司法理事会工作组编写的《家事诉讼中儿童作证准则》作出了较完美的分析。②

摩尔－比克大法官指出,《法官会见家事诉讼涉案儿童准则》中规定的"不能过于频繁地强调儿童与法官会见不是为了收集证据",区别了不以收集证据为目的的法官与未成年人交流的程序与收集证据的程序。然而,如何以最好的方式倾听儿童的声音,取决于法官及其他专业人员的能力及理解力的发展。因此,《准则》还只是"准则",关于倾听儿童声音的方式的理解仍然存在大量发展空间。法院目前的做法不应是将该方式具体化,或阻止现有良好实践的发展。他根据司法实践,提出了关于何时、何种方式倾听儿童声音,尤其是根据《海牙公约》保障法官与儿童会见的7条原则。(1)假设在涉及《海牙公约》诉讼中儿童的声音会被听取,不适合的情形除外。(2)听取儿童意见意味着听取儿童的观点及他们必须说的话。(3)儿童意见的传达应独立于父母。(4)听取儿童意见的方式有3种:儿童和家事法庭咨询支持服务署工作人员或其他专业人士的报告、与法官面对面交谈以及法定代表全面代理。(5)大部分案件中使用儿童和家事法庭咨询支持服务署工作人员的报告,儿童提出会见法官的要求等其他情况下法官则应会见儿童,极少数案件才需要法律代理。(6)会见对法官和儿童而言均为机会:法官了解儿童的想法,儿童明确诉讼程序的性质以及其言论可能导致案件最终得到不同的判决结果。(7)当儿童要求会见法官时,法官会见儿童的做法合适,但也将会有些案件基于法官个人的建议将儿童纳入诉讼中。

然而,法官会见儿童的过程并不涉及通过提问题以确定其同意或反对意见的合理性的证据收集问题。该过程仅是简单的双向传播问题,即儿童说出想说的话,法官解释在《海牙公约》下法院的功能。在该案中,帕克法官错误地区分了允许儿童自由表达的意愿和感受及儿童能够感受到自己处于诉讼程序中的证据之间的界限。在法官与未成年人会见期间,法官的角色在很大程度上应该是未成年人讲话的被动接受者。司法会议(Judicial Meeting)的目的不在于收集证据,收集证据是儿童和家事法庭咨询支持服务署工作人员的职责。司法会见的目的主要在于保障儿童利益,而非为了司法进程。法官在决定案件核心争议焦点前与未成

---

① Re KP(A Child)[2014] EWCA 554.

② See Caroline Bridge,"Re K. P. (abduction:child's objections)",*Family Law*,Vol. 44,2014.

年人的会见,在于听取未成年人想要表达的事宜,以及向未成年人解释法院程序的性质。如果未成年人主动提供证据,法官应向各方报告,并决定是否甚至如何出示证据。在该案中,法官在 1 小时内问了 87 个问题,远远超出了被动接受者角色,而是进入了证据收集过程。法官对该会见的性质认识有误,该会见仅是儿童向法官表述其意愿的机会,而非儿童向法官提出申诉或表达意见的机会。因此,帕克法官将司法会见中调查得到女孩声明背后的原因作为最终判决的依据,不能成立。

3. 相关判例

在 Re N(Child's Objections)[2015]案中,儿童的父亲不服高等法院判令将儿童送回澳大利亚的判决,认为一审法官没有充分考虑儿童的反对意见。上诉法院最终判决允许上诉。上诉法院判决书中并未对一审法官会见儿童的做法作出评判,相反,吉尔·布莱克法官指出,不需要考虑上诉人提出的关于一审法官会见儿童的异议。唯一需要强调的是,法官会见儿童需要有谨慎的计划,并应确保各方当事人有机会陈词。①

**(二)家事诉讼中儿童作证问题的准则与判例**

儿童作证是家事诉讼中儿童参与的另一重要体现。儿童可以提供书面证据,但在家事诉讼中儿童直接出庭作证鲜少发生,远远落后于刑事诉讼中儿童出庭作证的发展进度。英国家事审判中儿童作证问题,同样通过相关准则和判例不断完善。

1. W(Children)[2010]案:家事诉讼中儿童可出庭作证

W(Children)[2010]案涉及虐待儿童案件中儿童作证的问题,是最高法院作出的关于家事诉讼中儿童作证问题的权威判例。该案涉及 5 名儿童的抚养问题,其中,年龄最大的 14 岁女孩非父亲亲生,其他 4 名儿童均为父母亲生。该女孩主张继父对其进行了严重的性虐待行为,所有儿童被寄养,并在监督下与父母接触。该父亲则被刑事指控。在家事诉讼中,双方最初同意通过视频链接的方式让该女孩为实况调查听证会(Fact Finding Hearing)②提供证据。然而,法官要求进一步讨论是否有必要采取该方式。当地机构已经考虑了从警方收集到的证据,认为不需要该女孩作证。2009 年 11 月,一审法官拒绝了该案中父亲要求女孩作证的请

① Re N(Child's Objections)[2015] EWCA Civ 1022.

② 实况调查听证会:一个确定起诉状的申述是否真实的听证会。这种听证会在其他法院称为审判。

求，认为应根据录像资料等证据作出判决。上诉法院驳回了该案中父亲的上诉，[①]但对该案中呈现的问题表示关注，并建议家事司法理事会审查该问题。该案中父亲向最高法院提起上诉。最高法院一致判决同意上诉，并将该女孩是否应该作证以及如果应该作证采取何种方式作证的问题移交给初审法官根据该判决的原则在实况调查听证会作出决定。

最高法院同意当地机构律师的观点，即在重新制定方法时需要考虑可能会对儿童福利产生的风险。然而，在家事诉讼中儿童不能出庭作证的现有法律推定与欧洲人权法院的做法并不一致，欧洲人权法院旨在维持各项竞争的公约权利之间的平衡。在抚养案件中，应当在《欧洲人权公约》第 6 条规定的质疑证据（Challenge Evidence）的"公平审判之权利"与第 8 条的"私人及家庭生活的隐私权"之间有所平衡。没有哪个权利优先于另一个权利。在绝大多数案件中，该平衡点的确定为儿童在家事诉讼中不应出庭作证，然而这只是个结果，而非推定或起点。

因此，当法院考虑在家事诉讼中是否让儿童出庭作证时，应当有两方面因素进行权衡，即对事实确定的好处及对儿童福利的损害。最高法院列举了一系列法院在进行该权衡时应当考虑的因素，如即将判决的争议问题、已有证据的质量、儿童的年龄及成熟程度、诉讼程序持续时间等。如果儿童不愿作证，则不能被强制作证。法院必须重视作证可能对儿童造成的伤害。在不同案件中，儿童作证的风险与权衡各异，但法院均应考虑在内。在检验的任何阶段，法院在提升儿童相关证据的质量的同时，都必须考虑减低儿童受伤害的风险。

必要的检验是在不进一步询问儿童的情况下，是否能实现各方的司法正义。相关因素只是对现有做法的扩大化。法院所做的只是将推定或起点移除，儿童基本不出庭作证是权衡之后的结果，而非极限值检验（Threshold Test）。因此，最高法院认为，该案中初审法官以儿童基本不出庭作证作为起点开始得出判决决定。如果不以之为起点，则可能会得出不同的判决结果。鉴于所有的证据材料都未经出庭作证，法院未曾考虑过其自由裁判权的行使是否得当。故而，最高法院判决将该案移交给初审法官重新审理。[②]

---

① W（Children）[2010] UKSC 12.

② W（Children）[2010] UKSC 12.

2. 家事诉讼中的儿童作证准则

2011年12月,家事司法理事会工作组编写了《家事诉讼中儿童作证准则》。该工作组由马修·索普大法官领导,在W(Children)[2010]案之后应前高等法院家事法庭庭长詹姆斯·孟比的要求而设立。该准则旨在为家事诉讼中处于特定状况中的人提供一定建议。传闻证据可以由儿童作证,家事诉讼中儿童是否可以出庭作证则需要法院尽早确认。

该准则指出,根据W(Children)[2010]案,法院判断儿童是否应出庭作证的首要目标在于公正审判。为实现公正审判,法院需权衡两个问题:一是儿童作证可能对确定案件事实的有利之处;二是儿童作证可能对儿童产生的危害。这需要考虑一系列因素,如儿童的感受、儿童的特殊需求和能力、待决事项的性质、确凿的证据、儿童的年龄等。法院必须始终考虑出庭作证给儿童可能造成的风险,并尽力将该风险降至最低,但法院不需要通过专家来评估该风险。如果有连带的刑事诉讼,则法院应与相关法官及指示聆讯等密切联系,家事诉讼中儿童作证的计划或儿童的意见应及时告知警察或皇家监控署(Crown Prosecution Service)。同时,法院在家事诉讼程序中应尽早考虑儿童出庭作证的可选择的替代方式,该替代方式应有利于儿童,并在实质性审理之前采取。

该准则同样规定了儿童出庭作证过程的相关内容。若法院认为,儿童应当出庭作证,法院应提升儿童作证的质量,并将风险最小化。在审判前,法院需要考虑一系列因素,如视频等特殊方式的适用、当庭询问儿童问题提前经法官同意、儿童交流能力的相关信息等。若儿童将出庭作证,则需要由一位他们熟悉的中立的支持者陪同、看到他们已有的证据、确定儿童在法庭上的位置及隐私保护等。若由儿童出庭作证,法院及各方应参考相关准则及判例,如判例R v. Barker[2010]案中关于使儿童在力所能及的情况下作出最好的证据的注意事项等。① 可以说,该准则对家事诉讼中儿童出庭作证问题作出了详细的说明与指导。

3. 儿童作证的相关判例

W(Children)[2010]案对家事审判中儿童出庭作证作出了较多探讨。家事司法理事会工作组在准则中预测,自W(Children)[2010]案后,申请儿童作证的案件数量会增长,司法实践中确实如此。

Re LC(Children)[2014]案是最高法院作出的涉及将儿童的心理状况纳入判断惯常居住地考量因素范围的判例。该案关系《海牙公约》及《儿童诱拐与监护

① R v. Barker [2010] EWCA Crim 4.

法》(Child Abduction and Custody Act 1985)的适用,诉讼程序由4名儿童的母亲(居住在西班牙的西班牙人)因反对儿童的父亲(居住在英国的英国人)将4名儿童从西班牙带至英国居住而提起。公约规定除特定例外情况外,将儿童错误地带至非惯常居住地或离开惯常居住地均需及时返回。判断某地是否为儿童的惯常居住地的方法主要是判断儿童与该地的社会与家庭环境是否存在一定程度的融合。①

高等法院家事法庭法官斯蒂芬·科布(Stephen Cobb)判决认为4名儿童的惯常居住地在西班牙,尽管年纪最大的儿童T表示拒绝回到西班牙,但其与3名年纪较小的儿童均应回西班牙。儿童的父亲提起上诉,上诉法院驳回了关于高等法院判决的4名儿童的惯常居住地为西班牙的上诉,但也撤销了使T回到西班牙的判决,认为应对其坚定的反对意见给予重视。同时,还需考虑T留在英国是否会对年幼的3名儿童产生影响。尽管儿童的父亲在很大程度上胜诉,但其仍就惯常居住地问题向最高法院提起上诉。最高法院一致认为,T关于在西班牙居住时的心理状况的描述与判断其惯常居住地有关,将调查4名儿童惯常居住地问题交由高等法院重新调查。同时,最高法院认为T应被赋予当事人地位,上诉法院应允许其提起上诉。

该案的核心问题不在于对惯常居住地的含义,而是在判断惯常居住地时,法院如何将儿童在该地居住时的心理状况与居住地的定性相结合。惯常居住地是一个事实问题,因此,前述问题归结于法官是否应将儿童的心理状况作为该事实考虑的一部分因素。最高法院法官均同意这一点,故而案件最终交由高等法院重新审理。②

即使儿童不出庭作证,其书面证据也应当是家事审判中的重要证据之一。儿童和家事法庭咨询支持服务署工作人员或其他专家关于儿童感受与想法的报告,是重要的家事审判程序中的证据,也是儿童作证的重要方式。S(A Child)[2014]案是上诉法院审理的涉及儿童作证的案件。在该案中,高等法院判令将7岁儿童送回俄罗斯,然而,法院缺乏独立的福利证据。高等法院缺乏从儿童角度出发的福利证据及关于儿童的想法和感受的证据,导致该判令存在质疑的基础,故而上

---

① Re LC(Children)[2014] UKSC 1,[2014] 2 WLR 124.

② See Rob George,"Children's State of Mind and Habitual Residence in Abduction Cases",*Journal of Social Welfare and Family Law*,Vol. 36,2014.

诉法院判决同意上诉。[①]

上诉法院法官欧内斯特·瑞德在判决书中指出,儿童最大利益原则是涉及《海牙公约》案件的首要原则。倾听儿童声音应在家事诉讼程序中有所体现,高等法院在对具有固有管辖权的涉及《海牙公约》案件的审判中,应当重视案件具体环境中的儿童个人。儿童个人的感受和想法通常应当作为考虑儿童个人及其所处环境的重要因素之一。无论儿童是否作为一方当事人,由儿童和家事法庭咨询支持服务署工作人员或相关专家出具关于儿童的报告是比较好的司法实践。同时,《1989年儿童法》第1节"儿童福利"中规定,法院在一般家事案件中作出判决决定等情形中,应当考虑的儿童福利因素包括可查明的儿童的感受及想法(鉴于其年龄和理解能力)等。尽管该规定不适用于固有管辖权案件,但可以作为在固有管辖权案件中保障儿童权益的参考和借鉴。因此,瑞德法官指出,高等法院在审理固有管辖权案件时,原则上有义务考虑是否以及采用何种方式听取儿童的感受和想法。该案确认了高等法院在审理涉及《海牙公约》及《布鲁塞尔法规II》的固有管辖权案件中,负有听取儿童声音的义务。

当然,保障家事诉讼中的儿童出庭作证并不意味着家事诉讼中儿童必须出庭作证。儿童是否应出庭作证实则需要法官根据相关规则和判例,衡量相关因作出判断。Re P-S(Children)[2013]案是关于抚养诉讼的上诉案件,该案中15岁的儿童主张提供口头证据。上诉法院艾伦·沃德法官(Alan Ward)在判决书中指出,根据相关指引和判例,儿童应当有权利表达其想法与感受,但在该案中儿童的想法和感受已经在相关人员提供的报告中有明确体现,儿童提供证据不会增加法院对儿童意愿和想法的了解,也不会对判决结果产生影响。此外,如果该儿童的上诉成功,实则不利于其最大利益的实现,故而最终判决驳回上诉。[②]

**(三)家事审判改革中儿童参与的推进与探索**

自独立家事法院设立以来,英国不断推进家事审判改革。如何保障未成年人在家事诉讼程序中的参与及意见表达,是英国家事审判改革的重要内容。

2014年6月,高等法院家事法庭庭长詹姆斯·孟比设立了弱势证人与儿童工作组(Vulnerable Witnesses & Children Working Group)。该工作组由海登法官(Anthony Hayden)与艾莉森·罗素法官(Alison Russell)主导,负责儿童在家事诉讼中的参与问题及弱势证人的确认问题。该工作组在广泛咨询后于2015年3月

---

① S(A Child)[2014] EWCA Civ 1557.

② Re P-S(Children)[2013] EWCA Civ 223.

公布了报告。该报告包括标准规则草案,并要求家事诉讼规则委员会(Family Procedure Rule Committee)对该规则草案提出建议。

之所以成立该工作组审查儿童与弱势证人作证问题,基于詹姆斯·孟比所强调的原因:其一,对家事司法理事会颁布的《法官会见家事诉讼涉案儿童准则》及判例 Re KP(A Child)[2014] 进行审查,改革家事诉讼中法官与儿童交流的程序与方式;其二,应该对家事司法理事会工作组编写的《家事诉讼中儿童作证准则》及相关判例进行审查;其三,家事诉讼中的弱势证人作证问题急需探究,家事司法系统中的弱势证人作证可能已经落后于刑事司法系统。① 出于对一系列关于家事案件中儿童程序参与及作证问题的文件和判例的作用及效果的审查,该工作组进行调查并出具了报告。

工作组的中期报告指出,鉴于刑事司法系统中的相关实践具有可借鉴性,家事司法中很多法官也已有所探索,为保障审判公正及当事人最大利益,在家事司法系统中引入新的程序具有必要性。中期报告建议,倾听儿童声音的改革应适用于所有的家事案件诉讼中,法院及法官应认识到家事诉讼程序中儿童的角色,或作为诉讼程序的参与者可以有机会与法官沟通,或作为证人。法院及法官应思考如何最大限度地保障儿童的参与。②

工作组最终报告指出,在家事诉讼尤其是公法案件中,作为当事人的成年人及儿童经常属于弱势证人的范围。21 世纪以来,在家事诉讼中提高未成年人的参与具有必要性。2010 年的《法官会见家事诉讼涉案儿童准则》旨在通过为法官提供会见儿童的指导推动法官会见案件相关的儿童。法官会见儿童的主要难点在于,收集证据与保障儿童福利两者之间界限的模糊。所有法官都必须谨记的是,涉及儿童的家事案件中法官考虑的证据之一是儿童的感受想法,但是查明该证据并非司法的功能。在家事诉讼中法官会见儿童的目的需要斟酌与界定,这需要对法官及儿童双方面的期待作出管理。将儿童参与诉讼中并知悉法律程序与儿童表达其观点、想法甚至他们见到的直接证据两者合并在一起是危险的。工作组认为,儿童希望自己的声音能够被听取及会见法官,但是该类会见的目的仍有待全面理解。

---

① See James Munby,"The Process of Reform:Next Steps",*Family Law*,Vol. 44,2014.

② See Children & Vulnerable Witnesses & Ors WG,"Interim Report of the Children and Vulnerable Witnesses Working Group", https://www.judiciary.gov.uk/wp-content/uploads/2014/08/pfd-consultation-interim-report-of-children-vulnerable-witnesses-working-group.pdf, Oct. 10,2017.

高等法院家事法庭庭长詹姆斯·孟比将家事诉讼中的儿童参与分为至少三类。其一,儿童作为一方当事人参与家事诉讼,在公法案件中如此,在私法案件中儿童作为一方当事人的参与相对较少。其二,儿童在家事诉讼中的体力参与。所谓儿童的体力参与,即儿童可能想要参观法庭、会见法官、旁听案件审理过程。对此,法官应最大限度地满足儿童合理的想法和要求。当然,法官应考虑儿童的年龄及理解能力。如果儿童希望旁听庭审过程,法院应谨慎考虑该问题,以保障儿童不会受到不良影响。之前家事诉讼中关于该问题的做法过于谨慎和保守,未来将会更灵活和包容。其三,儿童在家事诉讼中的智力参与。所谓智力参与,体现在两方面:一是确保儿童想说的话以其希望的方式表达;二是确保儿童知道案件进程及原因以及诉讼结束之后法官的判决结果及原因。儿童可以用自己喜欢的方式与法院进行交流,该方式包括但不限于面对面交流。以恰当方式告知儿童家事诉讼进程及原因也同样重要。告知主体的确定并非"一刀切"的问题,有待探讨与完善,如法官通过写信告知儿童判决结果是否可行。而这又会涉及另一个问题,即是否应将案件结果及相关内容做记录留给若干年后长大成人的儿童查阅,以保障其对家庭历史的知情权,知悉曾经决定了其命运的事项。①

在儿童作证方面,家事诉讼中未成年人出庭作证具有必要性。威尔士已经进行了相关试验,刑事诉讼中的儿童作证相关判例和技术可为家事审判改革所借鉴和使用。工作组建议制定新的实践指引及修改相关法规,以取代2010年的准则。家事法院可以模仿皇家法院开展公开日活动,提高儿童对家事诉讼的了解。在儿童作证方面,家事诉讼中儿童直接作证必须改革和现代化。在家事诉讼中应确定不同儿童的适宜出庭作证的年龄,法院应当听取学龄前儿童的证据。倾听儿童声音意味着应听取其证据,如果儿童不愿提供口头证据,那么也可听取由法院任命的专业人员收集的相关证据。②

关于儿童作证问题,詹姆斯·孟比庭长指出,保障儿童作证具有必要性,具体的判断标准则至少依据儿童的年龄及理解能力而定。皇家法院中5岁左右的儿童作证即可导致定罪判决,其他国家家事诉讼中的作证儿童的年龄亦有相似之处。英国家事诉讼中的传统观点认为,接近青少年的儿童作证比较合理,但该观

---

① See James Munby,"Unheard Voices:The Involvement of Children and Vulnerable People in the Family Justice System",*Family Law*,Vol. 45,2015.

② See "Final Report of the Vulnerable Witness and Children Working Group",*Family Law*,Vol. 45,2015.

点存在误区。家事诉讼中儿童作证的原因，在于判决结果影响儿童的一生，故而应保障其参与。因此，詹姆斯·孟比庭长寄希望于工作组弱势证人与儿童工作组起草的相关规则，以保障家事诉讼中的儿童作证。①

同时，英国家事司法系统在利兹和约克市进行法官会见儿童的改革试点项目，推动更常规有序的法官及治安法官会见儿童活动的开展。试点探索显示，相当多的儿童因年龄或其他原因被法官认定为不适合直接与法官交流，被认为适合交流的儿童中则有一部分儿童不愿见到法官。总体而言，儿童及儿童和家事法庭咨询支持服务署工作人员的反馈结果比较乐观，但改革中存在一定的安排会见的操作问题，尤其是安排儿童与治安法官会见。②

在英国家事审判改革过程中，以儿童为中心、以儿童权利为基础的改革路径不断推进。在家事审判中倾听儿童声音的适用亦在调解中借鉴，但效果仍有待探究。尽管家事诉讼中普遍强调儿童程序参与，调解中儿童的参与则相对较少，这基于多方面原因。其一，强调倾听儿童声音与调解的基本原则当事人自治之间并不协调一致；其二，儿童的参与需要父母的允许，在调解中可能父母允许儿童参与的情况较少；其三，很多调解员不希望儿童参与，认为儿童的参与会损坏他们的中立性；其四，从长期角度来看，儿童的参与可能会损害儿童与父母一方之间的关系，或者说赋予儿童过多的权利可能存在风险。③

家事审判改革前，离婚等家事纠纷的调解过程中儿童的参与度较低，关系儿童最大利益的儿童的想法和意见在调解中很难得到倾听或直接体现。④ 在家事审判改革过程中，儿童的程序参与同样在调解中有所推进。曾接受儿童顾问培训的专门调解员可以直接与儿童交流，知悉其感受与想法，并经儿童同意后将其感受与想法告知儿童父母，鼓励父母从儿童的角度出发考虑现状。⑤ 在英国家事调

---

① See James Munby, "Unheard Voices: The Involvement of Children and Vulnerable People in the Family Justice System", *Family Law*, Vol. 45, 2015.

② See Brenda Hale, "Listening to Children: Are We Nearly There Yet?", *Family Law*, Vol. 46, 2016.

③ See Rhona Schuz, *The Hague Child Abduction Convention: A Critical Analysis*, Oxford, Hart Publishing, 2013, p. 414.

④ See Adrian L. Jameset et al., "The Voice of the Child in Family Mediation: Norway and England", *The International Journal of Children's Rights*, Vol. 18, 2010.

⑤ See Sarah Blackmore, Jacqui Thomas, *Reforming Family Justice: A Guide to the Family Court and the Children and Families Act* 2014, London, Jordan Publishing Limited, 2014, pp. 104 – 105.

解中,儿童的参与仍然存在很大的提升空间,有待与诉讼中的改革并进。① 当然,调解中的儿童参与同样需要调解员评估其必要性及可行性,并非所有案件中都有儿童参与。但是,强调儿童参与强化了家事案件调解的原则,也即家事司法系统运作的首要原则——维护儿童最大利益。② 尽管英国家事司法系统对《儿童权利公约》重视普遍提升,但在具体的时间层面仍然需要谨慎监督与不断完善。③

## 三、儿童程序参与的必然发展方向

英国在家事审判改革中不断推进倾听儿童的声音,一方面,加强儿童的程序参与,保障法官会见儿童或其他方式表达儿童的想法和感受;另一方面,借鉴刑事诉讼中的儿童作证,保障家事诉讼中的儿童出庭作证或其他方式的直接作证,以实现儿童最大利益的维护。在家事诉讼中儿童是否应当参与,儿童参与的可行方式或途径如何判定,实则在学界和实务界多有探讨。

### (一)家事诉讼中应保障儿童参与

在家事纠纷解决过程中是否应当保障儿童的参与,是存在争议的问题。综合反对家事诉讼中儿童参与的原因,主要可以归结为以下方面。其一,从保护儿童的角度出发,应将儿童保护在家庭矛盾之外,而非直接参与家庭矛盾的解决过程中,否则会对儿童造成心理上的伤害。同时,儿童在参与后可能会产生愧疚或压力,或者遭到父母一方的报复性对待,或者形成后续的心理伤害。④ 其二,儿童参与的能力问题。鉴于儿童的年龄及理解能力有限,部分儿童的想法可能受到长期生活在一起的父母一方的影响而提供不准确的信息,且由于儿童意见的表达能力和方式有限,影响法官对案件真实情况的判断和对儿童最大利益的衡量。⑤ 其三,允许法官会见儿童,尤其是在监护人不在场的情况下,可能会改变法官在家事

---

① See Janet Walker, "How Can We Ensure that Children's Voices are Heard in Mediation?", *Family Law*, Vol. 43, 2013.

② See Chris Barton, Judith Pugsley, "The Voice of the Child: Are Mediators Listening?", *Family Law*, Vol. 44, 2014.

③ See Ton Liefaard, Jaap Doek eds., *Litigating the Rights of the Child: The UN Convention on the Rights of the Child in Domestic and International Jurisprudence*, Berlin, Springer, 2015, p. 61.

④ See Kate Standley, Paula Davies, *Family Law*, London, Palgrave Macmillan, 2013, pp. 221 – 222.

⑤ See Wendy L. Foote, "How Children's Voices Were Heard 'Above the Din' in Family Court Proceedings in Cases Where There Were Allegations of Child Sexual Abuse: The Importance of Judicial Orientation and Professional Evidence in the Discernment of the Child's Voice", *Child Indicators Research*, Vol. 4, 2011.

审判中的角色定位，可能造成对儿童父母权利的损害。其四，司法人员与儿童交流沟通的专业能力和技巧存疑，可能会因水平不足不能实现会见的目的，甚至给儿童带来精神创伤。①

然而，以上反对原因并不绝对，部分观点值得商榷。

首先，尽管保护儿童免受家事纠纷的干扰或压力具有合理性，但鉴于诉诸司法途径的家事纠纷的严重性，儿童很难免受家事纠纷的干扰，完全排除在家事纠纷之外的状况过于理想化。因此，关于因参与诉讼程序而造成的儿童的心理伤害或后续压力的担忧，则需要法官在司法实践中根据儿童最大利益原则进行衡量。倾听儿童声音、保障儿童程序参与的根本目的在于最大限度地维护儿童的利益，保障儿童对诉讼程序的知情权，实现案件的公正审判。从儿童最大利益原则的角度出发，保障儿童的程序参与具有必要性。

其次，儿童参与的能力问题并非儿童不能参与诉讼程序的充分原因。结合英国家事审判改革的相关探索而言，司法机关往往会对儿童的年龄和理解能力作出判断，从而权衡儿童感受与想法表达的真实性及是否符合儿童最大利益，如10周岁以上的未成年人可出庭作证或直接与法官交流感受及想法。在英国刑事诉讼中有大量儿童出庭作证的司法实践，且部分报告显示大多数未成年人可以真切表达其感受与想法，②故而儿童参与的能力或效果问题不能成为阻碍家事诉讼中儿童作证的原因。当然，鉴于儿童的年龄和理解能力的不成熟，法官在采信儿童出庭作证的证据和考虑儿童表达的感受及想法方面尽更谨慎的审查义务，则是在一定程度上解决该问题的重要保障。

再次，保障儿童与法官直接交流的目的并不在于收集证据，故不会影响法官的中立地位。家事诉讼程序中的法官会见儿童，目的在于法官告知儿童诉讼程序进展及相关信息，并听取儿童的感受及想法。因为不涉及证据收集问题，故而在法官会见儿童的过程中不会产生影响法官中立性的问题。同时，法官会见儿童的司法实践一般有具体规则指引及相关人员陪同，故而损害儿童父母权利的担忧亦不构成问题。保障儿童的程序参与，原因在于儿童在家事案件中处于弱势地位，而家事纠纷的处理结果对儿童的成长而言有巨大影响，故而保障儿童的知情权和

---

① See Nicholas Bala et al., "Children's Voices in Family Court: Guidelines for Judges Meeting Children", *Family Law Quarterly*, Vol. 47, 2013.

② See Brenda Hale, "Listening to Children: Are We Nearly There Yet?", *Family Law*, Vol. 46, 2016.

在家事诉讼中的参与有重要作用。

最后，司法人员与儿童交流的经验和专业能力对儿童的程序参与效果有关键作用，也是保障儿童程序参与的重要因素。故而，提升法官等司法工作人员的专业能力和水平、增强其与儿童的交流沟通能力、提升与儿童沟通的技巧和水平，是保障儿童程序参与的重要方面及发展方向，英国家事审判改革中的相关实践即为例证。因此，司法人员的沟通水平与技巧是影响儿童参与的因素，但可以通过不断加强相关培训提升其沟通水平，而非否定儿童的程序参与。

保障家事诉讼中的儿童程序参与，不仅在于前文所述的反对意见具有片面性，更在于儿童程序参与的必然性与可行条件。其一，陈述意见权是儿童的基本权利，也是保障儿童最大利益原则实现的重要途径。① 其二，部分案件中儿童希望参与诉讼程序、知晓诉讼相关信息或自己的感受及意见得到法官的倾听，在该类案件中采取适当方式保障儿童的参与符合儿童最大利益原则。其三，根据儿童的年龄及理解能力等确定适宜的儿童程序参与方式，提高司法工作人员与儿童沟通的能力与技巧，完善家事诉讼中儿童参与的规则机制，为保障家事诉讼中的儿童参与提供了充足条件。因此，家事诉讼中儿童的合理参与家事审判制度的重要组成部分，是实现儿童最大利益原则的必然探索。

**（二）家事诉讼中儿童参与的合理构建**

诸多家事纠纷涉及未成年人，然而，未成年人的意见往往会被忽视或不能引起足够重视。保障儿童在家事诉讼程序中的参与能够得到学界或实务界的普遍认可，关键问题在于如何合理保障儿童的程序参与，从而真正实现维护儿童最大利益的目的。关于家事诉讼中儿童参与的合理构建，学界及实务界多有探讨。有报告对保障儿童表达意见的具体方式作出建议，如应提升儿童参与的自信心，与儿童交流的方式不应过于指教且问题尽量简明直接，等等。② 有学者指出，应区分儿童的声音和选择，深究儿童的想法而非愿望，区分不同案件中儿童意见陈述的重要程度，等等。③ 有学者则主张通过完善司法规则指引等保障法官会见儿

---

① See John Mitchell, *Children Act Private Law Proceedings: A Handbook*, London, Jordan Publishing Limited, 2006, pp. 262 – 263.

② See Ann O' Quigley, *Listening to Children's Views: The Findings and Recommendations of Recent Research*, York, Joseph Rowntree Foundation, 2000, pp. 41 – 42.

③ See Patrick Parkinson, Judy Cashmore, *The Voice of A Child in Family Law Disputes*, Oxford, Oxford University Press, 2008, pp. 197 – 209.

童,并进一步对加强对法官、律师及相关专业人员的培训等。①

保障儿童在家事诉讼中的程序参与,是很多国家家事司法实践的内容。德国《关于家庭事件和非诉事件的程序的法律》规定法院在作出重要裁断时应充分考虑儿童意愿,儿童在涉及人身或财产的法定程序中有一定的诉讼主体地位。在涉及亲子关系的家事诉讼中,法院必须听取年满 14 岁的未成年人的意见,若儿童未满 14 岁,但其意愿或偏好对案件判决结果有重要影响或有其他原因使听取儿童意见具有必要性,则法院也需要听取儿童意见。同时,法院必须以适当的、与儿童年龄相适应的方式将诉讼程序进程告知儿童,并给予儿童表达其意见的机会。②日本《人事诉讼法》规定,法院在审理亲权、监护等涉及未成年人利益的案件中,如果子女年龄在 15 岁以上,则必须听取子女的陈述。③ 澳大利亚《1995 年家庭法改革法案》明确规定儿童最大利益原则是涉及子女的诉讼程序的首要考虑,法院在考虑儿童利益时必须考虑儿童表达的所有愿望,以及诸如儿童年龄及理解能力等相关因素。在涉及儿童保护等诉讼程序中,儿童有权表达自己的意见。④

保障家事诉讼中的儿童程序参与,尤其是通过直接与法官沟通或出庭作证等方式参与家事诉讼,是英国家事审判改革的重要内容,也是不少国家家事审判中实现儿童最大利益的重要途径。儿童的直接参与并非不能实现或存在缺陷,而是应在健全的制度规定下合理构建。在英国家事审判中,一方面,保障希望与法官直接沟通的儿童有机会与法官会见,但又对该会见的性质通过判例和准则作出明确界定,从而对倾听儿童的声音作出更深入的探索;另一方面,则借鉴刑事诉讼中的儿童作证,推动家事诉讼中儿童作证的发展,并通过相关判例和准则不断推进。可以说,英国家事司法系统中的儿童参与,从之前的儿童和家事法庭咨询支持服务署工作人员出具的与儿童交谈的报告到家事审判改革后不断发展的法官会见儿童及儿童作证,体现了家事诉讼中儿童参与原则的不断拓展与深入,推动了儿童最大利益原则的实现。

---

① See Nicholas Bala et al. ,"Children's Voices in Family Court: Guidelines for Judges Meeting Children",*Family Law Quarterly*,Vol. 47,2013.

② 参见王葆莳:《"儿童最大利益原则"在德国家庭法中的实现》,载《政治与法律》2013 年第 4 期。

③ 参见曲昇霞:《未成年人民事审判的双轨制建构——以日本未成年人民事审判为借鉴》,载《学海》2014 年第 6 期。

④ See Rosemary Sheehan, Allan Borowski eds. ,*Australia's Children's Courts Today and Tomorrow*, Berlin, Springer, 2013, pp. 115 - 116.

## 第三节 调解机制的扩大适用

作为非诉纠纷解决机制的重要内容，调解机制在家事司法实践中的重要性不断凸显。家事纠纷解决过程中调解机制的适用，一方面，能避免通过司法途径解决家事纠纷本身存在的缺陷，提升纠纷解决的效率；另一方面，减少当事人之间的冲突，更具灵活性。扩大家事纠纷解决中调解等非诉纠纷解决机制的适用，推动调解机制的不断完善，是各国家事审判改革的基本内容之一。英国自 2011 年以来实行家事审判改革，调解等非诉纠纷解决机制的完善与发展是英国家事审判改革的重要内容。英国家事审判改革的效果显著，但调解程序的适用效果仍存在一定争议和有待完善之处。调解对于有效解决家事纠纷、减少家事司法系统压力、维系家庭关系稳定等具有积极意义，然而，如何构建合理有效的家事调解机制有待进一步深究。

### 一、调解机制有待改革

英国自 2011 年以来实行家事审判改革，设立了独立的家事法院，引入了 26 周法定审限制度等规定，旨在推动家事司法系统的良好运行，减少诉讼迟延问题，保障儿童最大利益原则的实现。在英国家事审判改革中，推动调解等非诉纠纷解决机制的发展和完善同样是重要内容。英国家事审判改革之所以推进调解机制的发展与完善，一方面，基于调解的优势与作用；另一方面，在于改革前英国的家事调解机制存在缺陷和不足。

#### (一)完善家事调解机制具有必要性

非诉纠纷解决机制是处理家事纠纷的重要途径，调解构成非诉纠纷解决机制的核心内容。非诉纠纷解决机制是使用诉讼之外的方法解决纠纷的方式，常见方式包括仲裁、调解等。① 英国家事纠纷的非诉纠纷解决机制主要包括旨在解决家事纠纷以避免进入司法途径的程序以及旨在解决法院处理的案件的程序，如协商、家庭团体会议、协作法及调解。其中，调解机制是通过中立的第三人介入，帮助争议双方努力达成协议，解决争议问题。在家事纠纷解决过程中，调解是最普遍的非诉纠纷解决机制。

作为非诉纠纷解决机制的核心内容，调解在家事纠纷解决过程中发挥了重要

---

① See Bryan A. Garner ed. , *Black's Law Dictionary*, Minnesota, Thomson West, 2004, p. 244.

作用。一方面,家事调解能够弥补家事审判存在的缺陷。任何纠纷解决方式都绝非完美,司法途径亦不例外。整体而言,通过司法途径解决离婚等家事纠纷存在时间耗费过长、程序过于僵硬、结果不可逆转等问题,相较之下,调解的灵活性、非正式性等特点则为家事纠纷解决提供便利。例如,在调解过程中由于不需要举证等环节,当事人可以更好地表达想法。同时,家事案件具有特殊性,既有财产纠纷的合理性问题,也涉及身份关系的非合理性因素。尽管财产关系可以通过一般司法途径进行处理,但身份关系中的非合理性因素往往需要适用特定的原则和方式。另一方面,调解机制具有独特优势。其一,调解在于推动双方更好地达成协议,改善当事人的参与,防止诉讼迟延并可以降低时间及费用成本。① 其二,调解能够使当事人全面讨论争议问题,减少双方的敌对情绪,为争议的解决提供更平和的氛围。其三,相较于家庭团体会议等非诉纠纷解决方式,调解在解决纠纷避免案件进入司法途径或减少诉讼期间的争议问题等方面更具优势。同时,调解倾向于推动家庭关系的稳定或当事人之间的协商谈判,有利于缓和当事人之间的矛盾,推动纠纷的和平解决,维护家庭关系及社会的稳定。

**(二)英国家事调解有待完善**

英国家事调解机制的适用已有 30 余年的历史。《2010 年家事程序规则》明确规定,法官在诉讼的任何阶段都应考虑调解等非诉纠纷解决方式的适用。若法官认为具有调解的合理性或可能性,或者双方同意适用调解机制,则在案件审理过程中法官可以休庭,为双方提供关于调解的咨询意见,推动调解协议的达成。然而,在家事审判改革前,英国家事司法系统中的调解机制存在很大发展空间。一方面,改革前英国家事司法中非诉纠纷解决机制普遍适用不足。家庭团体会议的适用仍然存在很大的探索空间,调解机制亦不具有普遍的适用效果。尽管大多数当事人希望得到调解等纠纷解决机制的援助,但非诉纠纷解决机制的适用尚未成为常态。相较之下,新西兰、澳大利亚、美国、加拿大等国家的非诉纠纷解决机制则适用更为广泛。另一方面,调解机制的适用仍存不足。家事私法诉讼中调解机制的适用仍有待发展,多元化的调解模式构建有待探索,公法案件中调解机制的适用更是寥寥。美国、加拿大等国家的儿童保护程序等家事诉讼中适用了正式调解,澳大利亚的相关探索亦不断推进。整体来看,在英国家事审判改革之前,家事司法实践中调解机制的适用存在不足,尚存较大发展空间。

---

① See Nancy Thoenes, "What We Know Now: Findings From Dependency Mediation Research", *Family Court Review*, Vol. 47, 2009.

2011年英国实行家事司法审查,对家事审判中的调解机制改革作出建议。《家事司法审查中期报告》指出,应建立在线信息中心和服务热线为夫妻在庭外解决离婚或分居问题提供信息或支持,法官有权力要求双方参加调解信息评估会议(Mediation Information and Assessment Meetings,MIAM),所有的调解都应以儿童最大利益为中心,等等。①《家事司法审查最后报告》建议,发展及扩大现有家事司法程序中的非诉纠纷解决机制,公法案件中正式调解的适用应谨慎。同时,该报告建议所有家事案件在诉诸法院之前都应经过调解信息评估会议程序。尽管不能强制要求当事人参与,但原则上应鼓励。法官保留要求当事人参加调解信息评估会议的权力,并且,该权力在当事人尚未考虑调解时应当尽可能多地使用。② 政府报告则对家事司法审查提出的建议作出回应。针对公法案件中正式调解机制的试点运行,政府报告表示支持,并与家事调解委员会、法律服务委员会等机构协作进行公法案件中正式调解的试点工作。同时,鉴于自2011年以来私法案件中适用的调解信息评估会议机制尚不具有强制性,政府将进一步加强离婚案件当事人在诉讼前参加调解信息评估会议的强制性规定的适用。③

## 二、多元调解机制之构建与扩大适用

针对家事司法审查报告提出的建议,英国家事调解机制不断改革和发展。家事司法实践中调解机制的改革,一方面在于调解信息评估会议的强制适用,另一方面在于调解机制的扩大适用。同时,英国不断探索家事调解机制的调查研究,推动家事调解的发展。

### (一)调解信息评估会议的强制适用

英国修改后的《家事诉讼规则》使用了"Non-court Dispute Resolution"一词指代非诉纠纷解决机制。在家事私法案件中,调解机制的改革主要体现在调解信息评估会议的强制适用。根据2014年4月22日生效的《2014年儿童与家庭法》,家事私法案件中调解信息评估会议的适用正式在立法中得到确认。调解信息评估会议并非调解本身,而是由调解员及争议双方共同或单独参与的、时常在40分钟

---

① Family Justice Review Interim Report (2011), pp. 23 – 31.

② Family Justice Review Final Report (2011), pp. 129 – 130.

③ Ministry of Justice, Department of Education, The Government Response to the Family Justice Review: A System with Children and Families at Its Heart (2012), pp. 65 – 73.

左右的、旨在评估调解可行性的会议。[①]《2014 年儿童与家庭法》规定,个人在起诉前必须参加调解信息评估会议。调解信息评估会议旨在提供以下信息:(1)调解的适用范围,即适用调解的家事诉讼申请所涉及的家事纠纷类型;(2)调解的适用方式,即可能不通过司法途径解决家事纠纷的调解方式;(3)调解的适用性,即具体纠纷解决中调解或其他非诉纠纷解决方式是否适用的衡量。该法确立了调解信息评估会议适用的强制性。

调解信息评估会议的具体适用则体现在《实践指引 3A》(PD3A)中。家事诉讼的申请方应参加调解信息评估会议,被告方也被鼓励出席该会议。法院有权中止诉讼程序从而使案件通过非诉纠纷机制解决。调解信息评估会议是提供调解信息的简短会议,由一名经过培训的调解员主持,在 15 个工作日内完成。调解信息评估会议为争议双方提供了关于调解的过程、内容、优势等信息,从而推动纠纷解决。在会议结束后,调解员会与双方讨论争议的性质及调解是否为合适的解决纠纷的方式。从调解信息评估会议的适用范围来看,涉及儿童的私法案件和金钱赔偿案件都应在诉讼前进入该程序。调解信息评估会议的适用存在例外的豁免状况,即家庭暴力及破产等案件,但部分豁免的适用需要提供一定的有效证据。当事人向法院提交的诉讼申请中应提供其中一项证明:(1)调解员确认申请人已经参加了调解信息评估会议;(2)申请人提出了调解信息评估会议的豁免主张;(3)调解员确认申请人主张的豁免适用。调解信息评估会议的调解员应经家事调解理事会认证合格,相关费用则取决于参与者数量以及是否其中一方能够获得法律援助。

根据 2014 年关于《家事诉讼规则》的修改规定,法院在家事诉讼各阶段都需要考虑适用非诉纠纷解决机制。如果法院认为适宜适用调解信息评估会议,那么法院可中止诉讼程序并推动双方参与调解信息评估会议,以使双方适用解决争议的非诉机制。法院在考虑调解信息评估会议是否合适的过程中,应考虑以下因素:(1)当事人是否已经参加了调解信息评估会议;(2)当事人是否已经主张了关于调解信息评估会议适用的有效豁免或者豁免是否已经被确认;(3)当事人是否已经尝试了调解等非诉纠纷解决机制及其结果。在调解信息评估会议程序中,调解员必须提供调解的原则、程序及不同模式等信息,评估调解作为纠纷解决途径的适用性,确定是否存在家庭暴力或有家庭暴力的危险以及评估是否一方存在应

---

① See Sarah Blackmore, Jacqui Thomas, *Reforming Family Justice: A Guide to the Family Court and the Children and Families Act* 2014, London, Jordan Publishing Limited, 2014, p. 100.

诉诸法院的、对儿童造成伤害或有伤害危险的事项。

### (二)调解机制的扩大适用

调解信息评估会议并非事实意义上的调解,而是在于传达关于调解的信息及评估具体案件适用调解机制的可行性。可以明确的是,英国家事审判改革中引入调解信息评估会议的强制程序,根本目的不在于强制离婚当事人参与该会议,而是提供纠纷解决的更多选择或考虑。从调解机制的具体适用来看,英国立法规定法院需要在诉讼的各个阶段都考虑非诉纠纷解决机制的适用,体现出对调解等非诉纠纷解决机制的重视。从调解机制本身的改革来看,司法审查报告中强调扩大调解机制的适用,如家事公法案件中探究正式调解的适用等,在英国家事审判改革中同样有所呈现。

英国家事调解机制运行的基本原则体现在四个方面:其一,调解具有自愿性,当事人双方和调解员应一致认为调解方式解决纠纷适宜;其二,调解具有保密性,儿童或弱势证人存在危险时可有例外;其三,调解具有公正性,调解的目的在于便利谈判,调解员对结果没有任何既得利益;其四,调解决定由调解的参与者作出。这四个原则构成了英国家事调解实践的核心原则,旨在确保调解机制成为高效的非诉纠纷解决机制。①

调解可以解决家事纠纷中涉及儿童的争议或财产争议,或同时解决两类争议。调解员推动争议双方讨论,提供信息而非建议。调解的时间长度取决于当事人,但一般调解会议在1.5小时左右,涉及儿童抚养问题的调解会议则需要进行4~6次。如果当事人就财产问题存在争议,双方应当在调解会议中向对方公开所有的财产信息,从而便利双方讨论彼此的需求及想法。如果争议双方在调解中能够达成协议,调解员可以制作相关备忘录,该备忘录并非具有约束力的协议,但可以由律师作为申请法官将调解协议转变成法院令状的依据。相反,如果争议双方无法达成协议,调解员可以起草公开的信息声明,该声明可在其后协商或司法程序中使用。随着英国2013年对《2012年罪犯法律援助、判刑及惩罚法令》(Legal Aid,Sentencing and Punishment of Offenders Act 2012)的修改,法律援助相关规定不断完善,大部分家事司法诉讼中的公共援助已经取消,但家事调解仍然属于法律援助的范围。由此,很多将家事纠纷诉诸法院的家庭可能将调解作为首选,该变化实则成为推动当事人选择家事调解机制的重要原因之一,在一定程度上保障

---

① See James Munby,"Family Mediation in England and Wales:A Guide for Judges,Magistrates and Legal Advisors",*Family Law*,Vol.44,2014.

了调解适用的可能性。同时,自2015年起,家事调解理事会开展了一系列改革工作,推动家事调解机制的自律监管工作的开展,加强家事调解的职业化建设,不断强化该领域的专业技能与管理工作。①

**(三)调解判例:法院鼓励而非强制当事人参与调解**

尽管在英国司法实践中,法院在诉讼各阶段都可适用调解非诉纠纷解决机制,但法院不能强制双方同意调解。Mann v. Mann [2014]案是一对夫妻关于财产赔偿的诉讼,其中,男方没有按照之前调解的结果给付,女方起诉要求男方为给付行为。男方反对女方提起诉讼的行为,主张两者之前已达成协议就财产争议问题适用调解程序,然而,进一步的调解始终未进行。高等法院法官尼古拉斯·莫斯汀判决认为,法院无法强制双方当事人参与调解,但发布了安格雷令(Ungley Order),②要求双方在特定期限内考虑调解问题。莫斯汀法官指出,尽管《家事诉讼规则》要求法院在诉讼的任何阶段都应考虑调解等非诉纠纷解决机制的适用,且如果法院认为应适用非诉纠纷解决机制时,可在特定时期内中止诉讼程序:(1)使双方获得非诉纠纷解决机制的信息和建议;(2)在双方当事人同意时进入非诉纠纷解决程序。但需要注意的是,与《民事诉讼规则》的相关规定不同,家事诉讼中必须经过双方当事人同意法院才可将案件转入非诉纠纷解决途径。如果双方当事人已经达成协议适用非诉纠纷解决机制,则法院有权力适用《家事诉讼规则》的相关规定判令双方适用非诉纠纷解决机制,否则法院无权强制双方适用非诉纠纷解决机制。因此,在该案中,莫斯汀法官判决中止诉讼程序,并令双方在限定期限内考虑非诉纠纷解决机制的适用问题,而非直接判决将案件转入调解程序。③

H v. W [2014]案是关于诉讼费用的上诉案,一审法官已判决女方获得丈夫每年奖金的25%作为赡养救济,男方提出上诉。埃莉诺·金(Eleanor King)法官允许上诉,表明分配给女方的补偿金上限应该有所限定。④ 法院作出指示令双方进行调解,男方支持调解并表示可以支付女方参加调解的费用。然而,由于女方坚持选择收费最高的调解员进行调解导致无法确定调解员,且女方一直要求其法定代表人参加调解,最终双方未能进入调解程序。鉴于女方在调解问题上的不合

---

① See Stan Lester, "Issues, Implications and Future Challenges (Professional Organisation and Self-Regulation in Family Mediation in England and Wales, part 3)", *Family Law*, Vol. 44, 2014.

② 安格雷令,即英国法院发布的要求纠纷当事人考虑其争议是否适用调解的令状。

③ Mann v. Mann [2014] EWHC 537(Fam).

④ H v. W [2013] EWHC 4105(Fam).

理行为,莫斯汀法官判决女方应向男方支付一定的诉讼费用。① 通过上述关于调解的判例可以发现,尽管在英国家事司法实践中,法院希望推动当事人适用调解等非诉纠纷解决机制,但鉴于强制调解违反了调解的自愿性,会影响家事纠纷的处理效果,在司法实践中需要通过严格标准适用。②

**(四)相关调查报告:家事调解有待发展**

为推动家事调解机制的发展,英国部分学者同样作出相关调查研究。"家事正义之路计划"是由埃克塞特大学和肯特大学主导的为期 3 年的学术研究项目,以调解、协商和协作法 3 种非诉纠纷解决机制为研究对象。该项目旨在研究人们对不同非诉纠纷解决机制的认识、各种纠纷解决机制的适用状况、非诉纠纷解决机制适用的经验及效果等问题。对于人们对调解等非诉纠纷解决机制适用的认识问题,调查报告显示,公众对非诉纠纷解决机制缺乏基本认知。在各项非诉纠纷解决机制中,调解最为人们熟知,44% 的受访者知悉调解,32% 的人听说过律师协商,14% 的人听说过协作法,但有 45% 的被访者对这 3 种非诉纠纷解决机制均未曾听闻。而从非诉纠纷解决机制的适用经验来看,尽管调解的适用最广泛,公众对调解的认知程度高于协商和协作法,但就公众满意度而言,调解在三种方式中最低。③ 就参与调解的经历感受而言,尽管通常人们不能确定通过调解是否会解决问题,但基本上人们能够得到较充分的关于调解的阐释。同时,尽管很多人不满意调解的结果,但调解的费用低、速度快、非正式性等优点为人们重视,且普遍观点认为调解有利于促进沟通和改善家庭关系。然而,部分受访者认为调解的结果不公正或对调解持悲观态度。另外,部分受访者认为调解本身具有强制性,且很多具体家事纠纷中不应适用调解,如有伤害儿童的风险、存在心理健康问题、有虐待或强行控制等情形。④

以大卫·诺宰勒夫为主导的专案组则对如何提升调解机制作出研究,并于 2014 年出具研究报告。该专案组建议政府对家事审判改革中实行的调解信息评估会议项目提供为期 12 个月的资助,从而为当事人提供 1 年的免费服务,以推动

---

① H v. W [2014] EWHC 2846(Fam).

② See Kim Holt, *Contemporary Family Justice: Policy and Practice in Complex Child Protection Decisions*, London, Jessica Kingsley Publishers, 2016, pp. 49 – 50.

③ See Anne Barlow et al., "Mapping Paths to Family Justice: A National Picture of Finding on Out of Court Family Dispute Resolution", *Family Law*, Vol. 43, 2013.

④ See Anne Barlow, "Out-of-court Family Disputes Resolution: The Lessons of Experience", *Family Law*, Vol. 44, 2014.

该机制的适用和发展。同时,调解信息评估会议中调解员的收费应在3年内有所提高,以保障调解信息评估会议机制的良好运行。

### 三、调解改革之效果与制度化发展趋向

在2011年以来的英国家事审判改革中,家事调解机制的扩大适用构成改革的重要内容,然而在实践中仍存在有待完善之处。尽管在此次改革过程中强调调解信息评估会议在家事私法案件中的强制适用,调解信息评估会议在实践中的推进效果不佳。司法部表示,尽管相关制度规定具体案件是否参与调解信息评估会议或不参与的豁免原因等需要作出标记,但在实践中该规定的影响有限。在伦敦中央家事法院1800余份诉讼申请中,仅有约1400份包含有该标记。在包含有该标记的案件申请中,1/3的案件中当事人并未参与调解信息评估会议。在伯里圣埃德蒙兹法院中心受理的7600份诉讼申请中,仅有4900份包含有该标记。在含有该标记的4800份案件申请中,超过一半的案件中当事人并未参与调解信息评估会议。[①] 由此可见,该改革措施在实践中效果不佳,有待进一步推进。

目前,调解是解决家事纠纷的主流选择,但在调解信息评估会议中应注重评估调解的适用性,而非一味将当事人的纠纷诉诸调解机制解决。[②] 同时,有观点指出,当事人参加调解信息评估会议只能获得关于调解程序的大致信息,很少获得私人建议。尽管在如此短的时间内找到解决途径并不现实,但由于缺乏足够认识,大多数当事人认为调解信息评估会议并不奏效,仍是寻求律师帮助。尽管《2014年儿童与家庭法》等均将非诉纠纷解决机制作为家事私法案件的最优解决途径,但在诸如涉及儿童的复杂问题中,调解等非诉纠纷解决机制并非总是适当的选择。部分纠纷如果能够及时通过司法程序解决更适宜,如在女方处于较弱地位的案件中,司法会提供更好的协商环境和有效途径。[③]

有观点指出,鉴于在离婚等家事纠纷中,当事人之间存在抱怨、愤怒等对立情绪,调解可能并非简单的过程,故而调解的适用及成功需要家事司法文化的巨大

---

① See Katharine Landells, "UK: On the Campaign Trail for Family Law Reform", http://www.mondaq.com/uk/x/601202/Family+Law/On+the+campaign+trail+for+family+law+reform, Jul. 5, 2017.

② See Marion Stevenson, "Mediation: Screening for Suitability", *Family Law*, Vol. 44, 2014.

③ See Kim Holt, *Contemporary Family Justice: Policy and Practice in Complex Child Protection Decisions*, London, Jessica Kingsley Publishers, 2016, pp. 51-52.

转变。[①] 有观点认为,在英国家事司法中,离婚案件中的“强制调解”的适用在立法、司法及行政不同领域的认识不统一。[②] 有观点认为,应扩大调解信息评估会议中纠纷解决机制的选择范围,将之更改为纠纷解决信息评估会议(Dispute Resolution Information and Assessment Meetings)。纠纷解决信息评估会议应免费(由公费支持),并且由独立的、合格的人员负责。纠纷解决信息评估会议的负责人应根据当事人的具体情况提供合适的纠纷解决方式建议,其中应不涉及任何利益冲突或不存在“推销”某种纠纷解决机制的问题。[③] 合理的家事调解机制的构建或完善,一方面,需要对家事调解的作用作出客观判断;另一方面,可以通过借鉴和试点不断探索和完善。

在英国家事司法实践中,调解机制的优势及局限性均较显著。一方面,家事调解存在局限性。调解不能产生具有法院强制执行力、有约束性的协议。同时,调解具有自愿性,不愿参加调解的当事人不能被强制参与调解过程。调解要求双方当事人之间交谈或进行有建设性的对话,在一定程度上存在难度。另一方面,调解机制的优势非常明显。调解比诉诸法院费用更低且效率更高。调解解决纠纷的期限取决于当事人和调解员,而非法院的时间表。当事人保留对纠纷解决程序及结果的控制权,而非服从于他们可能认为并不公平的法院判决。另外,调解可以解决家事纠纷中的所有争议,有别于司法程序中需要根据儿童、财产等不同争议焦点分别起诉。[④] 尽管调解机制在解决家事纠纷、避免诉讼迟延等方面具有显著作用,需要注意的是,在英国家事司法实践中,司法的作用不局限于审判,很多家事案件还涉及“面向未来”的因素。如在家事公法案件中,法院关心的是如何通过判决保障儿童未来的福利和发展,在涉及监护等问题的家事私法案件中,法院的判决也将儿童未来的福利作为核心原则。[⑤] 调解等非诉纠纷解决机制与司法都是解决家事纠纷的途径与机制,并不存在替代或被取代的问题,而是应相互结合、相互促进。同时,司法是正义的最后一道防线,但这并不意味着司法是最

---

① See Shefali Shah, *Key Changes to Family Justice*, London, Coram BAAF, 2016, p. 22.

② See Sahana Pal, “Current Focus on Family Mediation in the UK: How Relevant?”, *Arbitration*, Vol. 83, 2017.

③ See Rosemary Hunter et al., “Mapping Paths to Family Justice: Matching Parties, Cases and Processes”, *Family Law*, Vol. 44, 2014.

④ See Sarah Blackmore, Jacqui Thomas, *Reforming Family Justice: A Guide to the Family Court and the Children and Families Act* 2014, London, Jordan Publishing Limited, 2014, pp. 104.

⑤ See John Eekelaar, Mavis Maclean, *Family Justice: The Work of Family Judges in Uncertain Times*, Oxford, Hart Publishing, 2013, pp. 25 - 26.

后的纠纷解决途径,部分案件中法院应尽早介入以避免诉讼迟延对儿童或当事人导致损害。从这点来说,法院鼓励而非强制适用调解机制具有合理性。

另外,英国家事审判改革注重对其他国家或地区相关经验的参考。西班牙是率先引入调解机制解决家事纠纷的国家之一,早在20世纪80年代,西班牙在马德里等市设立了家事调解服务局解决家事纠纷。① 澳大利亚自2006年法律改革以来,在诉诸司法之前通过调解机制解决家事纠纷的“真实努力”成为当事人的义务。在挪威涉及16岁以下未成年人的家事案件中,家事调解则具有强制性。日本《家事审判法》就调解机构、家事调解官、家事调解程序等作出明确规定,家事调解适用于关于人事的诉讼案件及其他关于家庭的一般案件。② 随着2011年日本家事事件程序法的制定及民法的修改,家事调解机制在全案调解前置主义的基础上作出反思,家事调解广泛采用调解前置主义,以别席调解为原则,重视保护子女经济利益和保障探视交流。③ 美国大约有一半的州通过立法规定在判决离婚前应进行调解或仲裁,调解在美国法院处理家事案件尤其是离婚案件中得到了广泛应用,甚至成为“准司法”(Informal Justice)概念上的重要名词。④

各国或将家事调解作为起诉前的强制程序,或积极鼓励调解机制在家事纠纷解决中的适用,目的均在于推动家事调解机制的适用和发展。英国2011年以来的家事审判改革推动了调解机制的发展和完善,但在实践中仍然存在诸多有待发展之处,推进调解机制的完善仍是英国家事司法系统的重要发展方向。

## 第四节　彰显家事司法特殊性的程序正义

英国家事司法系统关于程序机制的改革,是对理性司法的追求,本质上是通过程序公正以保障接近正义的实现,体现了具有家事司法特殊性的程序正义。在英国家事司法系统运行及发展过程中,推动程序机制的完善、保障家事司法正义的追求和家事司法效率的提升,成为英国家事司法系统在程序机制改革方面的发展方向。

---

① See Miquel Martín Casals, “Divorce Mediation in Europe: An Introductory Outline”, *Electronic Journal of Comparative Law*, Vol. 9, 2015.

② 参见[日]松本博之:《日本人事诉讼法》,郭美松译,厦门大学出版社2012年版,第6~7页。

③ 参见徐文海、陈俊:《日本家事调解制度新动向及启示》,载《中国应用法学》2017年第5期。

④ 参见陈爱武:《人事诉讼程序研究》,法律出版社2008年版,第221~222页。

## 一、程序改革的理论基础

程序通常指处理问题的先后次序，是按照一定顺序、手续或方式作出决定的相互关系，诉讼程序则指诉讼中应遵循的司法规则、模式、步骤等。[①] 程序的基本功能在于调整作为审判者的法院或法官和作为程序参与者的当事人之间的程序地位，并对诉讼程序的实施和纠纷的解决产生影响。[②] 英国家事审判改革中关于程序机制方面的改革，反映了理性司法和程序正义原则的坚持，融合了家事司法的特殊性，呈现显著区别于其他案件类型司法程序的特点。

### (一)理性司法的追求

理性是对以工具属性形式存在的国家权力运行的控制方式之一，家事诉讼中的司法权应在理性控制下正确运行，否则会影响家事司法的有效运行或造成司法权的异化。现代司法的正当性或可接受性，不仅取决于所适用的法律规范的正当性，还取决于规范适用的司法程序是否符合理性对话的标准和要求。裁判的合理性在很大程度上取决于在法律范围内诉讼活动是否符合自由、平等及理性的标准。程序为主体间的沟通理解和交往行为提供对称条件及交互期待，保障诉讼主体的平等参与及享有同等的话语自由及表达自由。[③]

英国在此次改革中对程序机制的完善集中体现在未成年人程序参与、扩大调解等方面，体现了英国家事司法系统对理性司法的追求。尽管未成年人参与家事诉讼程序可能会一定程度上不便于司法程序的开展，儿童意见表达的真实性需谨慎衡量，但保障未成年人在家事诉讼中的程序参与对儿童最大利益原则的实现具有关键作用，故英国家事司法系统在此次改革中对儿童的程序参与作出探讨和规范，出于对儿童程序参与的理性考量。从英国此次家事司法程序机制改革来看，程序机制方面的完善反映了英国家事审判改革的理性态度和对理性司法的追求。

### (二)程序公正以保障接近正义的实现

司法公正是司法的本源，司法公正的实现有赖于程序公正。不同的司法制度有不同的输出，程序公正的司法制度的输出即为司法公正，而实现司法公正的根

---

① 参见薛波主编，潘汉典总审定：《元照英美法词典》，北京大学出版社2013年版，第1099页。

② 参见唐力：《司法公正实现之程序机制——以当事人诉讼权保障为侧重》，载《现代法学》2015年第4期。

③ 参见李越、黄渝景：《试论刑事诉讼程序参与原则及其异化初断》，载《法治研究》2008年第9期。

本途径在于以正当程序作为导向的司法改革。[1] 通过程序机制来合理界定审判者与当事人之间的程序角色，为当事人诉权的实现提供便利的程序机制，完善当事人实现诉权的程序制度，适当地强化法院对当事人诉讼实现的程序保障义务，在很大程度上为司法公正提供了程序基础。[2] 通过司法的程序公正来保障接近正义的实现，是司法系统运行与改革的核心内容。

英国家事司法系统此次对程序机制的改革，重在通过程序公正来推动接近正义的实现。通过实践指引和判例不断探索儿童在家事诉讼中的程序参与，规范儿童程序参与和出庭作证的标准要求，是构建合理的儿童程序参与制度来保障倾听儿童声音的实现。调解信息评估会议的强制适用同样体现了英国对纠纷解决机制的改革，通过该前置性程序保障当事人选择最适宜的纠纷解决方式，以达到有效解决家事纠纷的目的。透明度改革更是如此，一直备受诟病的秘密司法在此次改革中通过完善家事裁判文书上网公开和媒体报道家事案件的规制来解决，并不断探索加大裁判文书公开的力度以推动家事司法程序机制的完善。英国对程序机制的改革并非完全着眼于司法效率的提升，而是保障家事司法程序机制的完善以推动接近正义的实现。

**(三)家事司法特殊性的彰显**

与其他民事案件相比，家事案件具有特殊性。家事纠纷涉及人身关系和财产关系的调整，区别于一般民事纠纷只涉及财产关系的合理因素，家事纠纷在很大程度上会涉及人身关系的非合理因素。家事案件具有较强的人身性和私密性，纠纷形态多样，家事诉讼程序显著区别于一般民事司法程序，诉讼和非诉法理交错适用。究其原因，一方面，在于家事纠纷的特殊性；另一方面，在于家事诉讼程序中法官对当事人有照管义务，国家对法院判决的实质正确性负有较大的责任，这也体现了家事诉讼程序的核心价值所在。故而，家事诉讼程序显著区别于普通民事诉讼程序，应适用单独的诉讼规则并补充性适用一般民事诉讼规范。[3]

英国此次改革中关于程序机制的改革说明了这一点，无论是保障儿童的程序参与、扩大调解等非诉纠纷解决机制的适用，还是在提升司法透明度的同时对个人隐私权和未成年人未来发展的全方位考虑，均体现了不同于民事司法程序的独

---

① 参见周永坤：《提升司法公正的路径选择——以正当程序和司法良知的关系为切入点》，载《苏州大学学报》(哲学社会科学版)2012 年第 5 期。

② 参见唐力：《司法公正实现之程序机制——以当事人诉讼权保障为侧重》，载《现代法学》2015 年第 4 期。

③ 参见赵秀举：《家事审判方式改革的方向与路径》，载《当代法学》2017 年第 4 期。

特性。英国对程序机制的不断完善,同样是从家事司法的特殊性出发进行考量,并就家事纠纷的特殊性作出针对性的改革。

## 二、维护家事正义,稳定推动渐变

英国家事审判过程中关于程序制度的改革,既涉及家事审判的具体工作程序、方式或机制,也涉及与家事审判相关的非诉纠纷解决机制、审判公开等问题。在此次家事审判改革过程中,相较于组织结构、案件管理制度方面的改革,程序制度方面的改革呈现如下特点。

### (一)以儿童最大利益为基本原则

英国此次改革中关于程序制度的改革以儿童最大利益为基本原则,程序制度改革措施的诸多方面均体现了对儿童最大利益原则的维护。保障儿童在家事诉讼程序中的参与及出庭作证的改革说明了这一点,无论是在保障未成年人知晓诉讼进程、倾听儿童声音还是保障儿童在家事案件中出庭作证等改革,均将儿童最大利益原则作为改革的出发点和立足点。在调解机制改革过程中,保障调解过程中对儿童最大利益的维护同样是改革过程中反复强调的内容。

### (二)对原有制度规则的进一步完善

程序制度改革建立在一定基础上,多体现为对原有制度或规则的进一步完善。无论是独立家事法院的设立,还是26周法定审限制度的引入,组织制度及管理制度的改革过程中采取了一定的创新举措,实现了从无到有的突破。相较之下,程序制度方面的改革主要是对原有制度的进一步发展和完善,儿童程序参与、调解等非诉机制的适用等制度规定在改革前的家事司法系统中已然存在,改革过程则是对原有制度规则的强调或保障这些制度规则的实践。因此,程序制度改革相较之下较为保守,呈现渐进发展的特点。

程序机制改革较保守、渐进,在很大程度上在于这些程序机制在家事司法运行过程中已经得到一定的规范和实践,如扩大调解等非诉纠纷解决机制的适用等内容,此次改革仅是对已有规范或实践的改善,故相较设立独立家事法院而言略为保守。但程序机制方面的完善在保障家事司法的有效运行方面具有重要作用,是促进家事司法接近正义目标实现的重要保障。

### (三)彰显家事司法特殊性的程序完善

英国此次改革在程序机制方面的改革在很大程度上体现了家事司法特殊性的要求。相较于组织结构改革重在加强家事司法系统组织结构的专业性、整体性建设,案件管理改革重在加强家事法院的案件管理能力水平、程序机制方面的改革更突出了家事司法的独特性。保障儿童在家事诉讼中的程序参与和出庭作证虽然在部分国家或地区的刑事司法中有所涉及，但更多的适用于家事案件中，这基于家事案件中对儿童最大利益维护的基本原则。尽管调解等非诉纠纷解决机制在家事案件或一般民事案件中均是司法之外有效的纠纷解决方式，鉴于家事纠纷往往涉及人身属性、适合调解等柔性纠纷解决方式，在家事案件中调解等非诉纠纷解决方式更受欢迎。

**（四）实践中的争议相对较多**

程序制度改革在实践中存在不少争议。尽管程序制度改革仅是对原有规则制度的拓展和完善，但由于儿童程序参与或出庭作证、家事司法透明度与隐私权之间的平衡等问题本身具有不少争议，故而在改革推进过程中存在不少关于程序制度改革的相关争议，这些问题也是家事司法系统中长期为理论界及司法界探讨的重要问题。关于儿童出庭程序参与或出庭作证的争议长期存在，针对儿童程序参与或出庭作证具体制度构建的不同观点也层出不穷，如何在儿童程序参与过程中切实保护儿童最大利益的实现始终是备受争议的话题。尽管调解等非诉机制的适用受到各国家事司法系统的普遍推行，但调解机制的有效性、调解适用的限制等问题始终是调解机制适用中不可回避的问题。

英国此次改革中程序机制方面的改革大部分是在原有制度规范基础上的完善，但由于这些程序机制与家事司法特殊性密切相关，故而在实践中引发了不少关注与争议，与组织结构改革、案件管理改革相比争议与讨论相对较多，这些争议观点对儿童最大利益原则和司法正义的关切更为凸显。

**（五）注重接近正义的追求**

与组织制度及管理制度强调解决诉讼迟延等直接问题不同，程序制度方面的改革主要在于对审判程序方式及相关机制的发展完善，以保障家事正义的实现。保障儿童在家事诉讼中的程序参与和出庭作证在于最大限度地保障儿童利益，实现家事司法的根本目的。调解等非诉纠纷解决机制的适用在缓解法院审判压力的同时，为家事纠纷的处理提供了选择最适宜的纠纷解决机制的机会，本质上也在于保障家事纠纷的妥善解决。

因此，相较组织结构、案件管理改革，程序制度改革并非直接针对家事司法中存在的诉讼迟延等直接问题，而是更注重在实现接近正义方面的进步，旨在实现审判公正和家事正义。

## 三、家事程序机制之发展方向

英国家事司法系统关于程序机制的改革以实现儿童最大利益和保障当事人接近正义的实现为基本目标,本质上体现了强调家事司法特殊性的程序正义。在家事司法系统的运行与更新过程中,不断解决备受争议的问题、推动程序机制的完善、提升家事司法系统整体的运行效率构成英国家事司法系统程序机制完善的发展方向。

### (一)彰显家事司法特殊性的接近正义

英国此次改革中关于程序机制的改革,属于在原有程序制度基础上的完善发展。相较独立家事法院设立等改革而言,程序机制方面的改革呈现渐进、保守等特点,侧重于对原有程序机制的完善。这一方面基于程序制度已经发展到一定程度,另一方面也在于为追求接近正义而保持理性司法的要求。英国家事司法系统在程序机制方面的改革重在保障儿童最大利益和当事人接近正义的实现,相较提升家事司法效率而言,重在保障接近正义的实现。

与此同时,英国程序机制方面的改革在保障接近正义的同时,体现了家事司法的特殊性。无论是对儿童程序参与、调解机制扩大适用还是在透明度提升与否的衡量问题上,均对家事纠纷的特殊性、家事司法程序的特别需求作出回应,改革过程中突出了对家事司法特殊性的包容和考虑。因此,整体来看,英国此次改革中对程序机制的完善本质上是彰显家事司法特殊性的接近正义的追求。

### (二)程序机制的进一步完善

英国此次在程序机制方面的改革彰显了家事司法特殊性,重在保障儿童最大利益原则和接近正义的实现。需要注意的是,英国此次程序机制改革中的部分举措在实践中存在一定争议,如何更好地保障程序机制对接近正义的推动作用需要在改革推进过程中不断改革完善程序机制。

一方面,英国家事司法系统在程序机制改革中应对争议问题作出回应和改进措施。保障儿童在家事诉讼中的程序参与的争议主要集中在合理性与否的探讨上,结合英国程序机制改革的实践,减少或消除未成年人程序参与的弊端或问题,是英国家事司法系统改革发展的重要内容。调解信息评估会议的强制适用则在实践中引发了效果不佳的争议,如何就争议问题作出调整,发挥调解信息评估会议的预期作用,成为调解等非诉纠纷解决机制不断完善过程中需要解决的问题。

另一方面,英国家事司法系统在此次程序机制改革中重视儿童最大利益原则和接近正义的根本目标,但家事司法效率的提升同样应构成程序机制改革的目标之一。英国当事人主义模式导致司法效率的降低、诉讼迟延问题严重、管理型司法不断强化。英国在此次改革中通过简化组织机构、完善案件管理以提升司法效率,如何在程序机制改革中提升司法效率也可以成为英国家事司法系统不断发展完善的重要内容,以使家事司法整体过程更高效、有序。

# 第五章　英国家事审判改革评析及其发展

英国自2011年家事司法审查以来的家事审判改革，在实践中得到了大力推行。英国此次改革基本上实现了预期效果，但仍然存在诸多有待深入改革的问题，有待进一步发展完善。从改革特点来看，此次改革是传承和变革基础上的家事司法系统的发展，并反映了家庭法领域的变化发展与家事司法的现代化和国际化。

## 第一节　英国家事审判改革效果评析

自2011年家事司法审查以来，英国积极推进家事审判改革，整体上取得了显著效果，改革的预期目标基本实现。然而，在改革推进过程中，部分问题仍未得到有效解决，并随着改革推进逐渐凸显，家事审判改革尚存诸多有待改进之处。英国各界对此次改革的影响作出调查研究，在一定程度上反映了公众和专业人士对此次改革影响的认识。同时，英国的家事审判改革同样得到其他国家和地区的关注，受到其他国家或地区的探讨与探究。

### 一、"更好未来"

英国此次家事审判改革以解决家事司法系统存在的案件审理迟延、费用支出过高、组织机构缺乏信任、信息技术水平不足等问题为直接目标,通过各项改革机制的推进实现家事司法系统的更新。2011 年家事司法审查中涉及的大部分改革措施均在实践中得到推行,并基本上取得了预期效果。在直接目标基本实现的基础上,英国家事司法系统实现了进一步的更新和发展,在一定程度上推动了接近正义的实现。

家事审判改革前,英国司法界对此次家事审判改革都充满了很大预期。英国政府及司法界普遍将 2011 年家事司法审查以来的家事审判改革定义为最大规模的家事审判改革。该改革标志着家事司法系统的重要时刻,即将家事司法审查提出的建议付诸实践,并始终将儿童和家庭作为家事司法系统各项工作的核心位置。詹姆斯·孟比庭长指出,此次家事审判改革是当下司法工作人员在职业生涯能够见到的最大规模的家事司法系统的改革。前任司法部长西蒙·休斯指出,很长时间以来儿童忍受着过多的迟延和对抗性的庭上争辩,该改革会使家庭远离法院的迟延或对抗导致的负面影响,确保他们选择受损最小的方式解决纠纷。[①]

2014 年英国教育部与司法部以"家事司法的更好未来"为题对自 2011 年家事司法审查以来英国家事司法系统的变革发布报告。该报告将独立家事法院的设立作为此次具有彻底性的家事审判改革的典型标志,指出建立独立家事法院这一多年的设想终于得以实现。同时,26 周审限制度的引入看似只是一个雄心勃勃的目标,但在实践中案件审理期限出现了戏剧化减少的现象,证明了该改革的合理性。非诉纠纷解决机制的推进为人们提供了解决纠纷的更佳途径,法律援助方面的改革导致更多的人选择自我代理,而自我代理本身是家事司法制度的组成部分之一。该报告指出,英国在家事司法系统改革的道路上已经走了很远,但相关工作还有待进一步推进以保障家事司法中每个人的更好参与。

从英国此次家事审判改革的具体推进来看,家事司法审查中的大部分建议得到贯彻或推行,并在实践中的直接效果非常明显。同时,诸如在线法院建设等改革措施仍在不断深入推进过程中。就整体效果而言,英国此次家事审判改革基本上实现了预期效果和家事司法系统更新的直接目标。

**(一)案件审理时间明显缩短,迟延问题得到很大缓解**

解决案件审理迟延问题、提升家事司法效率是英国此次家事审判改革最重要的直接原因。从英国司法部公布的家事法院的数据信息来看,自 2011 年家事司法审查以来,英国抚养案件的审理时间明显缩短,从 2011 年 55 周缩短至 2014 年 30 周。随后,该审理时间以较小幅度降低,2015 年抚养案件的平均审理时间为

① See Shefali Shah, *Key Changes to Family Justice*, London, Coram BAAF, 2016, p. 78.

28.3周,2016年为26.9周,2017年升至28周。与此同时,在26周内审结的案件,从2011年的12%增加至2016年的61%,2017年为57%,超过一半以上的案件在改革中引入的26周法定审限内审结。[①] 通过对案件审理时间的研究可以发现,英国家事审判改革前最突出的案件审理迟延问题在很大程度上得到缓解,家事审判改革的直接目标逐渐接近完成。

英国此次家事审判改革围绕解决案件审理迟延这一关键问题展开,通过间接或直接的改革措施提升家事司法效率并严格限制家事审判期限。就该家事审判改革的直接目标而言,改革后的家事审判迟延现象得到有效缓解,限制家事案件审理时间的改革初步实现了预期效果。

**(二)费用支出减少,节约家事司法资源**

在家事审判改革过程中,英国对法律援助制度同样进行了改革,私法案件中大部分法律援助取消或被削减,部分当事人放弃聘请律师,自我代理的案件增多。英国通过削减法律援助、增强当事人自我代理等途径减少家事司法经费支出以节约经费资源。以法律援助申请为例,2011年英国离婚案件中法律援助申请超过4.8万件,占离婚案件的36.4%,至2016年仅有1.4万件左右,所占比重降至12.4%。从法律援助令的发布来看,2011年约为4.4万件,所占比重为33.9%,2016年仅为9414件,所占比重为9.2%。[②] 自法律援助制度改革以来,英国家事私法诉讼中法律援助大量削减,相关经费支出显著减少。

同时,英国家事审判改革过程中限制专家参与、引入26周审限制度等改革措施的推进,亦在一定程度上减少了家事司法系统的经费支出。信息网络技术的更新和在线法院的探索,在推动诉讼程序无纸化及现代化发展的同时,通过提升家事审判和案件管理的效率以减少不必要的经费支出,同样为减少家事司法系统后续的费用支出提供了条件。可以说,在提升家事司法工作效率以减少案件审理迟延问题的同时,费用支出随之一并减少。

**(三)实现审判机构专业化突破,各组织机构关系改善**

英国在家事审判改革中设立了独立的家事法院,形成了统一的家事审判机构,推动英国家事司法系统在专业化进程中实现了巨大变革。独立家事法院设立

---

① Ministry of Justice, Family Court Statistics Quarterly, England and Wales Annual 2016 Including October to December 2016(2017), p.4; Ministry of Justice, Family Court Statistics Quarterly, England and Wales, January to March 2017(2017), pp.2-3.

② Ministry of Justice, Family Court Statistics Quarterly, England and Wales Annual 2016 Including October to December 2016(2017), p.4.

在推动家事审判专业化的同时,便利了当事人的诉讼。同时,家庭毒品与酒精法庭的运行制度和工作方式同样是组织机构改革中备受关注的内容,有待进一步探索和扩展适用。

同时,英国在组织机构相关改革中,设立了家事司法委员会以统领家事司法改革工作的推进和提升各组织机构的关系,在推动家事司法系统的司法文化转变和改革工作深入推进方面发挥了重要作用。将儿童和家事法庭咨询支持服务署从教育部转移至司法部之下,加强法官的领导力培训等改革措施在一定程度上加强了组织机构的联系,并强调了法院在整个家事司法系统中的地位和作用。另外,英国在家事审判改革过程中对家事法院的功能作出探讨,强调司法功能的发挥及减少对地方机构工作的过度干预,对完善家事司法系统内组织机构各自功能的发挥有一定作用。

**(四)科技水平提高,案件管理加强**

增强家事司法的信息化、数字化建设是解决家事司法系统的信息化水平落后问题的直接措施,也是英国推进家事司法系统不断更新和发展的重要途径。英国在此次改革中推动诉讼程序的数字化和无纸化,配合民事司法系统不断探索在线法院建设,其中,离婚与遗嘱案件的数字化建设已经取得了明显进展。构建在线法院等数字化、信息化建设是英国家事司法系统对21世纪以来"互联网+"时代的应对,也是推动家事司法系统发展的有力因素。

同时,英国通过限制公法案件中专家的过多参与、严格控制案件的审理时间、推动案件管理人员或案件管理法官的职能发挥等改革措施以实行积极的案件管理,在实践中这些措施基本得到推行,并取得了预期效果。英国家事司法系统的相关改革对案件管理极为重视,并在实践中推动了案件管理工作的开展和工作效率的提升。

**(五)程序机制更为完善,推动接近正义的实现**

英国家事审判改革过程中重视对程序机制的完善。英国在此次家事审判改革中对审判透明度作出改革,推动裁判文书上网公布、保障媒体合理报道家事案件,自改革以来裁判文书公布的数量明显增加,媒体报道在部分案件中发挥了积极作用,家事司法透明度建设取得了一定效果。

同时,英国推动家事私法案件中调解信息评估会议的强制适用,以增强调解等非诉纠纷解决机制的适用,在实践中得到积极推行并受到广泛关注,在法律援助削减的情况下更具有适用性。保障儿童在家事诉讼程序中的参与及在家事审判过程中出庭作证,强调了对儿童自身想法和感受的关注,对践行儿童最大利益原则提出了更细致的要求。

### (六)地方机构工作质量提升,审前程序得到发展

2015年8月,教育部发布了调研报告《家事审判改革对实践前线影响第一阶段:〈家事公法纲要〉》,探讨了《家事公法纲要》中相关改革的推进对家事司法实践的影响。该报告对涉及《家事公法纲要》相关改革作出研究。就《家事公法纲要》相关的改革内容而言,此次家事审判改革受到该领域内专业人士的欢迎。其一,针对审前程序的相关改革,相关调研报告的受访者普遍持肯定态度,他们认为增加对审前程序的关注能够使诉前相关工作开展更积极,从而针对具体家庭的不同需求及未来发展作出合理规划,并在26周审限的压力下尽力做好审前程序阶段的工作。其二,审前程序工作质量的提升能够使地方机构收集好由案件管理人员等确认过的、高质量的证据材料,便于庭审过程的顺利进行。其三,较早地对儿童的长远发展作出考量具有重要性,增加审前程序的严谨性具有重要意义。①

## 二、家事司法系统尚存问题

尽管英国家事审判改革基本上实现了预期效果,但家事司法系统尚存诸多有待改进的问题。这主要体现在四个方面:一是家事司法系统中存在的部分问题在改革中并未涉及;二是改革后出现了一系列新问题有待解决;三是此次改革中的部分改革举措有待商榷;四是持续的改革和发展面临一定阻力因素。

### (一)改革中部分问题并未涉及

英国2011年的家事司法审查中对家事审判改革作出了诸多建议,但在改革的实际推进过程中,部分改革建议并未得到推行。之所以部分建议在此次改革中尚未推行或实施,一方面,在于改革措施不符合目前实践状况;另一方面,可能受限于时间、资源等因素。然而,作为家事司法审查中反映出的真实状况与问题,这些问题的解决同样应是英国家事司法系统发展过程中的重要内容。

其一,2011年家事司法审查报告建议应试点探索在公法案件中适用正式调解机制。② 然而,该建议并未在改革过程中得到探索。政府认为,鼓励和便利家事私法案件中调解机制的适用仍是政府工作的优先内容。在公法案件中,调解机

---

① Department of Education, Impact of the Family Justice Reforms on Front-line Practice Phase One: The Public Law Outline Research Report (2015), p. 13.

② Family Justice Review Final Report (2011), p. 19.

制的适用并非当下改革应当推进的内容,而是应在改革完成后进行进一步的考量。[①] 探索家事公法案件中调解机制的适用,在很大程度上亦是出于完善纠纷解决方式、提升家事司法工作效率的考虑,尽管在此次改革中并未实施,但作为政府改革后下一步工作开展方向进行考量。

其二,家事司法审查建议中对可用专家证人的薪酬机制进行审查,并指出应当考虑是否可以直接向专家付酬。[②] 同时,家事司法审查中对跨学科专家证人的引入同样作出建议。然而,该建议政府亦未推行,并指出这两方面内容与专家参与方面的其他改革都应作为家事司法系统的长期发展目标,在此次改革中不会涉及。[③] 此次改革过程中关于专家证人的改革集中于限制专家参与以提升家事司法效率及提高地方机构工作质量,专家证人参与方面的深入改革有待探究。

其三,家事司法审查中建议,设立家事司法服务局以负责法院关于社会工作服务方面的预算、调解等非诉纠纷解决机制及案件审理时间、专家及律师方面的问题,不断推进并监督家事司法系统的发展,形成家事司法工作人员的整体策略并引入跨学科家事司法培训课程等内容。[④] 英国在家事审判改革过程中并未设立家事司法服务局,而是设立了家事司法委员会统领改革工作,推动家事司法正义的实现和儿童最大利益的维护,但部分涉及家事司法服务的相关改革措施仍尚待实施。

**(二)改革后新问题不断凸显**

除在此次改革中残留的问题外,英国家事司法系统自改革后产生了一系列新问题。取消法律援助的改革无论对儿童和家庭抑或是家事司法系统中的法律从业人员而言均非“更好的未来”。很多从事法律职业的人失去了工作,社会工作者承受着与家庭合作进一步改革工作路径、需要审理的附加目标及时间限制等压力。[⑤] 有观点指出,尽管在家事审判改革中没有任何机构强调其在关于儿童及家庭保护的成果方面有显著提升,但也没有关于各机构间关系提升的证明。保守党自执政以来强调将增强福利置于政府工作计划的重要位置,但家事司法改革以来发生的变化或发生变化的希望较少。[⑥]

---

① Department for Education, Ministry of Justice, A Brighter Future for Family Justice (2014), p. 41.

② Family Justice Review Final Report (2011), p. 19.

③ Department for Education, Ministry of Justice, A Brighter Future for Family Justice (2014), p. 41.

④ Family Justice Review Final Report (2011), pp. 26 – 27.

⑤ See Kim Holt, Nancy Kelly, “The Emperor Has No Robes: Is the Judiciary, In the Most Complex of Child-care Cases, Abandoning a Sinking Ship?”, *Family Law*, Vol. 44, 2014.

⑥ See Kim Holt, Nancy Kelly, “What Has Happened Since the Family Justice Review: A Brighter Future for Whom?”, *Family Law*, Vol. 45, 2015.

1. 法律援助削减后产生的问题

政府认同家事司法审查的建议，即为保障家事司法系统的高速有效，根本性变革具有必要性。设立独立的家事法院、减少诉讼费用的措施得到了司法机构高层法官的高度认可，甚至将之称为革命。然而，该改革导致其他领域存在问题，如影响已经扩张的组织机构及家事诉讼中的儿童父母，后者之所以受到影响在于大部分家事案件中的法律援助被取消，且部分地区获得咨询建议等的法律帮助减少。在Re D(A Child)[2014]案中，詹姆斯·孟比庭长指出，该案体现出的典型问题在于儿童的父母缺乏经济来源但又不符合获得法律援助的条件这一“令人非常不安”的事实。他指出，他们要在缺乏有效代理的情况下面对地方机构提出的诉讼申请，这不可想象。① 该案反映了目前家事司法实践中该问题的严重性。② 同时，亦有观点指出，随着削减法律援助等改革的推行，关于法官在法庭上被袭击的报道越来越多，除司法职责外法官还被要求发挥更多的作用，对家庭生活中的不正义进行补救成为亟待解决的问题。③ 自金融危机以来，英国和其他欧洲国家都面临财政压力，政府不得不减少向包括司法系统在内的公共部门提供的资源，法律援助的大幅缩减导致当事人因无力聘请律师而自己出庭诉讼，而缺乏专业律师出庭也会导致法官的负担相应增加。④

家事司法实践中的实务工作人员士气较低，法律援助的削减导致一部分律师事务所关闭，部分仍在经营的律师事务所也因缺乏资助而考虑对自身组织结构进行审查。社会工作者的工作压力加大，其报告及审查的工作要求提高。一种有力观点认为，该改革并非政府报告中所宣称的那些词汇，而包含一种广泛的不确定性、害怕、责备、压力，对以关系为基础的实务工作并未给予足够时间。⑤

2. 26周审限制度的负面影响

随着《2014年儿童与家庭法》的完善，英国家事司法中的基本转变在于，无论是在家事公法案件还是在私法案件中，绝大多数之前由法院负责的案件进入诉前

---

① Re D(A Child)[2014] EWFC 39.

② See Kim Holt, *Contemporary Family Justice: Policy and Practice in Complex Child Protection Decisions*, London, Jessica Kingsley Publishers, 2016, p. 132.

③ See Byron James, “Unintended Consequences of Family Justice Reform”, http://www.familylawweek.co.uk/site.aspx?i=ed130634, Jun. 30, 2017.

④ 参见[英]沃尔夫勋爵：《英国法院对法治的贡献》，杨奕译，载《人民法院报》2015年9月18日，第5版。

⑤ See Kim Holt, *Contemporary Family Justice: Policy and Practice in Complex Child Protection Decisions*, London, Jessica Kingsley Publishers, 2016, p. 134.

程序。尽管司法部可能宣称抚养案件的审理期限从60周降至32周左右,但问题只是转向了别的地方。这不仅导致了司法机构内部的不信任问题加重,也会导致承担大量审前程序工作的机构在已经过度扩张的情况下缺乏足够的资源支持,同样会产生不信任的问题。①

同时,绝大多数家事公法案件需要在26周内结案,这导致专业人员在一个受到高度规制的文化氛围中不能有出错的空间,如果审理结果违反26周审限的目标可能会留下公开记录。复杂家事案件中26周审限制度的引入存在争议,很多受制于该审限制度的专业工作人员可能会对现有规则、程序产生抱怨。同时,在目前家事司法实践中,受26周法定审限的影响,尽量不将公法案件诉诸法院,或者在起诉时减少争议问题的数量成为地方机构较安全和可能的操作。②

2016年4月,英国教育部发布了调研报告《家事审判改革对实践前线影响第三阶段:对21个地方机构变化的探索》,对家事审判改革中地方机构的相关改革作出调研,主要的受访对象为地方机构的高级工作人员。该研究显示地方机构在改革过程中积极推进了《家事公法纲要》等规定的改革措施,并在减少诉讼时间方面取得了实质性进展,很多案件的审理时间在26周内或稍微超过该法定审限。地方机构对审前程序的实践作出了巨大改变,但需要注意的是,对26周审限的严格遵守可能在部分情况下导致地方机构承担不适当的压力,造成影响儿童未来发展决策的作出存在潜在风险或不利后果。部分法院通过增加地区或巡回法院的方式解决司法资源可用性不足的问题,但部分地方机构质疑治安法院是否能够处理涉及剥夺父母监护权问题的案件。增强26周法定审限制度的弹性,加强法院的案件管理和设施建设,增强判例法及相关政策的引导,提升地方机构与法院的关系等成为报告指出的改进建议。③

鉴于家事司法系统以儿童及家庭作为核心,无论是在公法案件还是在私法案件中,对家事司法系统改革成功与否的衡量应在于是否以可持续的方式解决争议,而非仅希望降低家事司法系统某一领域的支出,因为后者不可避免地会导致

---

① See Kim Holt, Nancy Kelly, "The Emperor Has No Robes: Is the Judiciary, In the Most Complex of Child-care Cases, Abandoning a Sinking Ship?", *Family Law*, Vol. 44, 2014.

② See Penelope Welbourne, "Time is of the Essence: Risk and the Public Law Outline, Judicial Discretion and the Determination of a Child's Best Interests", *Social Sciences*, Vol. 3, 2014.

③ See Department of Education, Impact of the Family Justice Reforms: Phase 3 – Exploring Variation across 21 Local Authorities Research Report (2016), pp. 87 – 88.

系统其他部分的超支。[①] 对案件审理迟延问题的解决亦是同理。

3. 地方机构工作尚存问题

英国此次家事审判改革中强调对审前程序和地方机构工作质量的重视，然而，改革后产生的问题仍有待解决。一方面，部分专业人士认为，改革后英国家事司法系统对早期工作评估的重视可能在一定程度上导致诉讼程序的迟延，部分专业人士就审前程序中的结构调整问题作出探讨，以防止迟延问题的出现。审判前期工作的结构化具有重要意义，故而，法院仍然需要开展进一步工作防止案件审理迟延问题的出现。另一方面，教育部调研报告显示，受访者普遍表示改革之后的工作压力增大，部分案件中社会工作者需自行作出评估报告，并且需要严格遵守时间表，在留任及招聘工作人员方面存在困难。同时，地方机构将与法院有关的工作放在首位，可能会影响地方机构在儿童保护、照管儿童及处理涉及儿童的复杂事项方面工作的开展。总体来看，审前程序面临的挑战或问题包括：(1)鉴于前期评估过程中的时间耗费，案件移交法院过程中的时间仍需谨慎把握；(2)家事司法系统尚缺财政资源用于评估报告中；(3)社会工作者的工作压力增大；(4)在地方机构的工作过程中，家事小组会议的工作机制未能得到合理使用。[②]

在社会工作者被视为专家的改革问题上，社会工作者的体验状况存在显著区别。部分社会工作者感觉自己被视为专家，但部分社会工作者即使提供了高质量的证据资料也不会被视为专家。就家事司法系统的专业工作领域而言，从以关系为基础的路径转向与家庭一起工作的观念已经根深蒂固，这导致很多专业人员不具有从事面对面工作的组织机构工作经验，或者他们并未在以关系为基础的工作方式中提升能力或工作信心，这才导致儿童及其家庭在儿童保护中处于最先位置。地方机构等公共服务的参与带有一种检察文化性质，输入相关数据信息以提供证据追踪从而强调他们提供了足够的服务。[③]

2015年8月，英国教育部发布的调研报告《家事审判改革对实践前线影响第二阶段：特别监护令》对涉及特别监护令的相关改革影响作出探究。第二阶段研究报告对改革后特别监护令的适用状况作出了深入研究。有观点认为，家事审判

---

① See Kim Holt, *Contemporary Family Justice: Policy and Practice in Complex Child Protection Decisions*, London, Jessica Kingsley Publishers, 2016, p. 142.

② See Department of Education, Impact of the Family Justice Reforms on Front-line Practice Phase One: The Public Law Outline Research Report (2015), pp. 17, 31 – 32.

③ See Brid Featherstone et al., "A Marriage Made in Hell: Early Intervention Meets Child Protection", *British Journal of Social Work*, Vol. 44, 2014.

改革的直接后果之一为特别监护令的数量增加，并由此产生了更多的判例法。社会工作者在确认广泛的家庭成员方面积极开展工作，该阶段工作仍需要进一步加强以保障尽量在较早阶段与广泛的家庭成员接触。在诉讼进程中，一旦认定儿童不能与亲生父母生活在一起，则其家庭成员往往以潜在的特别监护员的身份出现，但很多法院缺乏关于家庭成员参与诉讼程序的诉讼期间中止节点的规定。对抚养人照护儿童的能力及良好抚养的构成因素等问题的判断往往造成地方机构与法院之间的紧张关系，法院可能不同意地方机构提出的建议。特殊监护令完成的过程还可能受到时间表的限制，受访者对地方机构出具评估报告的严谨性和对制作特殊监护令提供的支持等问题表示关注。一位独立社会工作者提出建议，在特别监护的评估中应评估潜在监护人的"保护能力"，且对儿童亲生父母的抚养能力及风险的充分评估应当包括未来继续接触的风险等因素。①

4. 关闭法院产生的争议

英国政府致力于推动司法的现代化，在未来 4 年中将投入 7 亿多英镑以更新法院设施，安装先进的信息网络技术系统，实现高效司法，提升家事司法的效率。司法系统不可避免地需要走向一个可以通过在线系统和传统办公建筑相结合可以访问或进入的状态。作为现代化建设的一部分，法院设施应更新。鉴于英国 460 个法院大楼并未得到充分利用，一半以上的法庭在 2015 年的使用时间未超过可开庭时间的一半。政府认为，对更新司法系统的投资需要推动已有法院设施的审查和现代化。司法现代化改革的目的在于提供以用户为中心的、更高效率的法院及其服务。故而，在 2016 年 7 月，司法部就关闭 91 家法院和裁判所以减少经费支出的举措发布咨询文件《关于英国法院资产规定的提案》。该咨询收到 2100 多份单独回复及 13 份万人签名的请愿书，体现了社会各界对法院服务的重视。

关闭法院或裁判所的决定不能轻易作出。对拟关闭的每个区域的法院及裁判所，司法部考量了关于该法院或裁判所是否会影响到法院用户参与司法、是否会形成显著的经费节约、是否法院或裁判所还维持其高质量的服务三方面。在符合以上三个条件的基础上，司法部决定关闭 86 个法院和裁判所，保留原拟定的 91 个法院和裁判所中的 5 个。同时，政府报告指出，关闭的法院或裁判所附近区域的大部分公众可以选择可接受的距离范围内的法院或裁判所，仍可通过公共交通工具等正常参与听审等司法活动。电话、视频、在线服务或调解等也在一定程度

① Department of Education, Impact of the Family Justice Reforms on Front-line Practice Phase Two: Special Guardianship Orders Research Report (2015), pp. 32 - 33.

上减少了当事人前往法院的必要性。①

然而,有观点指出,尽管政府向公众确保 95% 的市民能够在 1 个小时内驾车到达指定法院,在乡村地区政府提议将法院或裁判所重新设置在其他市民建筑中,大量关闭或重新安置的法院及裁判所会对公众参与司法程序造成影响。鉴于在司法实践中大多数参与司法的公民没有车或无法承担该费用,他们可能选择步行或几个小时的公共交通。在没有福利资助的情况下,该改革会影响接近正义的实现。尽管独立家事法院的设立被认为是英国家事司法系统最具根本性和革命性的改革,但独立家事法院的设立在一定程度上与《2012 年法律援助、判决和刑事处罚法》(Legal Aid, Sentencing and Punishment of Offenders Act 2012)中规定的减少法律援助有关。关闭法院的影响体现在部分家事法院的司法案件中,产生了类似于狄更斯小说中的参与司法费用支出过高的问题,导致家事司法系统的改革存在争议。②

**(三)部分改革举措存在争议**

除家事审判改革中未涉及的问题及改革后新产生的问题外,英国家事审判改革中采取的部分改革措施在推行过程中存在争议,故而这部分改革内容或仍有待观察其后续运行结果,或应在改革推进过程中进一步完善。

其一,加强家事司法的信息化建设是"互联网 +"时代家事司法系统必然的发展路径,但在线法院的建设在英国家事司法实践中存在争议。此外,尽管离婚和遗嘱案件的数字化建设已经取得一定进展,但在线法院建设在实践中的进展较预期计划而言已有所迟延,存在操作进度上的担忧。同时,在线法院的建设旨在提升家事司法效率,减少律师的参与,这遭到了部分律师的反对且存在在线法院可能达不到开庭审理效果的担忧。尽管数字化建设是英国家事司法系统必然的发展方向,但在信息技术更新的同时如何保障家事正义的维护,是需要在家事审判改革中继续探讨的问题。

其二,英国在此次家事审判改革中通过限制专家证人的参与以缩短案件审期、实行积极的案件管理,但实践中同样存在关于专家证人参与制度改革的担忧或争议。部分人士对社会工作者提供其专业范围之外的证据的能力提出质疑,社

---

① Ministry of Justice, HM Courts & Tribunals Service, Response to the Proposal on the Provision of Court and Tribunal Estate in England and Wales (2016), pp. 4 – 5, 41.

② See Kim Holt, *Contemporary Family Justice: Policy and Practice in Complex Child Protection Decisions*, London, Jessica Kingsley Publishers, 2016, p. 132.

会工作者亦主张应附加专业培训以保障他们出具符合质量要求的证据。同时,限制专家的参与会导致专家证人总体数量的减少,对家事司法未来发展形成不利影响。从专家证人参与的相关制度改革来看,专家参与制度应进行合理构建、实现长远考虑,以符合家事司法系统的发展方向。

其三,为解决家事司法系统中最突出的审理迟延问题,英国在此次改革中引入了26周法定审限制度,然而,该制度的实施与发展同样是存在争议的问题。缩短审限并非英国家事司法的目的,片面追求审限的缩短可能会存在问题,如导致部分律师以案件审限限制为由不尽全力,或出现只要有个结果就比正确的判决更重要等错误认识。缩短审限并非解决案件审理迟延的唯一有效途径,并且该措施具有典型的现实意义,如何保障审限制度在家事司法系统发展过程中保持长远的有利影响,有待改革的进一步深入。

其四,英国此次家事审判改革中推动家事裁判文书上网公布、保障媒体报道家事案件以提升家事司法透明度和司法公信力,但在改革过程中一直存在争议。反对观点或认为媒体介入家事司法可能会侵犯儿童及家庭成员的隐私权或对儿童未来发展造成影响,或对失实、误导性报道等误导公众舆论、影响家事司法独立性和公众对家事司法的正确认知表示担忧。因此,尽管英国在改革过程中推进透明度提升,但改革力度不大,支持与反对的声音并存,关于提升家事审判透明度的改革仍需要在充分权衡利弊的基础上进行更全面、深入的改革。

**(四)持续改革发展的阻力因素**

除产生或尚未解决的问题外,英国家事司法系统的运行还受到一定的现实因素阻碍,这既体现为家事案件的持续增多,又受制于资源的有限性。

一方面,尽管英国通过此次改革提升了家事司法效率,但家事案件的持续增多且日益复杂始终是制约家事司法系统有效运行的现实因素。詹姆斯·孟比在2016年9月的讲话中指出,家事案件数量不断增长,如2016年4月至7月的抚养案件较2015年同比时期增长了20%,[①]英国2009年的家事诉讼申请仅为8823件,2015年超过11,000件,增长幅度达到26%。[②] 即使英国通过此次改革提升了家事司法效率,但家事纠纷的增多且日趋复杂的发展趋势仍是家事司法系统运行

① See James Munby, "14th View from the President's Chambers: Care Cases: Settlement Conferences and the 'Tandem' Model", *Family Law*, Vol. 46, 2016.

② See Sarah Blackmore, Jacqui Thomas, *Family Justice Reformed: A Guide to the Family Court and the Children and Families Act* 2014, London, RELX (UK) Limited, 2017, p. 1.

的主要压力来源。

另一方面，司法及法院服务的财政、人力等资源支持受限，这也是导致家事司法系统承受压力的另一现实因素。家事司法系统内的工作人员已经尽力完成本职工作，但资源的有限性和案件的不断增加导致英国的家事司法服务面临“明确的、即将到来的危机”(Clear and Imminent Crisis)。① 家事私法案件中法律援助的削减，也是制约私法纠纷处理的重要因素。

## 三、家事审判改革的域外影响

作为英国历史上最具革命性的家事审判改革，英国此次改革在推动家事司法系统的显著变革的同时亦受到其他国家或地区的关注、研究和借鉴。

此次英国家事审判改革主要指英格兰和威尔士的家事司法系统内发生的变革，但该改革同样对英国其他区域产生影响。北爱尔兰2016年的民事和家事司法审查报告对英格兰和威尔士的家事审判改革模式作出探究，并对部分改革措施表示认可及借鉴，典型体现在独立家事法院的设立、《2014年儿童与家庭法》中对调解信息评估会议的引入等方面，并对英格兰和威尔士等地区进行访问或联系。② 同时，关于保障媒体在家事审判中参与的改革同样在北爱尔兰作为相关改革的重要参考依据，但引入该制度的相关探索仍在推进。③

新西兰自2014年3月31日起开始实行家事审判改革，旨在建立现代化的、便于当事人参与的家事司法系统，鼓励儿童父母通过非诉方式解决儿童安置争议问题，以保障法院处理更需要司法专业知识的案件。2014年6月，新西兰司法部长朱迪思·科林斯(Judith Collins)与英国司法大臣克里斯·葛雷林(Chris Grayling)签署谅解备忘录，约定两国定期交流家事司法改革的信息。朱迪思·科林斯指出，近年来，英国与新西兰实施了相似的家事审判改革，如为当事人提供新的非诉调解服务等。该调解备忘录反映了两国在家事审判改革中的共同追求，如保护儿童及弱势群体，提供较少对抗性的方式解决家事纠纷，确保法院的有效运行。该谅解备忘录的签署能够便利两国分享诸如评估报告、业务调整或成功经验

---

① See James Munby, “15th View from the President's Chambers: Care Cases: The Looming Crisis”, *Family Law*, Vol. 46, 2016.

② Lord Justice Gillen, Review of Civil and Family Justice: The Review Group's Draft Report on Family Justice (2016), pp. 9, 17.

③ The Law Society of Northern Ireland, Review of Civil and Family Justice: The Review Group's Draft Report on Family Justice Response of the Law Society of Northern Ireland (2016), p. 39.

等信息，而个人资料或具体案件等个人信息不会被分享。①

新西兰与英国相似，对家事司法系统的彻底变革体现在削减法律援助和促进家事调解以简化家事司法流程方面，故而，英国这两方面的改革受到新西兰的关注。在英国，法律专业人士及妇女慈善组织等对削减法律援助的影响表示担忧，相关研究显示遭受家庭暴力的妇女往往很难符合获得法律援助的证据标准，46.4%的受访者因无法申请法律援助而未采取进一步行动。自法律援助削减后，涉及儿童的家事案件中自我代理的案件增加了48%。家事法院员工代表哈里·弗莱彻（Harry Fletcher）指出，削减法律援助的野蛮措施对司法系统造成了灾难性影响，受害者被施虐者交叉询问会导致受害者和儿童受到伤害，家事司法系统正在崩溃过程中。② 2014年4月，英国司法部提高了关于家庭暴力受害者申请法律援助的证据标准要求，律师协会亦就涉及法律援助的相关规则变动的合法性提出质疑。在调解方面，2014年4月后英国家事司法系统要求除特定情况下，家事私法诉讼申请人在诉诸法院前应强制性地参与调解信息评估会议，以推动家事纠纷的非诉解决。同样出于对儿童及家庭暴力中受害者保护的担忧，家事纠纷解决机制的适用在新西兰受到了一定批评，但朱迪思·科林斯指出部分案件不需经法院解决，以免造成家庭成员的冲突、迟延及过多费用支出。③

英国家事审判改革中调解信息评估会议的强制适用引起不少关注，悉尼大学法学院的帕特里克·帕金森（Patrick Parkinson）教授指出，在削减法律援助前，英国的律师往往会推荐部分能够获得法律援助的当事人选择调解，法律援助削减后律师的积极性降低，参与调解数量减少。该问题的解决需要对家事司法系统中调解的结构从本质上作出反思。调解是离异夫妻除司法外可选择的纠纷解决途径，但鉴于调解往往由法院命令或附加，故而在该模式中律师或法院仍占重要位置。因此，应建立不同的家事纠纷解决方式，司法仅是其中的一种。但该非诉纠纷解决机制的建设并非易事，我们需要对如何符合儿童的最大利益和家庭所需要的服

---

① See Judith Collins, "New MOU Signed to Improve Family Justice", https://www.beehive.govt.nz/release/new-mou-signed-improve-family-justice, Jun. 25, 2017.

② See Jamie Doward, "Legal Aid Cuts Leave Family Courts in Chaos, Experts Say", https://www.theguardian.com/law/2014/mar/29/legal-aid-cuts-family-courts-children, Jun. 25, 2017.

③ See "New Zealand, England and Wales Sign MOU to Share Family Justice Reform Knowledge", https://nzfvc.org.nz/news/new-zealand-england-and-wales-sign-mou-share-family-justice-reform-knowledge, Jun. 25, 2017.

务种类等问题换一种新的方式进行思考。①

中国香港特别行政区在改革司法系统的过程中往往对国外相关改革作出总结和借鉴。2003年,香港特别行政区法律改革委员会(The Law Reform Commission of Hong Kong)对英国、新西兰、澳大利亚等国的家事司法改革作出探究并发布《家事争议解决程序报告》(The Family Dispute Resolution Process Report)。该报告第3章对英国的家事司法系统作出研究,指出英国家事司法系统处于不断变革中,且变革的内容具有普遍关注性。当然,鉴于香港特别行政区具有独特的文化传统和法律制度,英国的改革实践与香港特别行政区的改革不具有直接相关性,但可在一定程度上提供借鉴和启示。② 有学者对近年来我国香港特别行政区家事司法系统的改革方向作出研究,尤其强调了英国此次家事审判改革中的重大变革即调解信息评估会议的强制适用。同时,引入统一的家事诉讼规则是我国香港特别行政区家事司法系统的重要改革方向,将英国《2010年家事诉讼规则》作为新规则的广泛的基本框架则得到我国香港特别行政区律师协会等机构的认可。③

## 第二节 英国家事审判改革之特点

作为英国司法史上最显著的家事审判改革,英国自2011年家事司法审查以来推行的家事审判改革一如既往地推动家事司法系统更新与发展。同时,较前英国家事司法制度改革而言,英国此次家事审判改革在因循传统的基础上呈现一系列新的特点。这既反映了此次英国家事审判改革与之前改革所具有的共性基础,也体现了此次改革的个性之处。故而,对英国2011年以来的家事审判改革的评析,既需对此次改革对英国家事司法系统的一贯传统的传承作出探究,亦需对此次改革呈现的新特点作出研究。英国此次家事审判改革从本质上来说是在传承与变革基础上的家事司法系统的优化与发展。

---

① See Patrick Parkinson, "Family Laws and Access to Justice", *Contemporary Readings in Law and Social Justice*, Vol. 8, 2016.

② See The Law Reform Commission, "The Family Dispute Resolution Process Report", www.hkreform.gov.hk/en/docs/rdispute-e.doc, Jun. 25, 2017.

③ See Katherine Lynch, "Reform of Family Justice: Children's Dispute Resolution in Hong Kong", *Cardozo Journal of Conflict Resolution*, Vol. 17, 2016.

## 一、传承:改革传统之延续

此次英国家事审判改革贯彻了英国家事司法系统发展与变革的传统,在推动试点工作运行的同时,针对家事司法系统领域存在的直接问题进行改革,以保障家事司法系统的良好运行。同时,在此次家事审判改革过程中,英国家事司法系统仍将保障儿童最大利益原则作为各项改革工作开展的基本原则,注重对家事司法系统基本原则的贯彻与坚守。

### (一)强调试点工作的逐步推进

试点改革模式是司法改革中常用的方式,英国家事司法系统亦不例外。通过试点先行方式探索审判改革的多元路径,既符合司法改革这样一种探索、实践的不断推进过程,同时,又可在一定程度上防止在大范围推行的情况下,一旦改革措施不当可能造成的被动局面。改革试点的推进在总结试点经验教训的同时,能够为之后大范围的改革开展提供可资借鉴的经验,相对而言更稳妥与规范。在各国家事审判改革过程中,通过试点工作的开展逐步推进改革进程是普遍方法之一,英国司法实践中亦不例外。

在此次改革过程中,英国亦多次通过试点改革方式推动改革进程。其一,伦敦等地区的家庭毒品和酒精法庭在家事审判改革过程中发挥了重要作用,其良好的工作方法受到詹姆斯·孟比的认可并努力推动该法庭在英国境内法院建设中的推广。其二,英国在此次改革中通过试点的方式推动诉讼程序无纸化建设。2015 年 11 月,西伦敦家事法院成为“全数字化”诉讼程序建设的首个试点法院,旨在通过诉讼程序的无纸化推动法院工作效率的提升。2016 年 10 月,伦敦中央家事法院同样引入了无纸化数字法院技术,开启了数字化时代。在通过诉讼程序无纸化试点改革推动信息化建设的同时,英国家事司法系统同样探索在线法院建设。2017 年 1 月,英国司法部发布了关于在线离婚试点的实践指引,支持英国第一个在线离婚系统的运行,该系统通过对部分程序在线操作问题进行评估,并可在更大程度上为婚姻诉讼后期的相关程序事项提供服务。该试点的规模和效果仍有待观察。其三,英国此次改革中最突出的改革措施即为 26 周法定审限制度的引入。自英国 2011 年的家事司法审查中提出了引入 26 周法定审限制度的建议以来,英国部分机构对 26 周法定审限制度进行了试点探索。2012 年 4 月至 2013 年 3 月,伦敦的 3 个自治市开展抚养程序试点项目,旨在将抚养程序的审理时间控制在 26 周以内。该试点探索取得了较好的效果,并在试点运行过程中有一些关键发现,为之后的立法修改与推行提供了可参考的经验。该试点运行成功后引起了关注和效仿,2013年伦敦的另外两个区合作开展了双试验区抚养程序计划,并在实践中效果显著。

试点项目的推行,或为改革奠定了基础,或提供了可资借鉴的经验或推广的新模式,在英国此次家事审判改革过程中起到了重要作用。同时,试点项目的推行也反映出家事审判改革中的审慎态度和渐进性,对推动家事司法系统的根本变革奠定了基础,尽管仅在审限制度、组织机构改革和信息化建设中适用,但从其效果和对家事审判改革的推进作用来看,具有重要的价值和有待进一步推广的意义。

**(二)以问题为导向,改革具有针对性**

实行以问题为导向的具有针对性的改革,是英国家事审判改革的重要基调。在改革过程中坚持以问题为导向,才能提升改革的有效性和合理性。正如有观点指出,以问题为导向的法院改革才是真正的司法改革。司法改革必须以问题为导向,明确司法系统中存在的问题以及分清主次、突出重点。① 以问题为导向的改革既符合司法系统发展的现实状况和发展方向,又具有针对性和现实性。从英国家事司法系统的发展历程来看,英国家事司法系统自19世纪中叶逐步形成以来,在实践中不断针对司法系统中存在的具体问题进行改革,各项改革措施具有针对性和现实性。

英国在此次家事审判改革中,针对家事司法系统中存在的最突出的案件审理迟延问题,采取各种直接或间接的措施推动该问题的解决。一方面,英国在抚养案件中引入了26周法定审限制度,大部分抚养案件的审理时间大为缩短,并基本上实现了预期效果;另一方面,英国实行积极的案件管理、限制专家在公法案件中的参与、更新信息化建设及推动诉讼程序数字化等改革均在于实现案件管理等审前工作的效率,最终同样在于解决案件审理迟延问题。独立家事法院的设立、限制法院在照护计划审查中的过度干预等组织制度方面的改革措施在推动审判机构专业化的同时,同样为推动家事司法系统内各组织机构提升工作效率起一定作用,在一定程度上起减少案件审理迟延的作用。因此,整体来看,英国此次家事审判改革尽管体现在诸多方面,但大部分改革措施的直接或间接目标即在于解决家事案件审理迟延问题。

以问题为导向的家事审判改革,符合英国家事司法系统发展的整体进度和发

---

① 参见荆龙:《以问题为导向的法院改革才是真正的司法改革——全面深化人民法院改革暨“四五改革纲要”专家研讨会综述》,载《人民法院报》2015年3月4日,第5版。

展规律,一方面,对家事诉讼中各环境因素的变化作出反应;另一方面,对系统运行过程中存在的问题作出回应,对家事司法系统的具体细节问题或阻碍因素作出具有针对性的应对措施,从而起到促进家事司法系统发展的有力推动作用。

**(三)贯彻儿童最大利益原则**

英国在此次家事审判改革中一如既往地贯彻了家事司法的基本原则,即儿童最大利益原则。贯彻和坚守司法系统的基本原则,通过各项改革措施推动该原则的践行,应当是司法改革最基本的原则。英国家事司法系统自确立了儿童最大利益原则以来,各项改革措施的推进都贯彻和坚守了儿童最大利益原则。这既是家事司法系统发展一致性的体现,也是通过改革推动系统功能发挥的重要保障。

在英国此次家事审判改革过程中,尽管解决家事案件审理迟延问题是改革的直接目标,但整体上的改革内容仍然是以儿童最大利益原则作为最基本的家事司法原则。一方面,英国在此次改革过程中注重对儿童权利的维护,对儿童在家事诉讼中的程序参与及儿童作证问题的探究构成改革的重要组成部分,并体现了对倾听儿童声音的强调和重视;另一方面,英国此次家事审判改革以解决案件审理迟延为目的,除提升家事司法效率的考量外,更深层的原因在于案件审理迟延对未成年人的身心健康和未来发展造成不利影响的担忧。另外,设立独立家事法院等审判机构专业化的改革,同样在于提供高质量的家事司法服务,保障儿童最大利益的维护。整体来看,在英国家事审判改革过程中,儿童最大利益原则始终是家事司法的基本原则,亦在改革过程中得到了贯彻。

**(四)尊重和体现司法规律**

英国此次家事审判改革基本上实现了预期效果,根本原因在于在尊重司法规律的基础上推动司法系统的发展与变革。同时,英国此次家事审判改革也体现了司法系统的发展规律。司法改革需要遵守司法发展的规律,其本身由司法权自身的性质决定。只有以尊重司法规律为基础,改革才能够具有可持续性。

英国此次家事审判改革同样建立在尊重司法规律的基础上,也是司法规律的体现。独立家事法院的设立并非空穴来风,而是在长期目标与逐渐推动的过程中最终实现了审判机构的专业化。同理,英国对家事审判工作效率的提升、积极案件管理的构建、非诉纠纷解决的构建、信息技术更新与在线法院建设等改革工作的推进,反映了新的时代背景和社会环境对家事司法系统提出的要求及家事司法系统自身发展的追求。同时,英国在此次改革过程中限制法院对照护计划的过多参与,强调司法功能的重塑,也体现了对家事司法功能的正确认知。整体来看,英国此次家事审判改革尊重了司法规律,故而预期效果基本实现,并推动了家事司法系统的有效运行。

## 二、变革:新时代特点呈现

在遵循家事司法系统发展规律的同时,英国此次家事审判改革也呈现与之前家事审判改革相比的新特点,构成此次家事审判改革不同于之前改革的新特点。之所以普遍观点将此次家事审判改革视为英国司法史上最大规模的家事审判改革,实则亦与此次改革呈现的新特点相关。此次改革的新特点主要表现在五个方面:其一,以解决案件审理迟延作为直接目标;其二,深入家事司法体制机制层面;其三,注重法院领导力的发挥;其四,具有鲜明的时代特色;其五,重视系统因素的考量。

### (一)以解决案件审理迟延为直接目标

基于改革的针对性,英国家事司法系统发展过程中的不同变革针对不同的问题作出探究。在此次家事审判改革过程中,英国将解决家事司法系统中存在的案件审理迟延问题作为改革的直接目的,通过各项直接或间接措施推动案件审理迟延问题的解决。从目前英国家事司法相关统计数据来看,该改革基本上实现了预期目标,案件审理迟延问题在很大程度上得到缓解。结合英国家事司法系统的发展历程来看,此次改革对案件审理迟延问题的解决较彻底,对提升家事司法效率方面的改革最突出。

在提升家事司法效率的过程中,英国将实行积极的案件管理作为重要内容,通过限制专家参与、提升信息技术水平、保障案件管理法官或案件管理人员的工作等各方面入手推动家事司法效率的提升,保障家事司法系统的高效运行。积极的案件管理是近年来各国司法系统关注的重要内容,通过提升案件管理工作的质量保障法院在审判工作中的专业性和高效,减少不必要的时间耗费,是符合司法发展规律的重要改革措施,越来越受到各国司法系统的重视。英国在此次改革中多次强调积极的案件管理,并将案件管理能力的提升作为家事司法系统发展的重要方面,关注和重视积极案件管理的作用。此次家事审判改革对提升司法效率的重视空前,在一定程度上也反映出英国家事司法系统在改革前存在的案件审理迟延问题的严峻性。

### (二)深入家事司法体制机制层面

相较以往的家事审判改革,英国此次家事审判改革在体制机制层面的改革探索更深入。体制机制层面的改革,与管理或程序改革相比更具基础性,在家事司法系统发展过程中所起的作用更长久。尽管英国之前对家事司法组织结构等体制方面不断进行改革，但基本建立在逐步推进的渐进过程中。此次英国对司法体制机制层面的改革更具有彻底性。

在英国此次家事审判改革中，独立家事法院的设立不仅是改革的标志性事件，也是审判机构专业化、深入改革家事司法体制的重要体现。设立独立的家事法院是家事审判机构专门化的高级阶段，尽管英国自20世纪70年代起已经产生了建立独立家事法院的想法，但在家事司法实践中，受制于经费限制等各种现实因素，英国在20世纪90年代确立了高等法院家事法庭、郡法院和治安法院中的家事程序法庭审理家事一审案件的审判机构，在部分法院中设立了专门的家事法庭，但独立家事法院直至此次改革中才得以设立。同时，此次改革中对法院与地方机构之间的关系、家事司法系统内各组织机构的关系等家事司法体制层面的内容作出改革，以促进家事司法系统内部组织机构的协调与合作，保障家事司法系统的体制结构的稳定性。就组织机构相关改革而言，英国此次改革深入家事司法体制机制层面，更具彻底性。

**（三）注重法院领导力的发挥**

英国此次家事审判改革的另一特点，在于改革过程中重视对法院或法官领导力的培训，以及注重法院及法官领导力的发挥。传统司法发展过程主要强调法官的审判职能，对审判之外的案件管理或法官领导力问题关注甚少。然而，法官或法院领导力的发挥对司法系统的整体运行及正确处理与其他机构之间的关系都有重要影响。实行积极的案件管理，重视法院领导力的发挥是现代司法发展过程中重要的发展路径。

英国在此次家事审判改革过程中，通过加强对高级法官的领导力培训、设立家事司法委员会等方式提升法官及法院的领导力，保障法院在家事司法系统中所处的地位并增强法院在系统中发挥的作用。同时，在改革过程中英国家事法院在公法案件中的功能定位得到强调，一方面，反映了法院的司法功能及其与地方机构间的关系；另一方面，对完善法院在家事司法系统中作用的发挥具有重要作用。同时，英国此次家事审判系统中各方面都涉及了司法参与，大部分的改革项目均需发挥司法领导力的作用。① 调解信息评估会议的强制适用、26周法定审限制度的引入、试点项目的运行和推进等多方面改革均在一定程度上依赖于法院的积极推进和引导。另外，法院在制定各项改革措施中，相关的判例发挥了积极的作用，

① Lord Justice Gillen, Review of Civil and Family Justice: The Review Group's Draft Report on Civil Justice (2016), pp. 20, 39.

相关判例在实践中得到了广泛探讨与研究,并推动改革进程的不断推进。

**(四)改革具有鲜明的时代特色**

英国此次家事审判改革呈现鲜明的时代特色,区别于之前英国家事司法系统的变革。此次英国家事审判改革是英国家事司法系统在21世纪以来的规模最大的变革。21世纪以来,随着信息网络技术的发展,"互联网+"时代和新媒体时代已经到来,同时,家庭观念和司法观念亦有大量转变。故而,在此次改革中,英国家事司法系统面临新的时代背景和环境,针对家事司法系统运行过程中呈现的新问题作出回应。

英国在此次改革过程中强调信息网络技术的更新,推动诉讼程序的全数字化建设并探索在线家事法院建设,尽管相关改革仍然处在不断探索过程中且存在一定阻力,但推动家事司法系统的信息化建设成为家事司法系统不断发展的方向和目标。积极的案件管理等内容也体现了英国家事司法系统对现代司法发展的追求。

**(五)体现了家事司法系统的优化与发展**

将家事司法系统视为一个系统,通过家事审判改革推动家事司法系统的良好运行同样构成英国此次家事审判改革的一大特点。尽管家事司法系统确实存在,但司法实践中很少将之作为系统进行研究,或者说很少用系统理论对其进行研究。英国此次家事审判改革过程中,多次强调涉及系统的各项因素,并将推动家事司法系统的有效运行作为改革的重要内容,此次改革存在对系统理论的体现。

家事审判改革前,英国普遍存在对原有家事司法系统的抱怨,甚至有观点认为原有机构甚至不能称为系统。故而,在此次改革过程中,英国各项改革措施从组织制度、管理制度和程序制度三方面机制的改革推动家事司法系统的优化与更新,独立家事法院的设立、积极的案件管理与数字化建设、儿童程序参与保障即为典型例证。英国在改革中重视系统内部各组织机构之间的关系,推动组织机构之间的合作和共同目标的实现,并设立家事司法委员会统合各组织机构的工作。同时,英国限制法院在公法案件中对地方机构工作的过多参与,推动司法功能的重新定位,对司法系统的功能和效果之间的界限具有重要意义。整体来看,英国在家事审判改革过程中,将改革作为家事司法系统的整体改革并作出全面的改革措施,推动家事司法系统整体运行效率的提升,以应对"互联网+"时代、新媒体时代、家庭观念变化等不断转变的社会环境因素和发展变化,实现系统的优化与更新。

## 第三节 英国家事司法文化变迁

英国自2011年家事司法审查以来实施了英国历史上规模最大的家事审判改革，推动了家事司法系统的发展。21世纪以来，英国之所以实行家事审判改革，既在于解决家事司法中存在的诸如案件审理迟延等问题，推动家事司法系统的发展和接近正义的实现，也在于环境因素的转变和家庭法的发展。同理，英国各项改革措施的推行及家事司法系统的发展方向，同样体现了家庭法或家庭社会等各项环境要素发展与变化的因素。英国家事审判改革的推进，体现的是英国家庭法的发展与变革。同时，司法现代化与国际化也是不容忽视的重要方面。家事司法文化的转变，是推动英国家事审判改革的重要因素，在此次改革中多次得到强调，并得到彰显。

### 一、英国家庭法文化之转变

英国此次家事审判改革的推进，在一定程度上反映出英国家庭法文化的转变。一方面，21世纪以来英国结婚率、离婚率下降，家庭组成形式和观念发生了变化；另一方面，英国的家庭法理念和内容也逐渐发生变化，家庭法领域的改革亦有待进一步推进。

#### (一)家庭观念变化

随着社会的发展，家庭的组织机构、形式和思想理念等各方面均在不断发展变化。20世纪末期以来，英国越来越多的人不愿将自己的私生活行为方式交由婚姻在内的社会机制决定，结婚率出现了逐渐下滑的趋势，呈现"去婚姻化"的过程。家庭的形式逐渐多样化，有权享受"家庭生活"的人包括已婚者或某个"家庭"的成员，或被法律认可的父母或伴侣关系。① 家庭的结构、组成及观念等方面发生了巨大变化。传统的婚姻价值观念受到挑战，新型的婚恋观和婚姻生活模式则对传统的婚姻模式产生了冲击。例如，2016年英国上诉法院审理了涉及外祖母代孕的案件，并准许该案中的母亲为女儿代孕。②

与此同时，英国的离婚率逐渐增长，成为欧洲离婚率最高的国家。20世纪80

---

① 参见[英]约翰·伊克拉：《家庭法和私生活》，石雷译，法律出版社2015年版，第29~32页。

② 参见蒋惠岭、周蓉蓉：《英国一起外祖母代孕案件的风波》，载《人民法院报》2016年8月12日，第8版。

年代左右,英国的离婚率在34%～37%;21世纪以来,英国的离婚率上升至45%左右。离婚率的增长意味着生活在单亲家庭中的儿童数量不断增加。离婚率的增长和单身家庭中儿童数量的不断增多,意味着家事纠纷的日益复杂,在一定程度上导致人们对家庭稳定性的担忧增加。离婚人群的增多,"不婚""少子"现象的加剧,独自生活的单身者数量增多等家庭形态的不断变革,在一定程度上导致亲属关联日趋脆弱,淡化了原家庭成员间的亲情联系,加剧了"无缘社会"问题的凸显。①

英国此次家事审判改革同样体现了这种家庭观念变革的影响。在改革过程中,英国注重对离婚等纠纷中儿童利益的维护,推动家事纠纷的非诉纠纷解决机制的扩大适用,在提升家事司法透明度的同时注重对家庭成员隐私和未来发展的保护等,反映了现代家庭观念对儿童利益、私生活及隐私的重视。

**(二)家庭法领域的变革**

除家事审判改革外,推动英国家庭法领域的其他变革同样受到普遍关注。例如,有关离婚的财产问题改革的呼吁较常见。司法机关、学术界、律师及公众普遍对英国现行的相关制度表示担忧。英国现有的法学教科书或家庭法课程中也很少谈及离婚这个话题。离婚被视为没有法律内容的行政程序,少数诉诸法院的离婚案件同样未得到足够重视。推动离婚法的改革则成为英国家庭法领域发展的重要方向。② 有观点指出,离婚制度设计得非常困难,如果一个人想要离婚,立法会使其受苦。③ 目前,英国自2018年5月1日起开通网上离婚服务,申请人只需通过网络填写信息、上传材料、缴费就能办理离婚手续。该系统是英国法庭现代化举措之一,至5月8日已处理了1000多起离婚申请,满意度颇高。④

与此同时,英国家庭法近年来不断发展,成文法数量增加、公权力干预增多、国际化程度逐渐加强,在理念上更注重儿童最大利益的保护和家庭与社会稳定的维护,强调对儿童、女性等弱势者的保护。儿童最大利益原则贯穿于家庭法的各

---

① 参见[日]NHK特别节目录制组编著:《无缘社会》,高培明译,上海译文出版社2014年版,第52页。

② Mary Welstead, "Divorce in England and Wales: Time for Reform", *The Denning Law Journal*, Vol. 24, 2012.

③ Ayesha Vardag, "Divorce Law in Britain Is Outdated-And Designed to Make Couples Suffer", Accessed http://www.telegraph.co.uk/women/life/divorce-law-in-britain-is-outdated—and-designed-to-make-couple/, Jul. 5, 2017.

④ 参见《英国推行"网上离婚"系统 满意度高达91%》,载人民网:http://ip.people.com.cn/n1/2018/0508/c179663-29971008.html,2020年8月15日最后访问。

个领域中，并在实践中注重多种形式的家庭或伴侣关系。2017 年 8 月，英国司法部公布了迈克·法玛尔(Lord Michael Farmer)爵士关于监狱改革的报告《加强罪犯家属关系以防止再犯和代际犯罪的重要性》，其中指出，过去 40 余年来，整个社会经历了前所未有的家庭破裂问题，尤其是在弱势群体中该问题更为突出。社会上对家庭关系的价值并不重视，这使人们忽视长期分离对罪犯及其家人的不利影响。重视积极的家庭关系在各领域中的重要作用，是政府文化变革的重要内容。每个政府部门都应保障维护家庭稳定工作的开展。①

在英国此次家事审判改革中，对儿童最大利益原则的维护体现在改革的诸多措施中，并在改革实践中得到不断强调。倾听儿童声音的改革探索得到不断推进，通过非诉纠纷解决方式推动家事纠纷的平和解决亦在此次改革中不断发展。英国此次家事审判改革呈现的权利保护和纠纷解决途径新探索等特点，也反映了家庭法观念的转变。

## 二、家事司法的现代化与国际化

结合英国此次家事审判改革的措施来看，此次改革反映了家事司法系统的发展方向，即现代化与国际化。推动家事司法系统的现代化符合国际上的广泛做法，构成国际化的表现形式。21 世纪以来，推进家事司法的现代化成为各国家事司法工作开展的重要方向。英国在此次家事审判改革中，同样将家事司法现代化作为推动家事司法系统发展的重要途径，部分改革措施对澳大利亚、新西兰、加拿大等国的先进实践作出借鉴和参考。

推动家事司法的现代化符合国际上家事司法系统发展的方向。有学者对全球家事诉讼法的发展状况作出探究，认为无论是大陆法系还是英美法系的国家和地区都呈现强调统合处理家事案件、坚持儿童最大利益原则、适用或部分适用非讼原理、注重保障当事人及诉讼关系人的程序参与、重视调解或和解等方式处理家事纠纷、强调家事纠纷解决过程中的社会参与等共同的发展趋势，体现了对《儿童权利公约》确立的儿童最大利益基本原则的遵守、家事诉讼立法的普遍规律，说明各国和各地区的家事诉讼立法存在“共同法”。② 针对英国此次改革，具体而言，这种家事司法的现代化主要体现为以下四个方面。

---

① Lord Farmer, The Importance of Strengthening Prisoners' Family Ties to Prevent Reoffending and Reduce Intergenerational Crime (2017), p. 19.

② 参见刘敏：《21 世纪全球家事诉讼法的发展趋势》，载《中国应用法学》2017 年第 5 期。

### （一）审判机构统一化

实现审判机构的统一化，是各国家事审判机构专业化改革的重要发展方向和路径，也是家事司法专业化的重要表现。日本的家事法院是综合性的家事案件审判机构，与地方法院设置相同，并根据审判需要在辖区内设立便于诉讼的派出机构；澳大利亚根据《1975年家庭法》设立了专门处理家事纠纷的家事法院；新西兰在全国范围内设有58个家事法院处理家事案件，这些家事法院在性质上属于联邦地方法院的组成部分；美国12个州也建立了家事法院，等等。未设立家事法院的国家往往通过设立专门的家事法庭的方式实现审判机构的专业化，如德国及我国目前家事审判改革中试点运行的家事法庭。整体来看，推动家事审判机构的统一化以保障家事司法工作的专业化，是各国家事司法系统普遍的改革探索。

在此次家事审判改革前，英国的家事审判机构主要是高等法院家事法庭、郡法院及治安法院中的家事程序法庭，主要以专门的家事法庭的形式存在，改革之后设立了独立的家事法院，家事审判机构的专业化达到了更高的程度。统一的家事审判机构的设立，无论在保障家事司法效率方面，还是在便利当事人诉讼方面，都具有重要意义。

### （二）案件管理专业化

推动案件管理的专业化，同样是各国推动司法系统现代化的重要举措。在案件增多且日益复杂等新形势下，实现对案件的全面、正当、有效管理，通过调配统筹司法资源服务法官审判工作的开展，具有重要意义。各国在家事审判改革中同样将案件管理工作的专业化作为改革的重要内容。我国司法体制改革的一大重要特点即法官员额制改革，将从事审判工作的法官与从事案件管理工作的辅助人员相区分，保障法官审判的专业性和案件管理的有效性。德国根据不同级别和不同审级的法院承担的审判功能的差异，确定法官员额和其辅助人员的比例。① 推动案件管理制度的专业化，需要通过明确管理责任、科学设定管理主体、在充分放权及行权约束之间建立平衡等途径逐渐推进。②

在英国此次家事审判改革中，积极案件管理构成改革的核心内容之一。英国通过提升信息技术水平、限制专家参与、引入强制性的法定审限制度等途径推动案件管理工作的开展，并对案件管理工作中的具体细节作出规范和要求，将实行积极的案件管理作为法院工作的重要环节进行改革和完善，体现了对案件管理工

① 参见傅郁林：《以职能权责界定为基础的审判人员分类改革》，载《现代法学》2015年第4期。
② 参见郭彦：《强化司法责任 优化流程管理》，载《人民法院报》2017年6月10日，第2版。

作的重视。案件管理工作的进展在很大程度上关系家事司法效率的提升,也是现代化司法的重要内容,应在改革中不断发展与完善。

**(三)信息化、数字化建设**

推动家事司法系统的数字化建设,是应对互联网迅速发展的重要改革,也是各国司法系统的必然发展方向。美国早在21世纪初就开始了建设网络法院的探索,2002年密歇根法院正式运行,试图通过信息技术更新便利当事人诉讼。尽管该设想夭折,但相关探索并未停滞。加拿大同样探索电子法庭建设,推动诉讼程序的无纸化;澳大利亚的电子法庭取得了显著成果。我国目前正在加强"智慧法院"建设,杭州设立了中国第一家"互联网法院"。通过互联网法院的建设让司法紧随互联网发展的进度,既顺应了时代发展的需求,也符合公众的网络维权需求。从杭州试点的经验来看,以互联网的方式审判案件,是审判体制和方式的变革创新,可以节约成本、提升效率、降低难度,并促进案件的及时审结和维护当事人权益。①

英国在此次家事审判改革中,一方面,试点运行诉讼程序无纸化,通过改良的方式提升家事司法效率;另一方面,探索在线法院建设,并已开始试点运行。在互联网迅速发展的21世纪,尽管英国的改革尚存诸多争议或阻力,但推动家事司法系统的信息化、数字化建设成为必然的发展趋势。

**(四)多学科、多专业参与**

增强家事司法中多学科、多专业的参与,以保障家事司法的公正性和当事人权益的保护,是现代家事司法的重要方面,也是各国普遍采取的重要改革措施。日本家事法院通过调查委员、调查官等辅助机构针对当事人不同的心理及身体状况、家庭环境及社会背景等作出研究以提供必要的协助和建言,并提供具有人际关系方面知识的人给予当事人以相关的心理咨商,社会福利机构亦会提供必要援助。② 德国在家事纠纷解决领域吸纳了社区心理咨询、少年管理、调解、社会学、心理学等领域的专业人员,并建立程序辅佐人制度。程序辅佐人一般为具有法学、心理学、教育学或社会学背景的专业人士,大多数来自律师、医生、教师、心理咨询师等行业。③ 我国家事审判改革过程中亦强调心理学、社会学等多学科的参

---

① 参见李英锋:《互联网法院:开启涉网纠纷解决新时代》,载《人民法院报》2017年7月1日,第2版。

② 参见张晓茹:《日本家事法院及其对我国的启示》,载《比较法研究》2008年第3期。

③ 参见杨林萍、龙飞:《德国家事审判改革及其对我国的启示》,载《法律适用》2016年第4期。

与,各级法院加强与心理学、法学、社会学等教学研究机构的交流合作,以推动家事司法正义的实现。①

英国在此次家事审判改革中,尽管为提升家事司法效率限制专家在公法案件中的过多参与,但保障心理学、社会学、医学等专业人士在家事司法工作中的参与仍是英国家事司法系统的重要内容。同时,英国家事司法审查中对跨学科领域的专家参与作出探讨,且在改革过程中,增强社会工作者的专业能力培训同样是改革的重要内容。

## 三、家事司法文化具体转变

除家事司法整体工作的现代化与国际化外,英国家事司法的具体领域也存在诸多变化,体现了英国家事司法的转变。这些工作细节方面的转变,同样体现在英国此次家事审判改革中,反映了英国家事司法文化的变化。这主要体现在三个方面,即强调非诉纠纷解决机制的适用、重视法院领导力的发挥及注重对家庭弱势者的权益保护。

### (一)扩大非诉纠纷解决机制的适用

扩大非诉纠纷解决机制的适用,发展多元的家事纠纷解决机制是推动家事司法系统发展的重要途径。21 世纪以来,各国家事司法系统的发展往往将扩大非诉纠纷解决机制的适用作为重要的改革内容。澳大利亚自 2006 年家事司法改革以来将在诉诸司法前通过调解机制解决纠纷作为当事人的义务。挪威同样规定,在涉及 16 岁以下未成年人的家事案件中,家事调解具有强制性。各国或将调解作为起诉前的强制程序,或积极鼓励调解等非诉纠纷解决机制在家事纠纷解决中的适用,积极推动非诉纠纷解决机制的适用。

英国在此次家事审判改革过程中,规定调解信息评估会议在家事私法案件中的强制性适用,并推动和解、协作法等非诉纠纷解决机制的适用。尽管这在实践中效果有限,但英国家事司法系统将非诉纠纷解决机制的扩大适用作为家事司法系统发展的必由之路,在改革中不断推进,受到高度重视。这也反映了 21 世纪以来非诉纠纷解决机制的发展和在解决家事纠纷中的重要作用。在英国家事司法实践中,探索公法案件中调解机制的适用、构建多元化的非诉纠纷解决机制等仍是家事司法系统进一步改革的内容。

---

① 参见罗书臻:《加强家事审判心理学社会学研究合作》,载《人民法院报》2017 年 1 月 16 日,第 1 版。

**（二）重视法院领导力的发挥**

重视法院及法官在家事司法系统中的领导力的发挥，同样构成英国在此次家事审判改革中的重要内容之一。法院是家事司法系统中最核心的组织机构，在整个家事司法系统运行过程中发挥最关键的作用。然而，改革前英国家事司法系统运行存在问题的重要原因之一在于组织机构之间缺乏协作与共同目标，系统内组织机构之间并未形成良好的互动关系。故而，在此次改革中，英国重视法院发挥领导力的重要作用。

家事司法委员会的设立为协调家事司法系统内各主要组织机构的协作提供了平台，在实践中效果显著。司法学院推动对法院高级法官的领导力培训，以增强法官及法院的领导力。在家事司法系统运行过程中，发挥法院在系统运行中的领导力作用，提升各组织机构的协作关系，推动各机构在纠纷解决过程中的合作，具有重要意义。英国此次改革中对法院领导力的重视，不仅构成本次改革的特点之一，也是英国家事司法文化转变的重要体现。

**（三）注重对家庭弱势者的权益保护**

关怀弱势个体及群体的利益是家庭法公认的基本价值观。在家庭成员中，往往存在强势与弱势地位的区分。注重对家庭弱势者的权益保护，是现代家事司法工作的重要内容。在家事审判改革过程中，各国或地区在推动审判公正和提升司法效率的同时，注重对儿童、妇女、老年人等弱势群体的保护。我国台湾地区的“家事事件法”创设了一系列新制度，不仅考虑了对家庭成员的个人权利保护，还有效地保护了以未成年人为代表的弱势群体的利益，如实行社工陪护制度、设立程序监理人等制度可以有效地促进对弱势一方利益的保护。① 我国家事审判改革的目的同样在于推动家事审判专业化发展，维护婚姻家庭关系稳定及依法保护未成年人、妇女及老年人的合法权益，强调对弱势群体的保护。

英国各项家事司法工作的开展以儿童最大利益为基本原则，在家事审判改革过程中注重对儿童利益的维护。英国在此次改革中对家事诉讼程序中的儿童参与及儿童作证问题作出探究，主张倾听儿童的声音，并对儿童及弱势证人在程序参与方面的相关制度进行改革作出一定探索，体现了对家庭弱势者的权益保护。通过家事审判改革探索对家庭弱势者的权益保护，不仅反映了家事司法工作的基本原则，也反映了保护人权和维护正义的价值追求。

---

① 参见蒋月、冯源：《台湾家事审判制度的改革及其启示——以“家事事件法”为中心》，载《厦门大学学报》（哲学社会科学版）2014 年第 5 期。

## 第四节 英国家事司法系统的发展方向

英国自 2011 年家事司法审查以来实现家事审判改革,大部分改革措施在 2014 年前后随着独立家事法院设立、《2014 年儿童与家庭法》的施行而逐渐在实践中发挥作用,部分改革措施仍在不断推进过程中。家事审判改革之于英国家事司法系统是一个具有重要意义的时刻,但需要注意的是,家事审判改革并未结束,有利于儿童和家庭的改革应当是一个持续的过程。[1] 随着案件的不断增多和经费开支的削减,完善多样化纠纷解决机制、推广家庭毒品与酒精法院工作机制的适用、探索家事司法服务的创新路径等成为英国家事司法系统的发展方向。[2] 英国家事司法系统的发展方向,既反映了英国家事审判改革的深入发展方向和进一步举措,也体现了英国家事司法系统更新与发展的途径选择及司法改革规律。

### 一、司法系统发展方向

从英国司法系统的整体发展来看,推动家事司法系统的数字化建设、提升司法效率及保障接近正义和司法公正的实现,是英国司法系统的整体发展方向。

#### (一)"互联网 +"时代的数字化建设是必然发展方向

信息网络技术在推动司法系统的智能化、效率提升及以公民为中心的公共服务方面具有重要作用,[3] 21 世纪以来,随着"互联网 +"时代信息技术的迅速发展,数字化建设成为英国司法系统发展的必然方向。

根据英国政府及司法界的预测,随着时间推移,法院将通过在线、虚拟和传统审判等符合案件状况的方式审理案件。越来越多的案件或案件的部分问题会通过在线方式解决,但部分案件仍然需要在现实法庭中审理。司法系统在未来发展过程中会出现两方面重大变化:一方面,无论案件最终通过在线或传统方式审理,最初阶段均通过在线方式进行;另一方面,部分案件则全程通过在线方式解决,诸如低案值债务和损害诉讼、社会保障和儿童抚养法庭(Social Security and Child Support Tribunal)受理的案件等可通过在线方式处理争议。同时,司法系统中会

---

① Shefali Shah, *Key Changes to Family Justice*, London, Coram BAAF, 2016, p. 78.

② Sarah Blackmore, Jacqui Thomas, *Family Justice Reformed: A Guide to the Family Court and the Children and Families Act* 2014, London, RELX(UK) Limited, 2017, p. 34.

③ William Mosseri-Marlio, Charlotte Pickles, The Future of Public Services: Digital Justice (2016), p. 2.

出现高度简化的程序代码，引导人们的诉讼申请及争议处理过程，鼓励人们通过和解等方式解决纠纷，减少律师的使用并鼓励当事人自我代理。同时，拟议改革会对法官、治安法官及律师的工作提出挑战，法院应更多地适用信息网络技术并实行积极的案件管理，提升司法机构的数字化和现代化。律师亦应创新服务方式，简化工作实践，对律师而言创新极具价值。

同时，英国司法部发布了关于改造司法系统的咨询文件。该文件指出，公正实用的司法系统是文明社会的基础。为提供一个符合比例原则、适合复杂性的司法系统，英国在各个司法辖区应采取一致做法：由案件工作人员处理更多常规工作，减少法官不必要的时间耗费，增强司法工作人员的专业能力；更多“纸上”决定，案件直接通过网络以书面形式提交给法官，无须现实审判，便利当事人的参与；更多虚拟审判，法官通过电话或视频会议方式听取当事人双方陈述或辩论，无须前往法院参与审判活动；更多案件在庭外解决，鼓励当事人通过非诉方式解决纠纷。① 针对各项咨询意见，政府作出回应，指出法院和裁判所事务管理服务局的服务方式转为在线服务后，政府会确保使用网络有困难的人提供技术支持，确保满足老年人、残疾人及读写能力差的人在技术服务层面的需求。同时，法院和裁判所事务管理服务局会与第三方合作以提供全国性的、可进入的、有技术保障的网络，并提供电话和网络聊天服务，同时保留纸质渠道。②

为建设以数字化工具为基础的新的在线法院，以加强案件管理、法院资产的合理化及向无纸化法院发展的趋向、使用案件工作人员负责案件分配等管理工作以节约司法资源及时间，英国司法部计划在未来几年将在信息技术更新领域投入1.6亿英镑。全国大部分法院都会实现无线网覆盖，增强数字证据的适用。依照英国司法系统发展计划，2015～2016年实现所有刑事法院的无线网覆盖，实现治安法院工作的数字化建设；2016～2017年实现民事法院和家事法院的无线网覆盖，建设数字化案件管理申请系统及引入数字化离婚程序；2018～2019年预审工作均在庭外完成，在线法院和案件工作人员完成案件管理功能；2019～2020年实

① Ministry of Justice, Transforming Our Justice System: Summary of Reforms and Consultation (2016), p. 4.

② Ministry of Justice, Transforming Our Justice System: Assisted Digital Strategy, Automatic Online Conviction and Statutory Standard Penalty, and Panel Composition in Tribunals Government Response (2017), p. 27.

现家事、民事法院及裁判所的全面数字化。① 需要注意的是,正如沃尔夫勋爵指出的,信息技术系统的价格较高,法院系统能否获得购置一系列信息技术设备的政府拨款尚不明确,目前的信息技术更新工作仍有待推进。

**(二)司法效率提升是英国家事司法系统变革的重要内容**

实现高效司法一直是英国司法系统发展的重要目标之一。2012年英国联合政府将建立一个高效的、确定的司法系统作为发展目标,②该目标既是对"简单、快速、简易司法"的自然扩展,也是对海尔什姆勋爵在1985年的民事司法审查中关注的缓解案件审理迟延问题的回应。即使是英国的大宪章,同样强调不能延迟法律公道与正义。在英国司法系统运行与发展的过程中,保障司法工作效率、防止迟延的正义问题一直是英国司法系统工作的重要内容。

然而,在英国司法系统运行中,法院系统的烦琐、低效仍然是有待进一步解决的问题。在刑事司法系统中,公众对司法系统的信心建立在犯罪与刑罚之间的关系上。由于受害者往往担忧延期影响判决结果,案件审理迟延的时间越长,其遭受的身体与精神损害越久,对司法的不信任度亦会增加。受害者普遍认为,刑事司法系统的首要工作在于减少犯罪与审判之间的时间。③ 民事司法系统与家事司法系统存在相同的问题,案件审理的迟延会导致当事人在等待判决结果的过程中长期处于不安状态,未成年人所受影响更严重。整体来说,案件审理迟延问题是英国司法系统整体上普遍存在的问题,提升司法效率、解决迟延问题是司法系统发展的必然途径。

同时,鉴于英国政府仍然承受财政赤字的困境,提升司法系统效率的潜在经济利益具有很大的吸引力。英国政府计划提升公民使用法院及裁判所的效率,努力在2019~2020年实现每年节省1亿英镑的目标。④ 同时,增强现有法院的利用率、关闭部分法院、实行积极的案件管理同样是法院提升工作效率的重要途径。从英国司法系统发展的现状及发展趋向来看,提升司法系统各项工作的效率、实行积极的案件管理是司法系统运行的整体方向。

---

① Lord Justice Gillen, Review of Civil and Family Justice: The Review Group's Draft Report on Civil Justice (2016), pp. 20, 39.

② Ministry of Justice, Swift and Sure Justice: The Government's Plans for Reform of the Criminal Justice System (2012), p. 3.

③ Polly Rossetti, Waiting for Justice: How Victims of Crime Are Waiting Longer than Ever for Criminal Trials (2015), p. 7.

④ HM Treasury, A Country That Lives within Its Means Spending: Review 2015 (2015), p. 16.

### (三)接近正义和司法公正始终是司法系统的根本追求

尽管在英国目前的社会环境下,提升司法系统的效率作为政府及司法系统各组织机构工作的重点内容和发展方向,但对接近正义和公正审判的追求始终是英国司法系统运行的根本宗旨和追求。

一方面,对英国司法系统中目前存在的信息技术水平不足、案件审理迟延、法院资源利用率低、案件管理能力有待提升等问题的解决,在提升司法效率的同时,同样在于保障为当事人提供及时的正义,减少因迟延导致的损害,本质上仍在于保障接近正义的实现。可以说,在英国现有的司法环境下,通过提升司法效率保障更多人参与司法权利的实现和及时审判,是可行的发展途径。

另一方面,英国推动司法系统改革与发展的根本目标在于保障接近正义与司法公正。确定诉诸司法的最低标准、最佳执法方式,对现存争议的法律援助制度作出进一步的考量和改革,转变对公众的法律教育、探索将法律教育纳入学校教育及社区中终身学习等途径,增强法律咨询的可用性等是推动家事司法系统的进一步完善、提升司法系统工作与服务质量的可行途径。[①] 大法官托马斯勋爵(Lord Thomas of Cwmgiedd)指出,英国的司法系统对大多数人来说已经变得无法负担,21 世纪以来越来越多的人无法保障自己的权利受到尊重,法律援助的削减和诉讼费用的增加阻碍了公众参与司法及接近正义。[②] 如何解决家事司法系统中存在的问题、推动家事司法系统进一步发展,保障接近正义和公正司法的实现,是英国家事司法系统发展过程中一直考虑的核心问题。

## 二、家事司法系统之发展方向

从英国家事审判改革来看,尽管家事审判改革基本上实现了预期目标,但家事司法系统中仍然存在不少问题或有待改进之处,同时,面临新时代技术、家庭及社会观念、司法制度及观念的发展,英国家事审判改革将进一步深入推进,家事司法系统在有序运行的过程中亦会不断发展变化。

### (一)整体发展方向

家事法院的首要任务往往在于解决会涉及未成年人的私人纠纷,并将家庭置

---

① The Bach Commission on Access to Justice, The Crisis in the Justice System in England & Wales Interim Report (2016), p. 6.

② See Charles Falconer, Willy Bach, "The Lack of Access to Justice is a National Disgrace", https://www. theguardian. com/commentisfree/2016/jan/16/legal-aid-review-lack-of-access-to-justice, Jul. 2, 2017.

于未来最佳的发展路径中。家事司法系统的改革必须以儿童利益为先。尽管自2011年家事司法审查以来,英国家事司法系统通过独立家事法院建设等施行了家事审判改革,家事司法的效率大为提升,但家事司法系统尚存有待改进之处。私法案件主要处理离异夫妻关于儿童抚养或财产分配方面的争议,简化及数字化私法案件诉讼流程是为当事人解决私法纠纷的重要发展方向。大部分案件涉及较简单的司法程序,仅有2%左右的案件中会存在对抗性问题。当然,自20世纪70年代以来,相关规则的改革漫长而复杂,未来的发展方向在于尽量简化和在线解决。该简化原则同样适用于遗嘱认证问题,遗嘱认证案件同样实行数字化,以便在无争议的情况下将大部分问题在线解决。

在公法案件中,英国在家事审判改革中已经推行了一系列创新机制方法,如家庭毒品和酒精法庭的设立、法官主导的争议解决试点等。这些改革途径推动了儿童父母与地方机构之间通过非对抗性的方式解决纠纷,并集中各方力量专注于对儿童最大利益的维护。同时,有观点指出,如果政府注重儿童的时间表,那么,政府应提供更多的资源以提升家事司法效率、减少案件审理迟延。这不仅应体现在诉前程序中,还应在后续照护令或安置令的制定过程中。最具经验的实务工作人员往往更重视记录工作而非实践,家事司法实践应从远程控制位置转向以关系为基础的、能够看到前线实务工作人员的工作途径。①

**(二)组织机构的进一步改革**

英国在此次改革中,设立了独立的家事法院,推动了法院领导力建设和司法连续性的提升,并强调公法案件中法院功能的重塑及完善地方机构与法院之间的关系,构成英国在家事司法组织机构方面的主要变革。然而,尽管独立家事法院的设立构成英国此次家事审判改革的标志性事件,但组织制度方面的改革尚有进一步推进的余地。

一方面,家庭毒品酒精法院的运行起到良好效果,有待在英国其他地区得到推广。同时,英国关闭部分法院的举措不可避免地对部分家事法院产生影响,且该举措在实践中存在一定争议,如何对家事审判机构进行合理配置属于英国家事司法系统在组织组织方面的进一步改革。另一方面,在加强法院领导力建设、重塑法院功能的同时,保障治安法官在家事审判中作用的发挥、提升地方机构的工作质量是进一步改革的可能内容。

---

① See Kim Holt, *Contemporary Family Justice: Policy and Practice in Complex Child Protection Decisions*, London, Jessica Kingsley Publishers, 2016, p. 134.

就地方机构而言,抚养案件中的对抗性庭审过程可能对社会工作者而言构成较大压力,故而,尚需加强对社会工作者参与诉讼的专门、定期的技能培训。社会工作者需要提高作出评估报告的信心和能力,撰写法庭报告并增强评估报告的证据效力,对该方面改革的监督和指导构成家事审判系统发展过程中需要关注的核心内容之一。地方机构需要考虑雇佣从事案件管理工作的人员负责保障工作质量及指导和支持社会工作者的工作,同时,在维护地方机构与法院之间的关系方面发挥作用。此外,家事小组会议在审前程序中应尽早开始,以确保家庭成员的参与和对家庭的支持。地方家事司法委员会应就地方机构的良好实践作出交流和推广,并尝试减少抚养程序中的对抗性特点,开展共享学习和发展活动等。另外,地方机构必须确保案件管理人员对评估工作有明确的预算和经费分配,以防止审前程序中相关工作的延误。社会工作者需要保持一定的专业研究时间并熟悉最新的研究,以增强在作出评估报告等工作中的信心。

**(三)案件管理的进一步改革**

管理制度方面的改革构成英国此次家事审判改革的核心内容,通过提升家事司法系统的信息化水平、限制专家在公法案件中的参与及在抚养程序中引入26周审限制度等实行积极的案件管理,解决家事司法系统存在的案件审理迟延问题,在实践中基本实现了预期效果,但相关改革仍有待进一步推进。

在线家事法院的建设尽管是英国家事司法系统的发展方向,但相关工作的完善仍待进一步推进,部分改革试点仍在运行过程中。此次家事审判改革中专家参与制度的改革主要在于限制专家证人的参与,但专家参与涉及诸多问题,合理构建家事司法中的专家证人参与制度是符合司法发展规律的深入改革方向。提升专家证据的质量及增强专家的行业自律,加强对社会工作者及儿童和家事法庭咨询支持服务署工作人员的专业培训和技术支持,增强对专家作证的监督等方面构成完善专家参与制度的发展方向。同时,尽管英国采取了26周法定审限制度且在实践中效果突出,但该审限的实践导致部分案件中法官压力加重,审限制度的引入并非目的,更好地提升家事司法效率才是英国家事司法系统在进一步改革过程中需要考虑的问题。

英国家事审判改革后,家事司法系统应对特别监护令的相关问题作出谨慎分析。政府应考虑就特别监护令问题出具更明确的实践指引以保持该类案件解决的一致性。同时,应当建立与之前收养案件完全不同的工作机制,并就解决复杂的、扩大的家庭背景下的特别监护问题提升专业技能。涉及特别监护令的案件亦应在26周法定审限的范围内及时解决,且法院及地方机构应该为特别监护人等提供高质量的信息告知和支持服务，将儿童的时间表和最大利益作为工作开展的首要考虑因素。①

**（四）程序机制的进一步改革**

程序制度改革涉及英国家事审判程序的相关程序、方式、机制等内容，构成此次英国家事审判改革的重要内容。英国在改革过程中通过保障儿童在家事诉讼程序中的参与及儿童出庭作证、构建多元调解机制并扩大调解等非诉纠纷解决机制的适用等措施对家事司法系统的相关程序制度作出改革。尽管其基本上取得了预期效果，但程序制度的相关改革仍有待进一步推进。

尽管保障家事司法程序中儿童的参与具有必要性，但合理构建儿童参与方式及防止儿童在参与过程中遭受损害仍然有待英国家事司法系统进行深入探索。英国在私法案件中引入了调解信息评估会议以增强非诉纠纷解决机制的适用性，但在公法案件中调解机制适用的试点仍尚待探索，对其他国家或地区相关经验的参考借鉴同样是英国家事司法系统进一步探究的内容。

---

① Department of Education, Impact of the Family Justice Reforms on Front-line Practice Phase Two: Special Guardianship Orders Research Report (2015), pp. 33 – 35.

# 结语　英国2011年以来的家事审判改革对我国的启示

英国家事审判改革的经验,反映了家事司法制度发展的普遍规律和现代家事司法发展的特征,具有一定的借鉴意义与价值。自2016年起,最高人民法院在118个中级、基层人民法院开展家事审判改革试点工作,目前改革进入深化阶段。其中,审判机构专业化建设、多元化纠纷解决机制完善及保障未成年人利益等方面的改革也是我国家事审判改革的重要内容。从我国家事审判改革来看,在一定程度上可以借鉴英国的改革经验。

## 第一节　英国家事审判改革经验之借鉴

对英国家事审判改革内容及规律的探索,不仅在于厘清英国家事司法发展规律与路径,还在于在一定程度上为我国家事审判改革的推进提供借鉴或参考。英国家事审判改革经验可以为我国的家事审判改革提供借鉴或参考,这一方面基于比较法意义上借鉴与参考的价值,另一方面在于我国家事审判改革具体推进中的客观现实需求和主动借鉴意向。

### 一、比较法的力量与制度规律之普适

之所以认为英国家事审判改革经验具有借鉴与参考价值,从理论上来说主要有四方面原因:一是比较法上域

外法律的借鉴价值;二是视域融合与重叠共识理论的论证;三是司法发展呈现一定的普遍性规律;四是家庭法观念与人性在很大程度上存在相似性。

### (一)比较法的力量与价值

从比较法的角度来看,对域外法的比较研究具有一定的借鉴价值。尽管比较法的意义受到一定质疑,如最初西塞罗(Marcus Tullius Cicero,公元前 106 年—前 43 年)认为外国法"几乎是荒谬可笑的","普遍性的解释方法"还是"法律不可移植性规律",但从比较法研究的历史来看,比较法在法律发展与研究过程中发挥了重要作用。正如美国法学家阿兰·沃森(AlanWatson)所言,法治后进国家推动法律发展的途径主要是法律的移植或借鉴。比较法不是简单地吸收外国法律,其也具有阻止外国法律的渗入、巩固本国传统的法律制度及强化传统法律制度中值得尊重的优点等作用。①

一个法律体系对于变化作出反应的能力,在一定程度上取决于该法律体系利用其他体系的经验的能力。随着全球化的不断发展,法律的趋同化、标准的国际化、一般法律原则的不断产生,通过比较法研究在发展自身法律体系的同时强化本国法律体系的表达方式,增强法律体系的可接近性与可理解性,符合法律体系发展的需求。因此,比较法的最大价值是让人们深入洞察法律现象的本质所在。单纯从比较法的意义或价值来看,对英国家事审判改革经验的比较探究具有一定的借鉴意义。

### (二)从视域融合到重叠共识

对英国家事审判改革经验具有可借鉴性的研究,可以从视域融合、重叠共识理论的角度作出论证。视域融合理论(Fusion of Horizons)由德国哲学家伽达默尔(Hans-Georg Gadamer,1900—2002 年)阐发,指人的特定视域在历史对话的境遇中相互融会贯通。其中,视域即指用人们眼力所及的区别来表达的人的立场或世界观。该理论强调各种异质性因素的融合,与"和而不同"思想有相似之处,指不同主体可以通过商谈等方式将原来不同的观点在一定程度上达成一致。在多元法律文化发展的现代社会中,法律体系之间通过错误承认和对等承认所形成的空间即为视域融合发生的区域。② 尽管英国的家事审判改革与我国家事审判改

---

① 参见[德]伯恩哈德·格罗斯菲尔德:《比较法的力量与弱点》,孙世彦、姚建宗译,清华大学出版社 2002 年版,第 9~10 页、第 62~64 页。

② See Wendy Martineau, "Misrecognition and Cross-cultural Understanding: Shaping the Space for a 'Fusion of Horizons'", *Ethnicities*, Vol. 12, 2012.

革之间存在法律体系、法治环境、问题意识等多方面的区别，但这种区别并不能阻碍一定程度或领域的视域融合，这主要表现在三方面：其一，家事审判改革理念的交融沟通，即在司法理念领域形成沟通；其二，改革的方式或技术手段的共享，即在案件管理、程序机制设计或其辅助作用的高科技手段等技术中立领域；其三，家事审判改革进路的借鉴，如关于改革路径的论证等，英国和我国都可以相互借鉴。①

重叠共识（Overlapping Consensus）的概念由罗尔斯在其著作《政治自由主义》中提出，指不同的价值观念体系各自在保持自身的情况下就政治生活的基本原则或秩序形成共识。该共识是排除了各种对立或者分歧以后的共同认识，体现在平等、公平、法治等方面。就家事审判改革而言，各国家事审判改革中的改革理念、技术要素及改革路径的视域统合可以使人们形成一种关于家事审判改革的重叠共识。这种关于家事审判改革的重叠共识即使在对“何为正义”该问题上有不同见解的个体或群体中也可以发生。

**（三）制度发展规律的普适性**

英国家事审判改革的背后反映了司法制度发展的规律，如合规律性与合目的性相统一、自然演进与理性建构相结合、世界性与民族性兼具的社会制度变迁规律，在我国司法制度发展中亦有所呈现。社会制度变迁规律具有普遍性，这也体现了制度变迁的世界性的特点。

**（四）家庭法观念与人性的共通性**

除家事司法发展规律、理念、技术要素及路径选择的可借鉴性因素外，之所以可以借鉴英国的家事司法改革经验，还在于在家庭法观念和人性观念上，各国之间存在共同性。尽管英国家庭法制度与我国相关制度差别较大，但保障儿童利益、保障家事司法公正等家庭法的理念具有共通性。保障儿童最大利益是在国际社会上得到广泛认可的基本原则，既是英国家事司法的基本原则，也是我国家事审判改革推进过程中需要不断强化的重要因素。

之所以英国家事司法理念、发展规律或路径选择等方面对我国具有可借鉴性，本质上还在于人性具有共通性。通过司法保障未成年人等弱势群体的利益、维护社会关系的稳定与和谐始终是符合人性的制度构建。无论是我国古代的“亲亲得相首匿”，还是家事案件中隐私权的保护，均体现了司法制度中的人性化设

① 参见涂云新、秦前红：《司法改革的组织和程序保障——论〈欧洲司法改革报告2011—2012〉对中国的借鉴和启示》，载《河南财经政法大学学报》2013年第6期。

计。因此,尽管英国与我国的家事审判制度存在较大差异,但这种家庭法理念和人性的共通之处,在很大程度上奠定了两者之间可以有所沟通或研究借鉴的基础。

陈爱武老师在关于人事诉讼程序基本原理的研究中指出,两大法系的人事诉讼程序有诸多共性:两者的立法差异是形式意义上的,实质完全类同;两者的内部差异也仅体现在形式意义上,本质上无差异;两者都将人事或家事诉讼视为民事诉讼的特殊领域。家事司法的共通性不仅体现在两大法系中,我国亦不例外。家事诉讼程序中体现出的程序相称原理(特殊性质纠纷应设计特殊的诉讼程序)、程序多样化原理(多元纠纷解决模式、程序)、诉讼程序非讼化原理(认识案件兼具诉讼与非讼之特性)等,均在各国家事司法中有所体现。①

## 二、客观参考价值与主动借鉴原则

### (一)英国家事审判改革经验有现实的参考价值

近年来,我国家事案件数量大量增长、复杂程度不断增加、婚姻家庭关系中的新问题不断显现,如何保持家事审判机构的良好运行、推动司法正义的实现,备受关注。自2016年4月以来,我国的家事审判改革处于不断推进过程中。最高人民法院发布了《最高人民法院关于开展家事审判方式和工作机制改革试点工作的意见》《最高人民法院关于在部分法院开展家事审判方式和工作机制改革试点工作的通知》,统一部署在全国118个中级、基层人民法院开展家事审判改革的试点工作,推动家事司法系统的更新。在我国家事审判改革过程中,独立家事法庭的建设、调解等非诉纠纷解决机制的完善、心理学家等专家的参与、各项审判工作机制与方式的改革等都构成了试点法院探索家事司法系统发展的重要内容。

"他山之石,可以攻玉。"尽管英国与我国的具体国情、法律环境等各方面均存在较大差异,但鉴于家事司法理念和相关理论的一致性、家事司法正义的追求和公正审判的理念、保障儿童最大利益的家事司法原则和同处于21世纪面临全球化、信息化和"互联网+"时代的冲击,英国家事审判改革的探索和经验可以在一定程度上为我国的家事审判改革提供一定的启示。

### (二)借鉴域外经验是我国家事审判改革的基本原则之一

《最高人民法院关于开展家事审判方式和工作机制改革试点工作的意见》指出,家事审判改革的基本原则之一,在于坚持从本国国情出发和借鉴域外经验相

---

① 参见陈爱武:《人事诉讼程序研究》,法律出版社2008年版,第74~83页。

结合。一方面,家事审判改革应立足于本国国情,从司法制度及经济社会发展的实际状况出发;另一方面,家事审判改革应当借鉴其他国家或地区的有益经验,推进改革工作的开展。

在审判机构专业化的推进、信息化建设的增强、多元纠纷解决机制的构建等诸多领域,域外诸多国家已经进行了改革探索,积累了一定的改革成败经验,诸如英国在此次改革中独立家事法院的设立、非诉纠纷解决机制的扩大适用等改革经验可在一定程度上为我国相关探索提供借鉴或启示,也是我国改革过程中可以研究的重要内容。因此,无论是从英国家事审判改革经验的客观参考价值还是从我国改革的主动借鉴宗旨来看,对英国家事审判改革经验的借鉴和参考具有必要性,也是推进我国家事审判改革进一步深化的有力保障。

## 第二节　我国家事审判改革具体推进之探讨

### 一、从家事法庭到家事法院的渐进路径选择

在我国家事审判改革工作的推进过程中,家事审判机构专门化建设同样是必不可少的内容。《最高人民法院关于开展家事审判方式和工作机制改革试点工作的意见》列举了两种试点模式:一是将少年审判和家事审判合并,在试点法院或条件符合的基层法院派出法庭中建立家事少年审判庭;二是分别试点少年审判和家事审判,现有的少年法庭格局维持不变。自家事审判改革以来,各地纷纷改革家事审判机构,以推进家事审判专业化建设。大多数试点法院设立了专门的家事审判机构,其中独立建制的家事审判庭及少年审判庭占70%,有的法院实现了全省范围内的妇女儿童合议庭全覆盖。自试点开始以来,许多中级、基层人民法院成立了家事审判庭或家事少年庭,有的法院实现了对少年案件和家事案件的集中管辖。①

关于我国家事审判机构专业化改革的方向或途径,学界及实务界已多有探讨。有观点主张,在基层人民法院建设家事法庭是符合实际需求的、迫在眉睫的家事审判机构专业化改革;②也有观点主张,尽管家事法庭建设是我国家事审判改革的关键一步,但设立独立的家事法院刻不容缓;③有学者主张,在构建家事法

① 参见方芳、郭婕:《家事审判方式和工作机制改革试点工作推进会综述》,载《人民法院报》2017年3月1日,第7版。

② 参见张大辉:《建立"家事法庭"制度迫在眉睫》,载《检察日报》2015年7月13日,第5版。

③ 参见曹思捷:《我国家事审判改革路径之探析》,载《法学论坛》2016年第5期。

院和少年法院不具备现实条件的状况下,将涉少案件和家事案件合二为一是适宜的过渡手段;①有学者主张,形成由家事审判合议庭、家事法庭、家事法院及家事法官构成的多层次、多元化的家事司法专门机构。②

在我国当前家事审判改革过程中,家事审判机构专业化建设势在必行。结合我国家事司法实践与家事审判改革工作的进展,目前在我国家事审判机构专业化建设过程中,家事审判合议庭略显保守,建设独立家事法院的条件尚未成熟,因此,以设立家事法庭为宜。独立家事法院的建设,需要更充足的条件及一定的家事审判机构专门化基础,英国家事审判改革中的独立家事法院建设即为典型体现。英国早在 1974 年就提出建立独立家事法院,但在 2014 年前,家事的专门家事审判机构主要为各级法院的家事法庭,直到时机成熟时才设立了独立家事法院。我国家事审判改革之前的家事法庭寥寥,仅在部分法院有探索,家事审判改革中大量的家事法庭试点具有开创性,应当持续推进。同时,需要注意的是,建设家事法庭并非家事审判机构专业化的最终归途,待条件充分、经验充足时,设立独立家事法院、形成真正专门化的家事审判机构,是我国家事审判机构专业化及家事审判改革的发展方向。

## 二、案件管理制度之构建

积极案件管理构成英国此次改革的核心内容,通过信息技术更新、限制专家参与和引入审限制度等改革措施提升家事司法效率。在我国此次家事审判改革中,回应"互联网 +"时代的挑战与机遇、保障专家的有效参与和保障审限制度的合理运行,同样是我国此次改革的重要内容。

### (一)数字化更新:"互联网 +"时代的智慧法院建设

在我国家事审判改革工作的推进过程中,信息化水平提升同样是家事审判改革的重要内容及途径。目前,我国正处于"互联网 +"时代。正如最高人民法院院长周强所提出的,互联网对人类文明进步起重要的促进作用,能够有力推动司法现代化,应当提升法院信息化水平,建设智慧法院。③ 尽管英国最高法院院长

---

① 参见王建敏、邸天利:《少年家事审判改革的价值蕴含》,载《中国青年社会科学》2016 年第 5 期。

② 参见陈爱武:《论家事审判机构之专门化——以家事法院(庭)为中心的比较分析》,载《法律科学(西北政法大学学报)》2012 年第 1 期。

③ 参见宁杰:《建设智慧法院 努力让人民群众在每一个司法案件中感受到公平正义》,载《人民法院报》2016 年 11 月 18 日,第 1 版。

廖柏嘉曾谦虚地指出，在法院信息化建设方面英国落后于中国，①但从英国家事审判改革实践来看，一方面，英国在信息技术适用与更新方面作出了大量具有创新性的探索；另一方面，反映了关于家事审判改革中信息化水平提升的普遍性问题或经验。因此，反思英国家事审判改革的问题与经验，结合我国家事审判改革的具体背景与实践，以下方面应当在我国家事审判改革的推进中有所体现。

首先，借鉴智慧法院建设的现有成果。作为司法改革的重要组成部分，家事审判改革可以吸收与借鉴智慧法院建设的现有成果。综观英国家事审判改革，在线法院的建设等均为民事司法改革的重要内容，家事审判机构对民事司法改革的参考借鉴，形成关于家事案件审判改革的探索。目前，我国法院积极探索提升信息化水平，如河北省法院自主研发的庭审自动巡查、智审1.0等系统，浙江省“网上法庭”试点等。家事审判改革的推进，必然与司法改革的整体环境相一致，借鉴法院整体现代化建设与发展的成果。

其次，客观认识提升信息化水平的作用与可行性。一方面，在信息技术推动司法发展的同时，我们也应当认识到科技的局限或问题，如在运用信息技术为法官提供便利的同时，可能导致法官的主动性的降低。② 因此，探究如何保障信息技术得到正当地运用、通过司法智慧避免科技局限，具有重要性。另一方面，提升信息化水平需要系统性工作非一日之功。在信息技术已经足够支撑家事审判改革的条件下，如何协调各项信息技术更新与家事审判改革相融合，需要结合各方面具体因素进行探索。因此，关于信息化水平提升，尤其是在线法院建设的探索，需要对其可行性进行全面探究。

再次，坚持家事审判改革的原则和目标。信息技术的适用与更新，是解决家事审判工作中存在的问题、提高家事审判及管理工作的效率、推动司法公正实现的途径和方式，也是家事司法系统与信息技术耦合互动、有效交流的方式。然而，需要注意的是，在推进信息化水平提升的过程中，始终应坚守家事审判改革的原则，以司法公正作为基础，从而协调信息化水平提升与家事审判改革的进度。

最后，多元路径的构建与探索。在“互联网+”的时代背景下，提升法院的信息化水平，构建以信息技术为基础的新的家事审判及管理模式，是我国家事审判

---

① 参见刘子阳：《中英司法机关开展多层次务实合作 访英国最高法院院长廖柏嘉》，载《法制日报》2016年5月28日，第4版。

② 参见孙海龙、高翔：《加强科技应用 促进司法公正——重庆法院第四届智库专家论坛暨科技应用与司法公正研讨会综述》，载《人民法院报》2011年12月7日，第8版。

制度的发展方向,也是21世纪以来家事审判发展的必然趋势。然而,就现阶段而言,在探索创新模式的同时,通过推行无纸化诉讼模式、电子文书送达系统等改良式方式,提高家事审判的工作效率,推动家事审判的专业化建设,更好地解决家事纠纷,在在线法院建设不能一蹴而就的当今,不失为现阶段家事审判改革的并行路径。因此,现阶段的家事审判改革可以进行多元路径的探索,以改良式措施辅助创新式探索,并将创新式机制作为家事审判改革的方向不断探索。

**(二)合理的专家参与制度之构建**

我国《民事诉讼法》修改后规定了专家辅助人制度相关规定,但我国家事司法实践与立法还尚存诸多争议。如何构建合理的专家参与制度,保障家事审判改革目标和家事司法正义的实现,在参考域外改革得失经验和司法理念的同时,应根据我国家事司法实践作出探究。

1. 司法实践中专家参与尚存诸多问题

在我国司法实践中,专家的参与主要体现在鉴定人及专家辅助人两方面。一方面,我国《民事诉讼法》在证据种类中规定了"鉴定意见";另一方面,自2012年《民事诉讼法》修改后在第79条规定,当事人可以向法院申请通知具有专门知识的人出庭,后者可以就鉴定人出具的鉴定意见或专业问题提出意见。2015年起施行的《最高人民法院关于适用〈中华人民共和国民事诉讼法〉的解释》规定,在法庭上具有专门知识的人就专业性问题提出的意见,被视为当事人的陈述。

与此同时,改革前我国家事案件审判中心理学、社会学等专业人员的参与较少,仅在部分案件中以调解员或司法辅助人员的身份参加家事审判。然而,家事案件不同于一般民事案件,家事纠纷往往存在身份关系等非合理性因素,要在定分止争的同时保障家庭关系的稳定和谐以及保护未成年人等弱势群体的权益,注重对当事人尤其是未成年人的心理健康及未来发展,因此,心理学、社会学等相关领域专业人员的参与在家事司法中更为急需。

就目前我国司法实践中的专家参与而言,专家参与制度尚存诸多问题。一方面,我国立法上对"有专门知识的人"的定义过于简略,"专家辅助人"或"专家证人"的称谓在理论、庭审、裁判文书中有所摇摆,从本质上来说未对"有专门知识的人"的功能是协助当事人质疑鉴定意见还是协助当事人提供证据作出明确定位。① 从立法规定来看,专家辅助人的诉讼角色比较模糊,可就专业问题发表意

① 参见郭华:《对抗抑或证据:专家辅助人功能的重新审视——兼论最高法院审理"奇虎360诉腾讯"案》,载《证据科学》2016年第2期。

见,但地位又区别于鉴定人或证人。另一方面,就专家辅助人制度而言,尽管立法中已经作出规定,但该条文规定过于简约但配套制度并不健全,专家的资格认定标准、审查程序等仍有待细化。[①]《民事诉讼法》中规定法院对专家辅助人是否出庭具有最终决定权,但对专家辅助人出庭进行合理性审查的标准或专家辅助人应具备的资质或条件等没有作出明确规定,仅"具有专门知识的人"该宽泛描述无法解决司法实践中可能出现的资格认证方面的问题。

2. 构建合理的专家参与司法制度

在我国家事审判改革过程中,一方面,专家的参与体现在传统的出具鉴定意见或专家辅助人的方式;另一方面,社会工作者、心理学专家等的参与也成为家事审判改革的重要探索。整体来看,在我国深化改革过程中,专家参与家事司法的改革可从以下方面入手。

其一,监护权撤销案件中应保障专家参与。我国《未成年人保护法》第53条规定,父母或其他监护人不履行职责或侵害未成年人的合法权益,经教育不改,法院可以根据相关人员或单位的申请撤销其监护资格并另行指定监护人。我国2017年3月通过的《民法总则》第36条同样对监护权撤销作出了规定,指出在符合特定情形下,法院根据有关个人或组织的申请,撤销监护人资格,安排必要的临时监护措施,并按照最有利于被监护人的原则指定监护人。如果在监护权撤销案件中保障儿童心理学家等专家的参与,通过出示鉴定意见或作为专家辅助人的方式提供有关未成年人所受心理损害或影响的相关证据,或通过心理疏导等方式保障未成年人的心理健康与长远发展,对保障监护权撤销诉讼的公正审判有重要意义。

其二,构建多样化专家参与方式,注重专业能力评估与培训。我国家事审判改革强调探索引入儿童心理学家、社工陪护及家事调查员等多元化的专家参与方式,以提高家事审判的司法服务和保障水平。在保障家事调查员、社会工作者及儿童心理学家参与的同时,注重其专业能力的评估与培训同样应构成专家参与制度改革的重要内容。在专业人员参与家事审判过程中,一方面,正如英国家事审判改革的经验显示,推动家事调查员、社会工作者的专业水平的提升,保障其调查报告或行为的专业性有重要意义;另一方面,需要对专业人员在家事司法中的参与制定一定标准规则,保障其参与的合法性、专业性和有效性。

其三,加强家事司法中专家参与的监督机制。家事司法中专家参与制度的构

① 参见刘鑫、王耀民:《论专家辅助人资格的审查》,载《证据科学》2014年第6期。

建，既需要保障专家在家事司法中的参与，也需要完善专家参与的监督制约机制，即专家在家事司法中的参与应受法院监督和行业自律。尽管专家参与在家事司法中具有重要意义，但这并不意味着专家在家事司法实践中的参与不受制约和监督。英国此次家事审判改革说明了这一点。一方面，在保障出具鉴定意见或担任专家辅助人的专家、家事调查员、社会工作者及心理学家参与的同时，法院应加强对专家参与的监督，规范专家参与的合法化、专业化；另一方面，各领域专家也应加强行业自律，规范专业人员参与家事审判的行为，保证专家参与家事司法的公正性和客观性，切实发挥专家在家事司法实践中的积极作用。

其四，专家参与制度应以家事司法正义为基础。专家参与是家事审判的重要部分，也是家事司法系统运行过程中需要不断发展完善的重要内容。在我国家事审判改革过程中，探索专家参与的多元方式，推动专家发挥在家事司法中的作用，根本原因亦在于推进家事司法公正的实现和保障当事人的权益。由此，保障心理咨询师等专业人员在家事司法中的参与，还应注重发挥专家参与对维护家事司法中儿童利益的作用，以保障对儿童利益的维护在我国此次家事审判改革中有所推进。

**（三）审限制度改革：合理细化及完善配套制度**

审限制度规定了法院办理案件的时间限制，是保障审判效率、规范诉讼活动的一项重要制度。英国家事审判改革中首次明确规定了26周的法定审限，试图解决案件审理迟延现象，在案件审限大幅缩短的同时，也存在一定问题。审限制度在我国制定的时间更早，在司法实践中存在大量探讨与争议。

我国《民事诉讼法》将民事案件一审普通程序的审限规定为6个月，有特殊情况需要延长的，由本院院长批准可延长6个月，还需延长的则报请上级法院批准，适用简易程序的案件的审限为3个月。在我国家事审判改革中，审限制度同样存在争议。有学者明确指出，家事案件具有特殊性，其审理期限应不同于一般民事案件，法律中应延长家事审判的审理期限；①也有学者提出相反观点，认为审限制度不应随便突破，审理时间的延长也不能从根本上解决问题。②

目前，学者或法官普遍主张家事案件适当放宽审限或设立弹性审限制度，原因主要有三个：一是在于家事案件的复杂性和重要性，单纯强调审期内结案会忽视化解矛盾的审判理念，制约家事审判职能的充分发挥，不利于多途径解决家事

---

① 参见曹思捷：《我国家事审判改革路径之探析》，载《法学论坛》2016年第5期。

② 参见汤鸣：《家事纠纷法院调解实证研究》，载《当代法学》2016年第1期。

争议；二是在严格审限制度下，多次诉讼离婚现象不断增多；[①]三是在此次家事审判改革中，设立婚姻冷静期制度普遍为学者或实务工作人员提出，婚姻冷静期制度的设立与严格的审限制度之间可能存在冲突，故设立弹性的审限制度、将婚姻冷静期排除在审限之外成为普遍主张。[②] 然而，这三个理由实则有待探讨。

其一，我国审限制度并非缺乏变通性规定。《民事诉讼法》明确规定有特殊情况需要延长的，经院长批准可延长 6 个月，还需延长的经上级法院院长批准。该规定实则规定了首次延长审期及数次延长审期的条件。一方面，司法实践中存在大量超审期或隐性超审期问题，影响司法效率，引发“迟来的正义非正义”的探讨；另一方面，该规定中关于延长的条件并未作出具体性规定，恰恰属于较弹性的内容，司法实践中部分延长审限的实践实则缺乏正当性。[③]

其二，尽管有观点认为，在严格审限制度下，多次诉讼离婚现象不断增多，但两者亦非一对一的关系，严格审限制度并非导致多次诉讼离婚现象出现的充分条件。我国家事案件中多次诉讼离婚现象的发生，并非完全受限于审限制度，亦与家事审判的一贯理念与做法相关。由于我国家事审判中普遍以维持家庭关系作为目标，除非在确认婚姻确实破裂的情况下判决离婚，在其他情况下则首先以解决婚姻危机或调解为主，这也导致部分婚姻诉讼在法定审限内无法审结。需要指出的是，我国家事审判改革的目标在于维护家庭关系稳定，但对“稳定”的解释不应局限于维持现状，而应当进行一定的扩大解释。在婚姻关系确已破裂的案件中，在法定期限内审结案件解决财产或儿童抚养问题，一方面，能够使双方恢复平静状态，形成真正意义上的“稳定”；另一方面，使儿童摆脱生活在“剑拔弩张”的不幸福家庭中的痛苦，以分开的方式实现真正的“稳定”。

其三，目前，设立婚姻冷静期制度是学界及实务届的普遍主张，认为通过离婚冷静期让离婚更冷静，让当事人更真实地了解自己的意愿，符合“劝婚不劝离”的社会道德伦理。[④] 最高人民法院在 2017 年的报告中也强调探索建立家事案件冷静期等制度推进家事审判方式改革，维护婚姻家庭和社会稳定。[⑤] 2017 年 3 月，

---

① 参见林子彬：《家事审判重点转型：多讲感情，少谈钱》，载《人民法院报》2016 年 6 月 19 日，第 6 版。

② 参见李鹤贤、刘志强：《完善家事审判工作的三个关键制度》，载《人民司法（应用）》2016 年第 34 期。

③ 参见张林、王维永：《论审判权运行中延长审限制度之改造》，载《法律适用》2011 年第 7 期。

④ 参见赵红旗：《法院应建立离婚冷静期制度》，载《法制日报》2017 年 3 月 11 日，第 7 版。

⑤ 参见周强：《最高人民法院工作报告——2017 年 3 月 12 日在第十二届全国人民代表大会第五次会议上》，载《人民日报》2017 年 3 月 20 日，第 3 版。

四川某县基层人民法院发出该省第一份离婚冷静期通知书，以 3 个月时间让当事人三思后行，在离婚冷静期内原则上不能提出离婚。[①] 最终 3 个月过后，该夫妻决定不离婚。诚然，离婚冷静期制度备受期待，但在实践中也对该制度存在担忧，如该制度如何与目前严格落实的审限制度及审判中不成文的第一次起诉不离婚做法相协调。[②] 需要注意的是，一方面，离婚冷静期并非适用于所有案件。在部分案件中当事人矛盾严重，婚姻并非危机而是处于破裂状态，此时适用离婚冷静期不仅无法解决双方矛盾，可能产生财产转移等新问题，并使儿童始终处于因父母矛盾而不幸福的家庭中，造成对儿童健康成长的伤害。另一方面，在适合适用离婚冷静期的案件中，部分案件可能在该期限内撤案或调解成功，符合审限规定；即使将该期限计入审限内，若案件无法在法定审限内审结，可在符合法定条件下延长审限，亦不会造成受审限制度制约的问题。

其四，审限制度的放宽不能从根本上解决问题，并可能因为时间的迟延造成关系恶化和儿童利益受损。一方面，放宽案件审理期限并没有缓解法官的工作量，随着家事案件的不断增多，可能会带来诉讼迟延的问题；另一方面，在部分关系破裂案件中，亟待解决的是双方关于财产或儿童抚养问题的争议，保障儿童在家事纠纷中受到最小限度的伤害，从当事人尤其是儿童的利益出发解决争议，才是家事审判的功能和原则所在。正如英国家事审判中引入审限制度并非仅为解决迟延现象或提高法院工作效率，而在于减少迟延造成对儿童利益的损害，最终原因仍归于对司法正义的维护。

因此，在我国家事审判改革中，可以借鉴英国的审限制度，在现有制度规定下，对延长的具体情形或条件作出细化。通过相关规则或司法解释对家事审判中的审限制度作出明确具体的规定：一方面，对延长审限的情形和条件作出明确规范；另一方面，对法定审限内诉讼工作作出更细致的安排，从而便于掌握案件进度及审理状况。

### 三、程序机制之完善

在英国家事审判改革中，程序机制的完善构成保障家事司法正义的有效途径。我国目前正在进行的家事审判改革更是将程序机制方面的改革作为重要内

---

① 参见田雪皎：《两口子闹离婚法院喊先冷静 3 个月　安岳法院发出四川首份"离婚冷静期"通知书》，载《华西都市报》2017 年 3 月 18 日，第 A3 版。

② 参见叶向阳、陈逸群：《中国家事审判改革探析》，载《中国应用法学》2017 年第 5 期。

容,无论在儿童程序参与、调解机制改革或是在家事审判公开方面,我国家事司法相关制度尚有可进一步完善之处。

**(一)儿童参与改革:儿童最大利益,构建多元方式**

就英国家事审判改革实践而言,儿童程序参与是保障儿童最大利益原则实现、推动审判公正的重要途径和方向。然而,无论是在我国家事审判的实践中,还是在此次家事审判改革的试点工作中,儿童最大利益原则始终未能作为基本原则得到足够重视,儿童的程序参与亦存在大量需要改进和探究的空间。

1. 家事审判改革中儿童最大利益原则有待重视

我国法律未明确规定未成年人最大利益原则,儿童程序参与亦未有具体明确的规定。作为《联合国儿童权利公约》的缔约国,我国《未成年人保护法》《婚姻法》等法律中均规定了对未成年人的特殊保护,但儿童最大利益原则始终未在法律中明确提出。我国在法律中未确立未成年人最大利益原则,很难体现儿童利益保护的重要地位。①

在家事司法实践中,儿童最大利益原则往往也得不到足够体现,儿童参与亦较少体现。例如,家事案以离婚纠纷居多,而据统计,在全国的离婚诉讼中 96% 的离婚案件涉及儿童抚养问题。② 尽管我国法律在关于离婚案件的抚养权分配问题上作出了"根据子女的权益和双方的具体情况判决"的一般规定,但没有明确具体的判断标准,故而在司法实践中法官一般主要考虑父母的意愿及利益,而非将子女利益置于首位考虑。在家事审判中,如果父母在子女抚养问题上达成协议,法院通常会尊重双方意见,而不对该协议是否有利于儿童未来的健康成长作出进一步审查,未能真正保障儿童最大利益的实现。③ 在我国以往涉及未成年人的家事案件中,更多地体现了父母权利本位的思想,并未完全以儿童最大利益作为出发点。④

---

① 参见陈爱武:《家事诉讼与儿童利益保护》,载《北方法学》2016 年第 6 期。

② 参见最高人民法院信息中心、司法案例研究院:《司法大数据专题报告:离婚纠纷》,载最高人民法院网:http://183.91.33.11/cache/www.court.gov.cn/upload/file/2016/12/22/16/58/2016122216584 3_23070.pdf? ich_args = 88dea361b214a5afcc41a06241b28e2d_1_0_0_8_4815230147a966814d4aef20cff90fe986da6da80b7c39b3188be3c31b804f12_3643c2c2adbee10a7cd44572bd93ad82_1_0&ich_ip = 33 - 7,2020 年 4 月 22 日最后访问。

③ 参见王葆莳:《"儿童最大利益原则"在德国家庭法中的实现》,载《政治与法律》2013 年第 4 期。

④ 参见刘敏、陈爱武:《〈中华人民共和国家事诉讼法〉建议稿及立法理由书》,法律出版社 2018 年版,第 64 页。

在我国此次家事审判改革中，维护婚姻家庭关系稳定是首要的改革目标，儿童最大利益在审判改革试点工作中仍未受到足够重视。最高人民法院在相关文件中强调，通过家事审判方式及工作机制的改革试点转变家事审判理念，维护婚姻家庭关系稳定，以维护婚姻家庭稳定和保护妇女等弱势群体合法权益为目标，各地改革实践中同样贯彻该目标，“以修复婚姻家庭关系、钝化家事矛盾纠纷、依法维护家庭成员合法权益为目标”，致力于维护婚姻家庭稳定的审判改革实践，着重于解决当事人的离婚案件等纠纷，在一定程度上忽视了对儿童最大利益原则的重视。鉴于保护儿童利益的重要性，结合我国家事司法实践和改革中存在的儿童最大利益原则重视程度不足的问题，我国家事审判改革中应加强对儿童最大利益原则的贯彻，将其作为推进家事审判工作开展的重要原则之一。

2. 家事审判改革中应构建多元儿童程序参与方式

儿童在家事案件中的程序参与方式既包括直接参与，如直接与法官沟通或出庭作证，亦可通过间接的方式进行，如通过代表或相关组织表达个人意见或通过专门的家事调查员表达。儿童参与家事诉讼程序的方式，可以根据儿童的年龄及理解能力的不同作出界定，并考虑儿童关于诉讼参与方式的意愿和想法，从而选择最适当的儿童程序参与方式，保障儿童在家事诉讼中的参与，维护儿童的最大利益。在家事审判改革过程中，儿童程序参与的探索与改革应注意以下因素。

其一，根据儿童的年龄及理解能力选择适当的儿童程序参与方式。最高人民法院发布《关于人民法院审理离婚案件处理子女抚养问题的若干具体意见》第5条明确规定，父母双方对10周岁以上的未成年子女抚养问题发生争议的，应考虑子女的意见。有观点将其按照儿童年龄区分为三种不同类型：7岁以下的未成年人理解能力较弱，不宜与法官直接对话；7岁至10岁的儿童已经具备了一定的理解和认知能力，法官可以视情况决定是否咨询其意见；10岁以上的未成年人已经具备足够的理解能力，能够形成较完整的思想和意见，法官原则上应直接与其对话以了解其真实想法及感受。①需要明确的是，一般只要儿童有意思能力，有意愿陈述意见与感受，法院应根据其年龄和理解能力程度予以衡量。因此，在家事审判改革中，法院关于是否与儿童直接对话的判断，应根据儿童的年龄和意愿进行判断。目前，我国《民法总则》根据未成年人的年龄进行区分，不满8周岁的为无民事行为能力人，8周岁以上的为限制行为能力人，该年龄划分同样可以为法院

① 参见张元华、郑永建：《家事审判改革中完善未成年人权益保障的几点思考》，载《人民法院报》2016年11月30日，第7版。

对儿童年龄和理解能力的衡量提供一定借鉴。

其二，探索家事诉讼中儿童的程序代理人或诉讼代表人制度，保障儿童的程序参与。在家事诉讼中为儿童设立专门的程序代理人或诉讼代表人，全面介入家事案件进程，调查收集有利于保障儿童最大利益的证据材料，代表未成年人独立参加家事诉讼并向法官提出保障儿童最大利益的建议，[①]一方面，能够解决因儿童年龄或理解能力不足而无法直接陈述意见的问题；另一方面，也可以减少儿童参与诉讼程序的心理压力和后续伤害，保障儿童利益的实现。中立的程序代理人或诉讼代表人只对儿童利益负责，不受儿童父母以及法官意见的干扰，作为保护儿童的代表，体现的是国家亲权理论，在司法实践中已经有一定探索，如南京市中级人民法院于 2014 年开始探索的"诉讼监护人制度"等，可以在一定程度上保障儿童的程序参与。[②]

其三，在家事调查员制度中完善儿童的程序参与。在我国此次家事审判改革过程中，引入家事调查员制度是不少试点法院改革工作的重要内容。家事调查员能够以更直接的方式感知案件当事人的想法或情感，全面了解其婚姻家庭状况，对家事纠纷事实的探究更准确、全面。同时，家事调查员制度的引入，能够保障家事调查活动与法官审判活动的区分，保障案件的公正审理并提升家事纠纷解决的效率和司法公信力。[③] 在设立家事调查员的背景下，如果家事诉讼中法官不方便与儿童进行直接对话，可以通过家事调查员进行了解调查，形成关于儿童想法与意见的调查报告，将儿童的意愿和想法以调查报告的形式提交给法官，作为法官作出判决决定前的考虑因素或依据。

其四，保障儿童的程序参与，始终应以儿童最大利益为先。在家事审判改革中强调保障儿童的程序参与，并不意味着任何家事案件中儿童的声音都需要被采纳或吸收。一方面，鉴于儿童的年龄和理解或表达能力不足可能导致其意见表达存在偏差或对其自身不利之处；另一方面，可能在部分案件中法官不方便会见儿童或存在其他阻碍因素，法官在考虑保障儿童程序参与的同时，必须以儿童最大利益为先。尤其是在儿童表达的意见与其利益之间存在冲突时，法院需要综合考虑各项因素，并根据儿童最大利益原则作出判决。

---

① 参见陈苇、谢京杰：《论"儿童最大利益优先原则"在我国的确立——兼论〈婚姻法〉等相关法律的不足及其完善》，载《法商研究》2005 年第 5 期。

② 参见陈爱武：《家事诉讼与儿童利益保护》，载《北方法学》2016 年第 6 期。

③ 参见胡夏冰：《积极推进建立家事调查员制度》，载《人民法院报》2017 年 3 月 21 日，第 2 版。

### （二）构建多元调解机制，深究调解之功能

调解是我国家事案件尤其是离婚纠纷解决的重要途径之一，我国《婚姻法》明确规定法院审理离婚案件应进行调解，如感情确已破裂、调解无效，则应准予离婚。在我国家事审判改革中，调解等非诉纠纷解决机制的完善同样是家事审判改革的重要内容。最高人民法院《关于开展家事审判方式和工作机制改革试点工作的意见》明确指出，我国家事审判改革应探索家事纠纷解决的人性化、专业化和社会化解决方式，推动建立司法、行政和社会力量相统一的新型家事纠纷综合解决机制并完善多元纠纷解决机制以形成有效的社会合力，推动家事纠纷的妥善解决。各地法院在家事审判改革探索中亦不断推动调解等纠纷解决机制的构建和完善，强调调解在家事纠纷解决中的重要作用，并在衡量家事审判改革效果时，将离婚案件的调撤率作为重要标准。在我国以维护婚姻家庭关系稳定为目的的家事审判改革中，调解具有重要作用。

学界和实务届已对家事审判改革中调解机制的完善作出了一定探究：有学者指出，应设立家事审判调解处作为法院专门调解家事纠纷的内设机构，制定家事调解的前置程序并重视调解中涉及的家庭情感因素等；①有学者主张构建独立的家事调解程序，建立调解委员会并实行家事调解员培训制度和资格认证制度，加强法院对调解协议的司法审查等；②有学者主张充分发挥调解的重要职能，并将调解视为最适宜解决家事纠纷的理想方式；③等等。家事案件的特殊性使调解机制在家事诉讼中具有独特优势，家事调解的成功则依赖于当事人在调解过程中的“互让”、纠纷的“实情”及“情、理、法”的运用等综合因素，④因此，探究如何完善家事审判改革中的调解机制有重要意义。结合我国家事调解实践和改革方向，英国家事调解改革中可以借鉴的经验可体现在以下方面。

其一，调解信息评估会议的适用具有可行性。英国家事调解机制完善的典型变化体现在离婚案件中调解信息评估会议的引入。调解信息评估会议作为强制程序，并非实质性的调解，而是提供关于调解的信息及评估具体案件是否适用调解机制，其本质上仍在于扩大调解机制的适用。一方面，调解信息评估会议为当事人在诉前适用调解程序提供了信息和契机；另一方面，也可以判断家事纠纷是

---

① 参见曹思婕：《我国家事审判改革路径之探析》，载《法学论坛》2016年第5期。

② 参见杨临萍、龙飞：《德国家事审判改革及其对我国的启示》，载《法律适用》2016年第4期。

③ 参见陈莉、向前：《英国家事审判制度及其启示》，载《法律适用》2016年第11期。

④ 参见陈爱武：《情理与互让：家事调解的技术构造解读》，载《社会科学辑刊》2013年第2期。

否应尽快通过司法途径解决以保障当事人权益,推动家事纠纷以最合适的方式解决,防止部分案件出现久调不判等情形。同时,鉴于调解信息评估会议内容较简单,实践操作并不复杂,在我国家事诉讼中引入该程序,或者在首次调解过程中增加对具体家事纠纷是否适合通过调解方式解决进行判断的评估,具有可行性。

其二,我国家事调解的目的在于解决家事纠纷以保障当事人权益。作为解决家事纠纷最有效的非诉纠纷解决机制,家事调解的适用不应限于维护家庭关系。在感情确已破裂的离婚纠纷中,如果当事人能够在调解机制中就财产纠纷或儿童抚养等问题达成协议,那么该调解实则有效。因此,在我国家事审判改革中,合理认识调解机制的作用和功能,而非将调解的功能限定在婚姻家庭关系的维系中,充分发挥调解机制在解决家事争议中的优势和作用,更有利于推动家事纠纷的有效解决。

其三,探究多元化调解机制的构建。作为多元非诉纠纷解决机制的重要组成部分,调解机制的具体构建同样具有多样性。尽管英国在诉前程序中引入的调解信息评估会议程序本质上并非调解本身,但创新了整体的调解机制和模式。同时,英国家事司法实践中扩大调解的适用范围,通过法律援助等其他因素的作用,推动多元化调解机制的构建和发展。目前,我国家事审判改革同样探究多元化调解机制的构建,或设立家事调解委员会,或建立独立的家事调解队伍等。多元化调解机制的构建,一方面,能够推动不同案件中调解机制的具体适用以及有效调解的实现;另一方面,也可以推动调解机制的不断完善。

其四,加强对家事调解员的专业培训,推动家事调解的职业化发展。在英国家事审判改革中,加强对家事调解员的培训同样是家事调解机制完善的重要内容之一,保障调解信息评估会议及正式调解中调解员的能力和资质在相关法律中有明确规定。家事调解员的专业能力对调解的成效及纠纷解决关系重大。在我国家事审判改革中,家事调解员的专业能力培训同样是推动调解机制发展的重要内容。同时,推动家事调解的职业化发展、提升家事调解的专业化水平,同样应是我国家事调解机制发展的重要方向和有力途径。

# 参考文献


## 一、译著、著作及编著类

1. [奥]欧根·埃希利:《法社会学基本原理》,舒国滢译,中国人民大学出版社2009年版。

2. [澳]帕特里克·帕金森:《永远的父母:家庭法中亲子关系的持续性》,冉启玉主译,法律出版社2015年版。

3. [德]伯恩哈德·格罗斯菲尔德:《比较法的力量与弱点》,孙世彦、姚建宗译,清华大学出版社2002年版。

4. [美]凯特·斯丹德利:《家庭法》,屈广清译,中国政法大学出版社2004年版。

5. [美]罗兰·罗伯森:《全球化——社会理论和全球文化》,梁光严译,上海人民出版社2000年版。

6. [美]弥尔顿·L. 穆勒:《网络与国家——互联网治理的全球政治学》,周程等译,王骏、周缘校,上海交通大学出版社2015年版。

7. [美]塞缪尔·亨廷顿、[美]劳伦斯·哈里森编:《文化的重要作用——价值观如何影响人类进步》,程克雄译,新华出版社2002年版。

8. [美]约翰·罗尔斯:《正义论》,何怀宏、何包钢、廖申白译,中国社会科学出版社1988年版。

9. [日]NHK特别节目录制组编著:《无缘社会》,高培明译,上海译文出版社2014年版。

10. [日]今井正明:《改善:日本企业成功的奥秘》,周亮、战凤梅译,机械工业出版社 2010 年版。

11. [意]莫诺·卡佩莱蒂编:《福利国家与接近正义》,刘俊祥等译,法律出版社 2000 年版。

12. [英]安德鲁·查德威克:《互联网政治学:国家、公民与新传播技术》,任孟山译,华夏出版社 2010 年版。

13. [英]罗杰·科特威尔:《法律社会学导论》,潘大松、刘丽君、林燕萍、刘海善译,华夏出版社 1989 年版。

14. [英]约翰·伊克拉:《家庭法和私生活》,石雷译,法律出版社 2015 年版。

15.《英国婚姻家庭制定法选集》,蒋月等译,法律出版社 2008 年版。

16. 陈爱武:《人事诉讼程序研究》,法律出版社 2008 年版。

17. 杜健荣:《卢曼法社会学理论研究——以法律与社会的关系问题为中心》,法律出版社 2012 年版。

18. 洪嘉仁:《社会生活与民法》,台北,五南图书股份有限出版公司 2012 年版。

19. 李喜蕊:《英国家庭法历史研究》,知识产权出版社 2009 年版。

20. 刘敏、陈爱武:《〈中华人民共和国家事诉讼法〉建议稿及立法理由书》,法律出版社 2018 年版。

21. 刘祖云等:《组织社会学》,中国审计出版社、中国社会出版社 2002 年版。

22. 宋清华:《经验、理性与制度演进》,中国社会科学出版社 2007 年版。

23. 吴鹏飞:《儿童权利一般理论研究》,中国政法大学出版社 2013 年版。

24. 徐昕:《英国民事诉讼与民事司法改革》,中国政法大学出版社 2002 年版。

25. 薛波主编,潘汉典总审定:《元照英美法词典》,北京大学出版社 2013 年版。

## 二、期刊杂志类

1. [新西兰]托尼·安杰罗:《新西兰法律制度简介》,赵冉初、杨炎辉译,载《朝阳法律评论》2010 年第 1 期。

2. 王葆莳:《"儿童最大利益原则"在德国家庭法中的实现》,载《政治与法律》2013 年第 4 期。

3. 毕玉谦:《辨识与解析:民事诉讼专家辅助人制度定位的经纬范畴》,载《比较法研究》2016 年第 2 期。

4. 曹思婕:《我国家事审判改革路径之探析》,载《法学论坛》2016 年第 5 期。

5. 陈爱武:《家事诉讼与儿童利益保护》,载《北方法学》2016年第6期。

6 陈爱武:《论家事审判机构之专门化——以家事法院(庭)为中心的比较分析》,载《法律科学(西北政法大学学报)》2012年第1期。

7. 陈爱武:《情理与互让:家事调解的技术构造解读》,载《社会科学辑刊》2013年第2期。

8. 陈莉、向前:《英国家事审判制度及其启示》,载《法律适用》2016年第11期。

9. 陈苇、曹贤信:《澳大利亚家事纠纷解决机制的新发展及其启示》,载《河北法学》2011年第8期。

10. 陈苇、谢京杰:《论"儿童最大利益优先原则"在我国的确立——兼论〈婚姻法〉等相关法律的不足及其完善》,载《法商研究》2005年第5期。

11. 杜万华:《当前民商事审判工作的九个重点问题》,载《法律适用》2016年第7期。

12. 傅郁林:《以职能权责界定为基础的审判人员分类改革》,载《现代法学》2015年第4期。

13. 郭辉:《接近正义考》,载《澳门法学》2014年第3期。

14. 郭义贵:《论中世纪英国教会的婚姻家庭法》,载《法学家》2008年第2期。

15. 蒋月、冯源:《台湾家事审判制度的改革及其启示——以"家事事件法"为中心》,载《厦门大学学报》(哲学社会科学版)2014年第5期。

16. 蒋月:《家事审判制:家事诉讼程序与家事法庭》,载《甘肃政法学院学报》2008年第1期。

17. 李鹤贤、刘志强:《完善家事审判工作的三个关键制度》,载《人民司法(应用)》2016年第34期。

18. 刘练军:《司法效率的性质》,载《浙江社会科学》2011年第11期。

19. 刘鑫、王耀民:《论专家辅助人资格的审查》,载《证据科学》2014年第6期。

20. 陆宇峰:《走向"社会司法化"——一个"自创生"系统论的视角》,载《华东政法大学学报》2012年第3期。

21. 马忆南、邓丽:《当代英美家庭法的新发展与新思潮》,载《法学论坛》2011年第3期。

22. 彭峰:《"越位"的专家与"隐身"的法官——专家参与在司法过程中的合理定位》,载《法学评论》2015年第4期。

23. 曲昇霞:《未成年人民事审判的双轨制建构——以日本未成年人民事审判为借鉴》,载《学海》2014 年第 6 期。

24. 孙笑侠、吴彦:《论司法的法理功能与社会功能》,载《中国法律评论》2016 年第 4 期。

25. 汤鸣:《家事纠纷法院调解实证研究》,载《当代法学》2016 年第 1 期。

26. 唐力:《司法公正实现之程序机制——以当事人诉讼权保障为侧重》,载《现代法学》2015 年第 4 期。

27. 汪建成:《刑事诉讼法再修订过程中面临的几个选择》,载《中国法学》2006 年第 6 期。

28. 王福华:《民事案件管理制度评析》,载《法学论坛》2008 年第 2 期。

29. 王洪:《论子女最佳利益原则》,载《现代法学》2003 年第 6 期。

30. 王建敏、邸天利:《少年家事审判改革的价值蕴含》,载《中国青年社会科学》2016 年第 5 期。

31. 王雪梅:《儿童权利保护的"最大利益原则"研究(上)》,载《环球法律评论》2002 年第 4 期。

32. 杨临萍、龙飞:《德国家事审判改革及其对我国的启示》,载《法律适用》2016 年第 4 期。

33. 张洪涛:《司法之所以为司法的组织结构依据——论中国法院改革的核心问题之所在》,载《现代法学》2010 年第 1 期。

34. 张林、王维永:《论审判权运行中延长审限制度之改造》,载《法律适用》2011 年第 7 期。

35. 张胜:《民事诉讼制度改革之新视角——以案件管理与集中化审理为中心》,载《山西大学学报》(哲学社会科学版)2009 年第 6 期。

36. 张晓茹:《日本家事法院及其对我国的启示》,载《比较法研究》2008 年第 3 期。

37. 章武生:《程序保障:司法公正实现的关键》,载《中国法学》2003 年第 1 期。

38. 赵红星、李君剑:《裁判文书网上公开现状探析及公开方向论证》,载《河北法学》2015 年第 12 期。

39. 赵秀举:《家事审判方式改革的方向与路径》,载《当代法学》2017 年第 4 期。

40. 周永坤:《提升司法公正的路径选择——以正当程序和司法良知的关系为

切入点》,载《苏州大学学报》(哲学社会科学版)2012年第5期。

41. 周孜予、全荃、常柏:《网络法院:互联网时代的审判模式》,载《法律适用》2014年第6期。

## 三、报纸类

1. [英]托马斯勋爵:《英国最高法院2016年度报告(下)》,袁跃文译,载《人民法院报》2017年1月27日,第8版。

2. [英]沃尔夫勋爵:《英国法院对法治的贡献》,杨奕译,载《人民法院报》2015年9月18日,第5版。

3.《〈伍尔夫报告〉与英国司法改革》,载《人民法院报》2001年9月10日,第B01版。

4.《英国司法学院2015年—2017年发展战略》,杨小利译,载《人民法院报》2015年4月17日,第8版。

5. 方芳、郭婕:《家事审判方式和工作机制改革试点工作推进会综述》,载《人民法院报》2017年3月1日,第7版。

6. 方舟:《英国:结婚率降至最低　离婚率越来越高》,载《中国社会报》2008年4月11日,第3版。

7. 郭彦:《强化司法责任　优化流程管理》,载《人民法院报》2017年6月10日,第2版。

8. 黄丹翔:《英国家事诉讼程序简介》,载《人民法院报》2013年9月13日,第8版。

9. 胡夏冰:《积极推进建立家事调查员制度》,载《人民法院报》2017年3月21日,第2版。

10. 蒋惠岭、周蓉蓉:《英国一起外祖母代孕案件的风波》,载《人民法院报》2016年8月12日,第8版。

11. 李浩:《积极探索调处和预防家事纠纷的新机制》,载《人民法院报》2017年3月30日,第5版。

12. 李英锋:《互联网法院:开启涉网纠纷解决新时代》,载《人民法院报》2017年7月1日,第2版。

13. 林芳雅:《澳大利亚家事法院调解制度》,载《人民法院报》2013年7月26日,第8版。

14. 林子彬:《家事审判重点转型:多讲感情,少谈钱》,载《人民法院报》2016

年6月19日,第6版。

15. 刘子阳:《中英司法机关开展多层次务实合作　访英国最高法院院长廖柏嘉》,载《法制日报》2016年5月28日,第4版。

16. 龙飞、林娜:《国外司法改革的新发展(上)》,载《法制日报》2016年7月20日,第11版。

17. 龙飞:《重温“沃尔夫改革”历程》,载《人民法院报》2015年9月18日,第8版。

18. 罗书臻:《加强家事审判心理学社会学研究合作》,载《人民法院报》2017年1月16日,第1版。

19. 罗书臻:《中国裁判文书网总访问量突破百亿》,载《人民法院报》2017年8月25日,第1版。

20. 宁杰:《建设智慧法院　努力让人民群众在每一个司法案件中感受到公平正义》,载《人民法院报》2016年11月18日,第1版。

21. 齐玎:《美国纽约州家事审判制度的新发展》,载《人民法院报》2016年5月27日,第8版。

22. 齐树洁:《接近正义:英国民事司法改革述评》,载《人民法院报》2001年9月12日,第3版。

23. 田禾:《裁判文书公开是司法改革重要成果》,载《人民法院报》2017年8月31日,第2版。

24. 王道强:《家事调解委员会的性质和功能初探》,载《人民法院报》2016年12月28日,第7版。

25. 王明辉:《加强家事审判的专业化建设》,载《人民法院报》2016年12月29日,第2版。

26. 谢勇:《共谋家事审判与心理学研究深度合作》,载《人民法院报》2016年10月8日,第1版。

27. 杨佳莉:《日本家事程序法最新动态简介》,载《人民法院报》2014年2月7日,第8版。

28. 杨小利:《美国马里兰州家事司法改革》,载《法制日报》2016年11月23日,第11版。

29. 张大辉:《建立“家事法庭”制度迫在眉睫》,载《检察日报》2015年7月13日,第5版。

30. 张元华、郑永建:《家事审判改革中完善未成年人权益保障的几点思考》,

载《人民法院报》2016年11月30日,第7版。

31. 赵红旗:《法院应建立离婚冷静期制度》,载《法制日报》2017年3月11日,第7版。

32. 周强:《最高人民法院工作报告——2015年3月12日在第十二届全国人民代表大会第三次会议上》,载《人民日报》2015年3月21日,第2版。

33. 周强:《最高人民法院工作报告——2017年3月12日在第十二届全国人民代表大会第五次会议上》,载《人民日报》2017年3月20日,第3版。

## 四、外文案例类

1. C v. Solihull Metropolitan Borough Council [1993] 1 FLR 290,304.

2. Re J(Minors)(Care:Care plan)[1994] 1FLR 253.

3. Re W(Wardship. Discharge. Publicity)[1995] 2 FLR 466,474.

4. Re A(Medical Treatment:Male Sterilisation)[2000] 1 FLR 549.

5. Re L(Care:Threshold Criteria)[2007] 1 FLR 2050.

6. Re P(Placement Orders. Parental Consent)[2008] EWCA Civ 535,[2008] 2 FLR 625.

7. B(Children)[2008] UKHL 35.

8. C(Children)[2009] EWCA Civ 994.

9. Re W(Children)(Family Proceedings:Evidence)[2010] UKSC 12,[2010] 1 WLR 701.

10. R v. Barker [2010] EWCA Crim 4.

11. Re W(Adoption:Set Aside and Leave to Oppose)[2010] EWCA Civ 1535.

12. W(Children)[2010] UKSC 12.

13. Re R(Care Proceedings:Causation)[2011] EWHC 1715(Fam),[2011] 2 FLR 1384.

14. V v. V [2011] EWHC 1190(Fam).

15. H v. W [2013] EWHC 4105(Fam).

16. Re B-S(Children)[2013] EWCA Civ 1146,[2014] 1 WLR 563.

17. Re B(A Child)[2013] UKSC 33.

18. Re F(A Child)[2013] EWCA Civ 656.

19. Re H-L(A Child)[2013] EWCA Civ 655.

20. IA(A Child)[2013] EWHC 2499(Fam).

21. Re P-S(Children)[2013] EWCA Civ 223.

22. Re TG(A Child)[2013] EWCA Civ 5.

23. H v. W [2014] EWHC 2846(Fam).

24. J v. J [2014] EWHC 3654(Fam).

25. M-F(Children)[2014] EWCA Civ 99.

26. Re C(A Child)[2014] EWCA Civ 128.

27. Re J and S(Children)[2014] EWFC 4.

28. Re S(Children)[2014] EWCA Civ 135.

29. Re S(Split Hearing)[2014] EWCA Civ 25,[2014] 2 FLR(forthcoming).

30. A and B(Court of Protection:Delay and Costs)[2014] EWCOP 48.

31. A and B v. Rotherham Metropolitan Borough Council [2014] EWFC 47 (Fam).

32. Re LC(Children)[2014] UKSC 1,[2014] 2 WLR 124.

33. Mann v. Mann [2014] EWHC 537(Fam).

34. Re D(A Child)[2014] EWFC 39.

35. Re KP(A Child)[2014] EWCA 554.

36. Re NL(A child)[2014] EWHC 270(Fam).

37. Re R(A Child)[2014] EWCA Civ 1625.

38. Re S(A Child)[2014] EWCC B44(Fam),[2014] 2 FLR(forthcoming).

39. S(A Child)[2014] EWCA Civ 1557.

40. Re N(Child's Objections)[2015] EWCA Civ 1022.

41. U(Children)[2015] EWCA Civ 334.

42. Atkinson & Atkinson [2017] FamCA 649(25 August 2017).

43. TSG & Anor v. TSE & Anor[2017] SGHCF 21.

## 五、外文论著、编著类

1. R. H. Graveson, F. R. Crane, *A Century of Family Law* (1857 – 1957), London, Sweet & Maxwell, 1957.

2. Joseph Goldstein et al., *Beyond the Best Interests of the Child*, New York, The Free Press, 1979.

3. Niklas Luhmann, *The Differentiation of Society*, New York, Columbia University Press, 1982.

4. Elaine Laken et al. , Winston Gorden, *Introduction to the Family Proceedings Court*, London, Waterside Press, 1997.

5. A. Tidwell, *A Conflict Resolved: A Critical Assessment of Conflict Resolution*, London, Continuum, 1998.

6. Rebecca Probert, *Cretney's Family Law*, London, Sweet & Maxwell Limited, 2003.

7. Bryan A. Garner ed. , *Black's Law Dictionary*, Minnesota, Thomson West, 2004.

8. April Pattavina, *Information Technology and the Criminal Justice System*, London: Sage Publications, 2005.

9. Robert Kraut et al. eds. , *Computers, Phones, and the Internet: Domesticating Information Technology*, Oxford, Oxford University Press, 2006.

10. Thomas Schultz, *Information Technology and Arbitration: A Practitioner's Guide*, Netherlands, Kluwer Law International, 2006.

11. John Mitchell, *Children Act Private Law Proceedings: A Handbook*, London, Jordan Publishing Limited, 2006.

12. Patrick Parkinson, Judy Cashmore, *The Voice of a Child in Family Law Disputes*, Oxford, Oxford University Press, 2008.

13. Richard Susskink, *The End of Lawyers*!, Oxford, Oxford University Press, 2008.

14. Dory Reiling, *Technology for Justice: How Information Technology Can Support Judicial Reform*, Leiden, Leiden University Press, 2009.

15. Arno R. Lodder, John Zeleznikow, *Enhanced Dispute Resolution through the Use of Information Technology*, Cambridge, Cambridge University Press, 2010.

16. Marta Poblet ed. , *Mobile Technologies for Conflict Management: Online Dispute Resolution, Governance, Participation*, Berlin, Springer, 2011.

17. Rebecca Probert, *Family Law in England and Wales*, Netherlands, Wolters Kluwer, 2011.

18. Carolyn Davies, Harriet Ward, *Safeguarding Children across Services: Messages from Research*, London, Jessica Kingsley Publishers, 2012.

19. Elaine E. Sutherland ed. , *The Future of Child and Family Law (International Predictions)*, Cambridge, Cambridge University Press, 2012.

20. Rosemary Sheehan, Allan Borowski eds. , *Australia's Children's Courts Today and Tomorrow*, Berlin, Springer, 2013.

21. John Eekelaar, Mavis Maclean, *Family Justice: The Work of Family Judges in Uncertain Times*, Oxford, Hart Publishing, 2013.

22. Kate Standley, Paula Davies, *Family Law*, London, Palgrave Macmillan, 2013.

23. Rhona Schuz, *The Hague Child Abduction Convention: A Critical Analysis*, Oxford, Hart Publishing, 2013.

24. John Eekelaar, Rob George eds. , *Routledge Handbook of Family Law and Policy*, London, Routledge, 2014.

25. Rob George, *Relocation Disputes: Law and Practice in England and New Zealand*, Oxford, Hart Publishing, 2014.

26. John Sorabji, *English Civil Justice after the Woolf and Jackson Reforms: A Critical Analysis*, Cambridge, Cambridge University Press, 2014.

27. Sarah Blackmore, Jacqui Thomas, *Reforming Family Justice: A Guide to the Family Court and the Children and Families Act* 2014, London, Jordan Publishing Limited, 2014.

28. Jill Black Dbe, *Family Law Handbook*, Oxford, Oxford University Press, 2015.

29. Nigel Lowe, Gillian Douglas, *Bromley's Family Law*, Oxford, Oxford University Press, 2015.

30. Richard Susskind, Daniel Susskind, *The Future of the Professions: How Technology Will Transform the Work of Human Experts*, Oxford, Oxford University Press, 2015.

31. Susan Heenan, Anna Heenan, *Family Law Concentrate: Law Revision and Study Guide*, Oxford, Oxford University Press, 2015.

32. Ton Liefaard, Jaap E. Doek eds. , *Litigating the Rights of the Child: The UN Convention on the Rights of the Child in Domestic and International Jurisprudence*, Berlin, Springer, 2015.

33. Jane Sendall, *Family Law* 2016, Oxford, Oxford University Press, 2016.

34. Pablo Cortés ed. , *The New Regulatory Framework for Consumer Dispute Resolution*, Oxford, Oxford University Press, 2016.

35. Gary Slapper, David Kelly, *The English Legal System* (2016 – 2017), 16th ed., London, Routledge, 2016.

36. Gillian Geddes, Richard Budworth, *The Single Family Court: A Practitioner's Handbook*, London, Wildy, Simmonds and Hill Publishing, 2016.

37. Kim Holt, *Contemporary Family Justice: Policy and Practice in Complex Child Protection Decisions*, London, Jessica Kingsley Publishers, 2016.

38. Shefali Shah, *Key Changes To Family Justice*, London, CoramBAAF, 2016.

39. Steve Wilson et al., *English Legal System*, Oxford, Oxford University Press, 2016.

40. Susan Blake et al., *A Practical Approach to Alternative Dispute Resolution*, Oxford, Oxford University Press, 2016.

41. Sarah Blackmore, Jacqui Thomas, *Family Justice Reformed: A Guide to the Family Court and the Children and Families Act* 2014, London, RELX (UK) Limited, 2017.

## 六、外文论文类

1. Martin Davies, "The Finer Report", *The British Journal of Criminology*, Vol. 15, 1975.

2. Lucille M. Ponte, "Michigan Cyber Court: A Bold Experiment in the Development of the First Public Virtual Courthouse", *North Carolina Journal of Law & Technology*, Vol. 4, 2002.

3. Ros Macdonald, Anne Wallace, "Review of the Extent of Courtroom Technology in Australia", *William & Mary Bill of Rights Journal*, Vol. 12, 2004.

4. James Munby, "The Family Justice System", *Family Law*, Vol. 34, 2004.

5. Nancy Thoenes, "What We Know Now: Findings From Dependency Mediation Research", *Family Court Review*, Vol. 47, 2009.

6. Adrian L. Jameset et al., "The Voice of the Child in Family Mediation: Norway and England", *The International Journal of Children's Rights*, Vol. 18, 2010.

7. Wendy L. Foote, "How Children's Voices Were Heard 'Above the Din' in Family Court Proceedings in Cases Where There Were Allegations of Child Sexual Abuse: The Importance of Judicial Orientation and Professional Evidence in the Discernment of the Child's Voice", *Child Indicators Research*, Vol. 4, 2011.

8. Gregory E. Kersten et al. ,"Enhanced Dispute Resolution Through the Use of Information Technology",*Group Decision and Negotiation*,Vol. 20,2011.

9. John Caldwell,"Common Law Judges and Judicial Interviewing",*Child and Family Law Quarterly*,Vol. 23,2011.

10. Wendy Martineau, "Misrecognition and Cross-cultural Understanding: Shaping the Space for a 'Fusion of Horizons'",*Ethnicities*,Vol. 12,2012.

11. Mary Welstead,"Divorce in England and Wales: Time For Reform",*The Denning Law Journal*,Vol. 24,2012.

12. Anne Barlow et al. ,"Mapping Paths to Family Justice: A National Picture of Finding on Out of Court Family Dispute Resolution",*Family Law*,Vol. 43,2013.

13. James Munby,"Kevin Sadler,The Single Family Court in London: A Joint Statement",*Family Law*,Vol. 43,2013.

14. James Munby,"The Process of Reform: Changing Cultures",*Family Law*, Vol. 43,2013.

15. James Munby,"View from the President's Chambers",*Family Law*,Vol. 43, 2013.

16. James Munby, "View from the President's Chambers: The Process of Reform",*Family Law*,Vol. 43,2013.

17. James Munby,"View from the President's Chambers: Expert Evidence", *Family Law*,Vol. 43,2013.

18. Janet Walker,"How Can We Ensure That Children's Voices are Heard in Mediation?",*Family Law*,Vol. 43,2013.

19. Nicholas Bala et al. ,"Children's Voices in Family Court: Guidelines for Judges Meeting Children",*Family Law Quarterly*,Vol. 47,2013.

20. Penelope Welbourne,"Time is of the Essence: Risk and the Public Law Outline,Judicial Discretion and the Determination of a Child's Best Interests",*Social Sciences*,Vol. 3,2014.

21. Chris Beckett,"Jonathan Dickens,Delay and Anxiety in Care Proceedings: Grounds for Hope?",*Journal of Social Work Practice*,Vol. 28,2014.

22. Rob George,"Children's State of Mind and Habitual Residence in Abduction Cases",*Journal of Social Welfare and Family Law*,Vol. 36,2014.

23. Anne Barlow,"Out-of-court Family Disputes Resolution: The Lessons of

Experience", *Family Law*, Vol. 44, 2014.

24. Rebecca Bailey-Harris, "Re S. (parenting assessment)", *Family Law*, Vol. 44, 2014.

25. Brid Featherstone et al., "A Marriage Made in Hell: Early Intervention Meets Child Protection", *British Journal of Social Work*, Vol. 44, 2014.

26. Caroline Bridge, "Re K. P. (abduction: child's objections)", *Family Law*, Vol. 44, 2014.

27. Chris Barton, Judith Pugsley, "The Voice of the Child: Are Mediators Listening?", *Family Law*, Vol. 44, 2014.

28. James Munby, "11th View from the President's Chambers: The Process of Reform: On the Cusp of History", *Family Law*, Vol. 44, 2014.

29. James Munby, "Family Mediation in England and Wales: A Guide for Judges, Magistrates and Legal Advisors", *Family Law*, Vol. 44, 2014.

30. James Munby, "The Beginning of the Future", Family Law, Vol. 44, 2014.

31. James Munby, "The Process of Reform: On the Cusp of History", *Family Law*, Vol. 44, 2014.

32. James Munby, "Transparency in the Family Courts: Publication of Judgments: Practice Guidance", *Family Law*, Vol. 44, 2014.

33. Jonathan Dickens, "Care Proceedings in 26 Weeks: Justice, Speed and Thoroughness", *Family Law*, Vol. 44, 2014.

34. Judith Masson, "The Quality of Care Proceedings Reform", *Journal of Social Welfare and Family Law*, Vol. 36, 2014.

35. Kim Holt, Nancy Kelly, "The Emperor Has No Robes: Is The Judiciary, In The Most Complex of Child-care Cases, Abandoning a Sinking Ship?", *Family Law*, Vol. 44, 2014.

36. Marie Connolly, Judith Masson, "Private and Public Voices: Does Family Group Conferencing Privilege The Voice of Children and Families in Child Welfare?", *Journal of Social Welfare and Family Law*, Vol. 36, 2014.

37. Marion Stevenson, "Mediation: Screening for Suitability", *Family Law*, Vol. 44, 2014.

38. Natasha Watson, "Achieving Justice in No More Than 26 Weeks: The Role of the Local Authority (In Child Care Proceedings)", *Family Law*, Vol. 44, 2014.

39. Rosemary Hunter et al. ,"Mapping Paths to Family Justice:Matching Parties, Cases and Processes" ,*Family Law*,Vol. 44,2014.

40. Sarah Rothera,"Mary Ryan,Placements with Relatives and Friends:What are the Implications of the 26 – week Timescale in Care Proceedings?" ,*Family Law*,Vol. 44,2014.

41. Stan Lester, " Issues, Implications and Future Challenges ( Professional Organisation and Self-Regulation in Family Mediation in England and Wales, part 3)" ,*Family Law*,Vol. 44,2014.

42. Miquel Martín Casals, " Divorce Mediation in Europe: An Introductory Outline" ,*Electronic Journal of Comparative Law*,Vol. 9,2015.

43. James Munby, " Unheard Voices: The Involvement of Children and Vulnerable People in the Family Justice System" ,*Family Law*,Vol. 45,2015.

44. Patrick Parkinson, " Family Laws and Access to Justice ", *Contemporary Readings in Law and Social Justice*,Vol. 8,2016.

45. Katherine Lynch,"Reform of Family Justice:Children's Dispute Resolution in Hong Kong" ,*Cardozo Journal of Conflict Resolution*,Vol. 17,2016.

46. Brenda Hale,"Listening to Children:Are We Nearly There Yet?", *Family Law*,Vol. 46,2016.

47. James Munby,"The President's Address at the Annual Dinner of the Family Law Bar Association" ,*Family Law*,Vol. 46,2016.

48. Sahana Pal, " Current Focus on Family Mediation in the UK: How Relevant?" ,*Arbitration*,Vol. 83,2017.

# 后　记

本书是在我的博士学位论文基础上修改而成的。非常感激在本书写作与出版过程中给予我指导和帮助的各位老师和朋友,使本书有幸在法律出版社出版。

非常感谢我的博士导师何勤华老师,对我的论文写作和学术研究给予了很多指导和建议,并一直鼓励我继续在该领域深入研究。感谢李秀清老师一直以来的鼓励和关心;感谢王立民老师的指导和榜样力量;感谢徐永康老师开拓了我认识问题的视野,丁凌华老师让对我法律史学研究方法有了深入认识,陈灵海老师的指导让我受益匪浅;感谢龚汝富老师和苏彦新老师;感谢于明老师、陈颐老师的指导;感谢肖崇俊师姐和宫雪师姐一直以来的关心和帮助。感谢我的好朋友和一直给予我前进力量的田桂珍老师和李玉秋庭长。

从学生到老师,我经历了身份的转变,也在工作中收获颇多。非常感谢我的博士后导师张文新老师,指导我将家事司法与心理学相结合进行研究。感谢荆月新老师的指导,感谢王德新老师和吕芳老师的帮助,感谢王玲老师的支持,感谢让我觉得这份工作特别值得的我可爱的学生们和支持帮助我的朋友。

本书有幸被纳入“比较法文丛”出版,并受山东省高等学校青年创新团队发展计划资助,作为“诉讼法学新兴领域研究创新文库”的成果之一,我非常感激。同时,非常感谢支持本书出版的沈小英分社长和认真负责的单洁编辑。

感谢给予我无限能量的爸爸、妈妈和齐凯强。感谢帮助和支持我的人,我也会继续前行。

齐凯悦

**图书在版编目(CIP)数据**

英国家事审判制度研究 : 以2011年以来的改革为中心 / 齐凯悦著. -- 北京 : 法律出版社, 2020(2021.1重印)
(比较法文丛)
ISBN 978-7-5197-4991-0

Ⅰ. ①英… Ⅱ. ①齐… Ⅲ. ①亲属法-审判-研究-英国 Ⅳ. ①D956.139

中国版本图书馆CIP数据核字(2020)第184961号

**英国家事审判制度研究**
——以2011年以来的改革为中心
**YINGGUO JIASHI SHENPAN ZHIDU YANJIU**
—YI 2011 NIAN YILAI DE GAIGE WEI ZHONGXIN

齐凯悦 著

策划编辑 沈小英
责任编辑 沈小英 单 洁
装帧设计 李 瞻

**出版** 法律出版社
**总发行** 中国法律图书有限公司
**经销** 新华书店
**印刷** 固安华明印业有限公司
**责任校对** 杨锦华
**责任印制** 吕亚莉

**编辑统筹** 法治与经济出版分社
**开本** 710毫米×1000毫米 1/16
**印张** 18
**字数** 331千
**版本** 2020年10月第1版
**印次** 2021年1月第2次印刷

法律出版社/北京市丰台区莲花池西里7号(100073)
网址/www.lawpress.com.cn
投稿邮箱/info@lawpress.com.cn
举报维权邮箱/jbwq@lawpress.com.cn
销售热线/400-660-8393
咨询电话/010-63939796

中国法律图书有限公司/北京市丰台区莲花池西里7号(100073)
全国各地中法图分、子公司销售电话:
统一销售客服/400-660-8393/6393
第一法律书店/010-83938432/8433　西安分公司/029-85330678　重庆分公司/023-67453036
上海分公司/021-62071639/1636　深圳分公司/0755-83072995

**书号**:ISBN 978-7-5197-4991-0
**定价**:98.00元

# 比 较 法 文 丛

- ○ 现代西方的政党、民主与法治
- ○ 民国《合作社法》的孕育与影响
- ○ 拉丁美洲国家民法典的变迁
- ○ 唐代刑部研究
- ○ 澳大利亚行政裁量司法审查研究
- ○ 解读约因：英美合同之效力基石
- ○ 战后美国国家安全法律制度研究
- ○ 论英国警察权的变迁
- ○ 英国租借时期威海卫法律制度研究
- ○ 英国慈善信托制度研究
- ○ 罪刑法定原则在近代中国
- ○ 比较法视野下的民事公益诉讼
- ○ 律简身份法考论：秦汉初期国家秩序中的身份
- ○ 先秦诸子政治法思想萌芽研究
- ○ 中国法律文化对东南亚的影响
- ○ 1947年宪法体制下的中央立法权研究
- ○ 现代日本人的法律生活
- ○ 英国租借期间威海卫法令汇编
- ○ 韩国法专题研究
- ○ 中华民国宪法史
- ○ 俄罗斯国家与法的历史
- ○ 中国古代佛教法初探
- ○ 走近文明的橱窗：清末官绅对日监狱考察研究
- ○ 全球警务机制研究
- ○ 生命法学论纲
- ○ 华洋共处与法律多元
- ○ 教会法原理
- ○ 英国证据法史
- ○ 法律翻译与法律移植
- ○ 近代契约华工法律
- ○ 近代华侨法律研究
- ○ 苏联法学教育研究
- ○ 文教与政教
- ○ 西法东来的样式：西班牙殖民时期的菲律宾法研究
- ○ 董康法学文选
- ○ 美国食品安全法制与伦理耦合研究（1906～1938年）
- ○ 英国议会政治
- ○ 自贡盐业契约研究
- ○ 彝族习惯法及调解机制研究
- ○ 慈善捐赠的世界图景——以罗马法、英美法、伊斯兰法为中心
- ○ “《现行律》民事有效部分”集解四种
- ○ 20世纪以来英美国家的古希腊法律史研究
- ○ 国际法视野下非物质文化遗产保护问题研究
- ○ 清代仓库律例研究
- ○ 瑞士法律史（第二版）
- ○ 近代华侨教育政策与法律研究
- ● 英国家事审判制度研究——以2011年以来的改革为中心